P2P 상가투자로 이루는 건물주의 꿈

직장인의 유쾌한 반란,
나도 월세를
받고 싶다!

직장인의 유쾌한 반란,

나도 월세를
받고 싶다!

펴낸날 2019년 10월 10일

지은이 한린규
펴낸이 주계수 | **편집책임** 이슬기 | **꾸민이** 유민정

펴낸곳 밥북 | **출판등록** 제 2014-000085 호
주소 서울시 마포구 양화로 59 화승리버스텔 303호
전화 02-6925-0370 | **팩스** 02-6925-0380
홈페이지 www.bobbook.co.kr | **이메일** bobbook@hanmail.net

© 한린규, 2019.
ISBN 979-11-5858-595-2 (13320)

※ 이 도서의 국립중앙도서관 출판시도서목록(CIP)은 e-CIP 홈페이지(http://www.nl.go.kr/cip)에서 이용하실 수 있습니다. (CIP 2019038144)

P2P 상가투자로 이루는 건물주의 꿈

직장인의 유쾌한 반란,

나도 월세를
받고 싶다!

한린규

5년 만에 월세 2천 달성!
그 비밀 노하우를 공개합니다

밥
북
B·O·O·K

머 리 말

재테크의 중요성은 이제 모르는 사람이 없습니다. 투자를 하면 삼대가 망한다느니, 주식으로 패가망신한다느니 하는 낭설도 옛말입니다. 오히려 요즘 아이들은 어릴 때부터 투자에 대해 교육받고, 심지어 주식을 선물로 받기도 합니다. 재테크는 현대사회에서 선택이 아닌 필수가 된 것이 현실입니다.

투자는 돈이 남아도는 부자만이 할 수 있는 돈놀이가 아닙니다. 소액 투자자들도 많이 늘었습니다. 적은 돈이라도 투자시장에서 큰 변수로 작용할 수 있습니다. 투자자에게도 월급 이외의 새로운 수입처가 될 수 있습니다. 그래서 투자시장은 더욱 복잡하게, 정교하게, 동시에 모두가 접근 가능한 방향으로 진화했습니다. 2017~2019년 사이 투자 화두로 블록체인, P2P 펀딩 등이 등장한 것도 이러한 이유입니다.

이 책은 상가투자로 월세를 받고 싶은 당신, 초보투자자를 위해 만들어졌습니다. ㈜월세드림의 P2P 펀딩은 저평가된 부동산을 시세보다 낮춘 조건으로 매입하여 임대를 놓고 투자자들에게 임대수익을 배분하는 방식의 사업모델입니다. 투자개념이 부족한 독자가 생소한 모델구조에 대해 이해하도록 돕고, 궁극적으로 소액투자를 해보고, 수익까지 이어지게 하는 데 이 책의 목적을 두었습니다.

투자시장에 첫발을 들여놓으신 여러분, 축하합니다! 이제 몇 페이지만 넘기면 상가투자로 성공할 여러분을 만나보실 테니 말입니다. 옥석을 고르는 눈이 없으면 옥을 들고도 돌인 줄 알고 버리는 것이 이치입니다. 아무리 개미 월급이라고 하더라도 개미에게는 일용할 양식입니다. 여러분이 부디 좋은 투자처를 보는 눈을 길러, 한 푼이라도 허투루 쓰지 않고 낭비하지 않기를 바라는 마음으로 이 책을 썼습니다. 다 같은 '개미'일 바에야 리스크를 줄이고 안정성을 도모하여 기조가 흔들리지 않는 '슈퍼 개미'가 되어야 하지 않겠습니까? 이제 P2P 펀딩으로 상가투자의 세계에 발을 내딛어봅시다.

– ㈜월세드림 사내이사, 한 린 규

당신이 상가투자를 해야 하는 이유

• 직장인의 딜레마, 일하긴 싫고 돈은 벌고 싶고

일을 하고 싶어서 하는 사람이 몇이나 될까? 자아실현의 도구로서의 직장은 모두 옛말이다. 직장인 대부분이 이와 같은 마음일 것이다. 쳇바퀴 같은 직장생활에 환멸을 느끼면서도 일을 그만두지 못하는 이유는? 생존! 생존을 위함이다.

직장생활을 하다 보면 다양한 이유로 퇴사 생각이 든다. '퇴사하고 한번 내 사업을 차려봐?' 이런 생각을 한 번도 해보지 않은 직장인은 드물 것이다. '사업을 한다면 무능한 상사보다 잘 벌 수 있을 것 같고, 살면서 사장 명함 한번 달아보는 것도 나빠 보이지 않을 것 같다. 윗사람들은 별로 하는 일 없이 월급만 축내는 것 같고 회사 생활의 갑갑함을 떠나 자유롭게 내 사업을 해보고 싶다.' 이러한 생각에 퇴직하고 싶다는 생각이 들지도 모르겠다. 하지만 이 모든 것은 섣부른 생각이다. 애초에 보통 한국 직장인의 월급으로는 사업할 만큼의 자금을 준비하기도 어렵거니와, 직장 생활을 하면서 새로운 사업을 준비할 시간도 부족하기 때문이다. 가장 중요한 것은, 매월 꼬박꼬박 들어오는 월급의 달콤함을 벗어나기란 생각보다 힘들다는 것이다.

말로는 제2의 인생이라며 퇴사한 사람들의 강의나 책이 넘쳐나는 세상이기는 하다. 하지만 사회생활 좀 해본 사람이라면 알 것이다. 사실은 그들이 특별한 경우라는 것을. 자세히 보면 그 사람들도 회사를 나왔지만 먹고 살기 위해 책을 내고 강의를 하는 것이다. 고정 수입은 반드시 필요하다. 실제로 자유를 찾아 퇴사했지만 결국 꾸준한 수입을 찾지 못해 전전긍긍하는 사람들이 더 많다. 특별한 몇 사람을 제외한 대다수 호기로운 퇴사자들의 끝은 결국 구직 사이트나 재취업 자리를 찾는 것이다.

감성팔이에 속지 말자. 남이 하는 일은 대부분 쉬워 보인다. 할 만해 보인답시고 쉽게 접근해서 그렇다. 남이 하는 일이 쉬워 보이는 건 그 일이 쉬워서가 아니라 그 사람이 '잘'하는 덕분이라는 걸 어지간해선 알아차리기 어려우니까. 남의 말에 쉽게 흔들리지 않는 것도 중요하다. 어차피 저 사람들도 내 일이 아닌 남의 일이기 때문에 쉽게 말하는 것이다. 당신이 어떤 상황인지, 얼마나 준비했는지는 알지도 못하고 관심도 없으면서 퇴사, 새로운 사업을 외치는 사람들을 피해야 한다.

슬프게도 이것이 직장인의 현주소이자, 대한민국 대부분의 상황이다. 꿈을 꾸지만 꿈은 꿈에서 그친다는 것. 그렇다면 어떻게 해야 할까? 궂은 일, 갑갑한 현실을 꾹 참아가며 쥐꼬리만 한 월급이나 꼬박꼬박 받아가는 게 옳은 것인가? 생존을 위한 직장이니만큼 섣부른 도전은 무모하니 참기만 하라는 것인가. 방법이 과연 그것뿐일까? 그럴 리 없다.

• 일을 안 해도 다달이 월급이 들어오는 마법

당신에게 필요한 것은 단순히 그럴듯한 퇴사 이야기나 썰이 아니다. 직장 여부와 상관없는 안전한 수익이다. 수익만이 당신을 지탱해준다. 그렇다면 어떻게 해야 할까? 30년 넘는 인생을 살면서 배운 것이라고는 직장에서 일하는 것뿐이고, 할 줄 아는 것도 직장에서 버티는 것뿐이다. 막상 호기롭게 퇴사하자니 당장 먹고살 일이 걱정되고, 그렇다고 막상 사업을 해보자니 아는 것이 없다. 어떻게 하는 것이 좋을까? 직장 이외에 새로운 수익창출을 모색하면 된다. 다달이 꼬박꼬박 들어오는 제2의 월급. 당신에게 필요한 건 제2의 월급을 위한 준비다.

당연히 새로운 활로를 찾는 것은 어렵다. 당장 코앞의 직장생활도 쳐내기 힘들다는 사실을 알고 있다. 부업을 하라는 소리가 아니다. 당신의 시간과 노력을 올바르게, 똑똑하게 '잘' 쓰라는 소리다. 하지만 쉽게 감이 잡히질 않을 것이다. 당연한 일이다. 다들 남의 이야기 같고, 실감도 나지 않을 것이다. 무엇보다 '주식 투자'가 주는 뉘앙스가 그럴 것이다. 시간적 금전적으로 여유 있는 사람이나 하는 것 같고, 자칫하면 '쪽박'이나 찰 것 같다. 그냥 하던 일이나 묵묵히 하는 게 나은 것처럼 보이기도 한다. 묵묵함과 성실함은 일종의 미덕으로 여겨지지 않던가?

저자가 상가투자를 추천하는 이유는 이러한 사람들의 마인드를 잘 알고 있기 때문이다. 많은 이들이 입을 모아 말한다. '노력 없이 얻는 것은 없다'고. 그러나 동시에 이렇게도 말한다. '건물주 돼서 월세 받고 사는 것이 제일'이라고. 요즘 초등학생 장래희망이 공무원 혹은 건물주라는 데서 세태가 드러난다. 사실 모두 안다. 노력 없이 얻는 것이 잘못이라면 왜 건물주가 되기를 모두가 바라는가? 다시 생각해보면 건물주에게 '노력 없이 얻는다'고 하는 말부터가 잘못된 말이다. 투자는 노력 없이 이루어지지 않는다. 마술사들의 마술쇼를 보면 처음엔 그럴듯하고, 별것 하지도 않는데 신묘한 기술을 휙휙 보여주는 것 같이 느껴진다. 그러나 어설프게나마 그 방법을 알게 되면 '별 노력도 없이 저런 거로 무대를 하네!'라는 생각을 할지도 모른다. 마술을 비하하려는 것이 아니라, 투자를 보는 시선이 그러하다는 이야기가 하고 싶었다. 건물주가 노력 없이 돈을 벌 거라고 생각하는 우리의 편견이 유사하다는 의미이다. 그러나 특정한 경지까지 올라서려면 각고의 노력이 필요한 것은 마술이든 상가투자든 어느 분야나 마찬가지다.

성공한 투자자들의 투자가 쉬워 보이고, 노력 없이 돈을 버는 것처럼 보이는 것은 그 투자자가 잘했기 때문이다. 투자는 나쁘고 위험한 것이 아니다. 중요한 것은 잘하는 것이다. 상가투자를 '잘'하면 큰 노력을 들이지 않고도 당신이 원하는 삶을 살 수 있다. 허황한 말 같은가? 아니다. 노력이란 단순히 양적인 문제가 아니다. 질의 문제다. 어떻게, 어떤 목적을 가지고, 어떤 길로 노력을 쏟아붓느냐. 그것이 투자다.

• 더욱더 가치 있는 곳에 노력을 투자하라

옛날 우스갯소리에 이런 말이 있다. 알프스를 넘으려던 나폴레옹이 거친 눈보라를 뚫고 정상에 올라서서 말한다.

"이 산이 아닌가벼."

험준함을 뚫고 올라오면 뭐하나. 그 말을 들은 휘하의 부하들 심정이 어떠했을지 상상이 가지 않는가. 저만 믿고 따라오라더니, 하지만 고생은 고생이고 보상은 보상이다. 노력의 방향이 틀렸는데 거기에 무슨 가치가 있느냐는 말이다. 반복적 노동만이 노력은 아니다. 학창시절 '깜지'를 많이 쓴다고 무조건 공부가 되던가. 반복적으로 읽고 쓰고 답한다고 잘 외워지던가. 무작정 공식을 달달 외운다고 공부가 되던가. 아니다. 공부에도 방법이 있듯 주식 투자도 방법이 있다. 당신은 이제 질적으로 다른 차원의 노력을 할 때가 된 것이다. 어떤 일은 100의 노력을 들여 50을 얻고, 어떤 노력은 50만 들여도 100의 결과를 얻는다. 양이 아니라 질이다. 당신은 어떤 일을 하겠는가?

 물론 무작정 투자를 시작하는 건 어리석은 일이다. 게다가 고소득이 보장되는 일이라면, 50만 들여도 100을 얻을 수 있는 일이라면 너도나도 이미 손을 대서 블루오션이 아니라 레드오션으로 바뀌어 있을 것이다. 그렇다면 정말 내가 이 길로 뛰어들어도 되는 것인지 의문이 든다. 합리적인 생각이다. 하지만 남들이 가지 않는 길을 개척하겠다고 가는 것만이 옳은 일일까?

 이 점을 고민해보자. 지도와 나침반도 없이 산을 헤매는 것은 그저 헤매는 것에 불과하다. 도전은 성공했을 때 비로소 빛난다. 남들이 하지 않는 것을 하겠다고 무모하게 도전하는 것은 산속에서 길을 잃고 헤매는 것과 다를 바 없다. 심지어 그런 사람들의 행동은 대부분 비슷하다. 그러나 당신은 이 책을 만나게 되었다. 이 책은 지도와 나침반이다. 남들이 만든 길에서 새로운 길을 개척해갈 때, 그건 헤매는 게 아니라 개척이 된다. 이미 레드오션이 되어버렸다고 생각하지 말자. 레드오션치고는 성공한 이들이 그리 많지 않다. 당신은 다른 사람들이 이미 일군 것을 기반으로 새로운 길을 찾아내기만 하면 된다.

 개척자 하면 떠오르는 콜럼버스. 아메리카 대륙을 발견한 위대한 탐험가 콜럼버스가 죽을 때까지 자신이 발견한 땅을 인도라고 믿었다는 이야기는 유명하다. 그러나 그가 찾은 땅은 인도가 아닌 아메리카였고, 그가 찾아냈던 신대륙은 현재 세계를 호령하는 강대국이다. 콜럼버스가 새로운 항해를 개척하고자 노력하지 않았더라면? 이미 다른 이들이 개척한 루

트만을 따라갔더라면? 그는 그저 평범한 사람에 지나지 않았을 것이다. 이제 발견할 신대륙은 남아있지 않다고 포기할 참인가? 모두가 이미 투자한 곳만을 개미처럼 따라갈 것인가? 당신은 당신만의 새로운 길을 찾아내면 된다. 이때 당신의 노력은 낭비가 아니라 쓸모 있는 노력, 개척이 되고 성공한 도전이 된다. 당신이 바로 그 성공한 '사례'가 되는 것이다.

무모함을 용기나 허황된 포부로 포장하는 일은 적어도 이 책 안에서는 없을 것이다. 입증된 이론을 바탕으로 뛰어난 전문가의 노하우를 배우고, 믿을만한 파트너를 고르는 눈을 길러보자. 첫 번째 파트너는 이 책이다. 어리석은 도전이 아닌 준비된 미래를 위해 '퇴사 에세이' 같은 책이 아닌 이 책을 펼친 당신에게 악수를 청한다. 당신은 할 수 있다. 당신의 첫 투자를 위해 많은 것을 준비했다.

첫 번째 파트는 상가투자와 레슨이다. 상가투자란 무엇이고, 어떻게 해야 하는 지, 유형별로 입지를 선정하는 법과 노하우를 배울 것이다. 두 번째 파트는 P2P 펀딩이다. 생소할 수도 있는 P2P를 통해 상가투자의 맹점을 보완하고, 당신의 투자금을 노리는 사기를 꿰뚫을 혜안을 기르게 될 것이다. 당신의 안전한 투자를 도와줄 P2P 펀딩을 만나보자. 마지막 세 번째 파트에선 당신의 원만한 상가투자를 도와줄 ㈜월세드림을 소개한다. 이미 두 파트에서 단단한 눈을 기른 당신이라면 좋은 마지막 파트를 읽고 똑똑한 선택을 하리라 믿는다. 당신의 성공적인 투자를 응원한다.

Part 1. 원포인트 상가투자 레슨

상가투자란 무엇인가?

왜 상가투자를 해야 하는가?

상가투자의 유형

입지 선정하는 방법

P2P 펀딩이란 무엇인가

P2P 상가투자의 핵심

Part 3. ㈜월세드림의 부자DREAM

상가투자, ㈜월세드림의 최종병기

시공사도 개인도 판매자일 뿐이다

원 포 인 트
상 가 투 자 레 슨

상가투자란 무엇인가?

첫 번째 파트는 상가투자에 대한 레슨이다.

지피지기 백전백승이란 말을 떠올리지 않아도, 당장 당신의 소중한 월급을 어디에 어떻게 써야 할지 알아야 한다는 점에서 이번 파트는 중요한 파트이다. 어쩌면 당신은 "상가투자? 그냥 부동산 투자지 뭐"라고 생각할지도 모른다. 얕게 보면 틀린 말은 아니나, 이런 얕은 지식은 술자리 이야깃거리도 되지 않는다. 이번 파트에서는 당신이 지금까지 알던 얕은 지식을 단계별로 정리해보고, 당신이 생각하던 상가투자와 진짜 상가투자 사이의 거리를 좁혀보자. 아는 만큼 보이는 법이다. 기본기에 해당하는 이야기부터 시작할 것이다. 그러나 우습게 생각하지 말고 꼼꼼히 읽어보자. 명심하라, 쉬워 보이는 것은 그 일이 쉬워서가 아니라 그 사람이 '잘'했기 때문이라는 걸. 주춧돌이 탄탄하면 그 윗돌도 손쉽게 쌓아 올린다.

• 본격적인 상가투자를 위한 워밍업

경제적인 자유란 어디서 오는 것일까? 부동산 투자에 관심이 있는 당신
이라면 은퇴 후 노후 준비를 위해, 경제적인 자유를 얻기 위해 수익형 부
동산에 투자해야 한다는 이야기를 한 번쯤은 들어봤을 것이다. '일과 시
간에 구속되지 않아도 월세로 통장 잔고를 채울 수 있다'는 말은 매력적
이다. 하지만 정말 그런가? 꾸준한 수입을 위해서는 철저한 준비와 노력
이 필수다. 모두 묶어 '수익형 부동산'이라고는 하나, 부동산의 종류에 따
라 수익도 접근법도 다르다. 사람마다 금융 사정은 모두 다르다. 남들이
추천하는 투자처가 나에게는 손해를 안겨줄 수도 있다. 모든 투자처에는
장·단점이 있을 수밖에 없다. 부동산의 형태, 위치, 수익에 따라 다양한
접근 방법을 알고 그중에서 나에게 맞는 투자 대상을 선택해야 한다. 먼
저 수익형 부동산과 상가투자에 대한 기본 상식을 알아보자.

[수익형 부동산의 유형]

'수익형 부동산'이란 '정기적인 임대료 소득을 목적으로 사들인 부동산'
이다. 연금처럼 정해진 날짜에 정해진 수입이 들어오니 '연금형 부동산'이
라고 할 수도 있겠다. 수익형 부동산의 종류는 다양한데, 이 중에서도 대
표적인 유형들만 간략하게 짚어보자.

① 초보자에겐 어려운, 하지만 매력적이고 확실한 〈상가〉

상가는 좋은 입지와 상권분석만 제대로 한다면 높은 수익률과 시세차익을 동시에 누릴 수 있는 확실한 투자처다. 하지만 아파트와 달리 투자 위험 요소가 많고, 경기 변동과 상권변화에 민감해 초보자에게는 추천하지 않는 분야다.

그런데도 첫 번째 유형으로 상가를 쓴 데는 이유가 있다. 일단 임차인이 초기 비용(인테리어 등)을 감수하고 들어와 상권이 자리 잡히면 관리도 수월하고 임대료 상승도 노릴 수 있다. 결론적으로 여러 가지 변수가 산재해 있지만, 그만큼 수익을 올릴 기회도 너끈한 투자가 바로 상가라는 것이다. 알짜배기 투자자들이 상가투자를 노리는 데는 다 이유가 있다. 하지만 다른 투자처에 비해 상대적으로 투자 금액이 높으며, 자칫 잘못 투자할 경우 공실 위험이 커져 손해를 볼 수도 있는 투자처이기도 하다. 장단점이 확실한 만큼 상가투자를 준비한다면 기본 개념을 확실히 잡은 뒤 입지, 상권 파악, A급 상가를 구별할 수 있는 안목을 길러야 한다.

② 진입 문턱이 낮아 초보자에게 추천하는 〈오피스텔〉

기준 금리 1% 시대인 지금, 환금성이 높은 오피스텔은 상가와 함께 수익형 부동산의 꽃이라고 할 수 있겠다. 특히 앞서 말한 상가에 비해 진입 문턱이 낮은 편이기도 하다. 1~2억 원대의 소액으로도 임대 산업이 가능하니 말이다. 따라서 상가와 달리 처음 투자하는 사람들이 많이 도전하고, 주변에서도 추천하는 분야 중 하나이다. 그러나 초보자에게 추천한다고 해서 단점이 없을 리 없다.

먼저 장점에 관해 이야기해보자. 오피스텔의 특징은 인구 밀도가 높은 준주거지역, 업무지역, 상업지역에 들어설 수 있는 물건이라는 점이다. 여기에 1인 가구가 급속도로 증가한 덕에 수요가 확 뛰기도 했다. 공실수요가 낮다는 것이다. 상가와 비교하면 신경 써야 할 부분도 적어 보인다. 아파트와 유사하게 관리 사무소가 있고, 기반시설이 있으므로 관리하기도 유리하기 때문이다.

그렇다면 단점은? 수요가 늘면 그만큼 관심도 늘어나는바, 일부 지역을 제외하고 300실 이상 오피스텔 분양 시 인터넷 청약 의무화, 조정대상 지역 내 오피스텔 분양권의 경우 소유권 이전 등기 시까지 전매 금지 등 최근 정부 규제가 강화되면서 신경 써야 할 점들이 늘고 있다.

③ 오피스텔의 대안으로 떠오르는 분야 〈지식산업센터〉

지식산업센터란 '제조업, 지식산업 및 정보통신산업, 지원시설이 함께 들어있는 건축물'을 가리킨다. 2010년 이후로는 택지지구와 도시지원시설 용지, 자족시설 용지 등에 지식산업센터가 들어서면서 첨단산업, 바이오산업 등 다양한 업종 구성이 가능해졌다. 거기에 면적도 소형에서 대형으로, 층높이 역시 고층까지 비교적 자유롭게 건축되면서 투자처로서 인기가 높은 편이다.

거기다 소액 투자가 가능하다는 점 덕분에 오피스텔 투자의 대안으로 떠오르는 중이기도 하다. 다른 장점으로는 분양가의 70%에서 최대 90%까지, 평균 80% 정도는 대출할 수 있다는 점과 중소기업정책자금 혜택을 활용해 투자 금액을 낮출 수 있다는 점, 마지막으로 (2019년 연말까지 한시적이긴 하지만) 취득세 및 재산세 등 세금 감면 혜택을 받을 수 있다는 점이 있다.

무엇보다, 배후수요는 법인 임차인들이 주를 이루면서 한번 들어오면 오랜 기간 임차하기 때문에 안정적인 수익을 자랑한다는 것도 지식산업센터의 중요한 매력 중 하나이다. 그러나 어떤 투자처라 한들 장점만 있을 수는 없는 법. 이런 장점들 덕분에 공급 과잉으로 인한 공실 우려가 커지고 있다는 점이 지식산업센터의 단점이라 할 수 있겠다. 내 눈에 좋아 보이는 것은 남들 눈에도 좋아 보인다는 것을 명심하자.

④ 안목은 있지만 초기 투자금이 적다면 〈빌라(다세대주택)〉

마지막으로 소개할 유형은 빌라(다세대주택)이다. 몇 년 전까지만 해도 '사는 순간 가격이 떨어진다'라는 편견과 '넉넉하지 못한 사람들의 주거지'라는 인식 탓에 거래량이 많지 않았다. 그러나 이는 모두 옛말이 되었다. 나날이 상승하는 아파트값과 정부의 대출 규제에 따라 빌라에 관한 관심이 높아지고 있다.

과거와 달리 신축 또는 리모델링을 통해 고급스러운 인테리어, 충분한 주차 공간 확보, CCTV와 도어락 등 충분한 보안 시설 도입으로 안전성까지 확보해 실속 있는 사람들의 주거지로 탈바꿈한 빌라. 이렇게 탈바꿈된 빌라는 투자자들에게도 좋은 부동산 투자처로 자리매김하였다.

입주민이 아닌 수익형 부동산으로서도 빌라가 좋은 투자처인 이유는 첫째, 아파트보다 비교적 적은 가격으로 매매할 수 있어 초기 투자금이 적다. 둘째, 재개발 지역으로 지정되는 경우 큰 시세차익까지 얻을 수 있다. 다만 단점으로는 전문적인 관리 사무소가 있는 오피스텔이나 지식산업센터와 달리 건물에 하자가 생길 때 스스로 해결해야 하기 때문에 초보 투자자에게는 어려움이 있을 수 있다는 점이다.

수익형 부동산의 종류는 다양하다.

상가, 오피스텔, 지식산업센터, 빌라 이외에도 주차장이나 호텔, 리조트와 같은 숙박 시설 등이 있다. 특히 이 중에서도 ㈜월세드림의 상가투자는 수익형 부동산의 '꽃'으로 불리는 종목으로 많은 투자자가 선호하는 분야이기도 하다.

흔히 상가투자는 다른 종목에 비해 고려해야 할 부분이 많다.

그래서 엄밀히 말하자면 어려운 종목이기도 하다. 그런데도 상가투자에 달려드는 사람이 많다. 그 이유가 뭘까? 이유는 단순하다. 결론적으로 투자자인 '내'가 얼마나 '잘'하느냐에 따라 수익이 천차만별이 되기 때문이다. 잘하는 사람은 많이 벌고, 못하는 사람은 많이 벌 수 없는 것이 바로 상가투자다. 어떻게 보면 어떤 종목보다도 합리적이고, 또 어떻게 보면 어떤 종목보다도 비합리적이다. 그렇다면 우리는 어떻게 해야 할까?

• 상가투자에 성공하는 법

[첫 번째, 상가투자의 목적을 정하라]

무슨 일이든 목적과 방향성이 뚜렷해야 될 일도 잘되는 법이다. 상가투자 역시 다르지 않다. 투자를 통해 얻고자 하는 것이 무엇인지를 명확히 해야 어느 지역, 어느 상가에, 어떻게, 얼마를 투자할지 정할 수 있다. 보통 상가투자의 목적은 크게 두 가지로 볼 수 있다. 임대수익과 시세차익이다. 살펴보자.

① 임대수익을 목적으로 할 때

상가투자는 대부분 임대수익을 목적으로 한다. 아파트보단 자금력이 있고, 매달 부가적인 수입을 얻을 수 있는 장점 때문이다. 하기에 따라 임대료 상승도 천차만별이니까. 임대수익이 목적일 경우 방향 역시 간단해진다. 내 투자금을 최소화하면서 안정적인 지역의 상가로 접근하는 것! 이렇게만 하면 당연한 말을 하는 것 같아 와 닿지 않는다. 예를 들어 볼까. 대표적인 예로는 아파트단지 상가가 있다. 고정적인 유효수요가 있는데다 업종에 따라 독점까지 가능하므로 장기적인 임대수익을 얻으려는 투자자들이 노리는 종목 중 하나이다.

② 시세차익을 목적으로 할 때

시세차익이란 해당 지역 또는 인근 지역의 개발 호재, 이슈 발생과 같은 이유로 부동산의 가치가 상승, 그에 따른 가격이 동반상승 되는 부분을 말한다. 시세차익의 수익구조는 결국 이 차이를 노려 빠르게 치고 빠지는 것이다.

그러니 중요한 것은 바로 타이밍이다. 임대수익이 아닌 시세차익을 목적으로 정했다면 방향은 정보전이다. 정책이나 경제 상황 등 외부 요인의 영향을 많이 받기 때문에 위험성이 높고, 임대수익을 목적으로 둘 때보다 접근이 더 어렵다. A급 상권의 상가에 접근하여 공실 없이 임대를 맞추는 것은 물론이요, 업종에 대한 경쟁력과 내 상가의 가치를 높이는 고도의 전략이 필요하다.

쉬운 일은 아니지만 겁먹을 필요는 없다. 시세차익 수익률에 대한 기준을 명확히 정하고, 목표에 도달하면 과감하게 매도할 수 있는 정보력과 배짱이 있으면 된다. 선택과 집중과 타이밍. 늘 귀를 열어두고 시세를 살피며 언제든 준비된, '부지런하고 담대한' 마음가짐은 필수다.

[두 번째, 상가투자에 대한 기본자세와 상식을 갖춰라]

당연한 말이라고 생각할 수도 있다. 하지만 당연한 것만큼 중요한 것도 없다. 기본도 되지 않은 상태에서 덤벼봤자 묵사발이 될 뿐이다. 그렇다면 상가투자의 기본이란 뭘까. 풍부한 유동인구가 확보된 입지가 최우선이란 것은 누구나 알고 있는 상식이다. 그러나 이것만 가지고는 부족하다. 앞서 강조한 대로 상가투자는 변수로 가득하기 때문이다. 기본과 상식은 있을지언정 무조건 정답인 경우는 없다는 말이다. 믿을 건 상황 판단에 따른 자신의 판단뿐이다. 이때 어떤 선택을 도와줄 기본자세와 상식을 갖춰보자. 아는 것이 힘이라는 말은 투자에서도 유효하다. 위험도를 최소한으로 낮추는 것 또한 능력이니까.

철저한 사전조사는 필수다.

성공적인 투자를 위한 사전조사는 아무리 해도 부족하지 않다. 부동산 임장이란 말이 있다. 정보를 수집하고 직접 현장에 방문해 해당 지역의 특성과 상품의 가치를 판단해 향후 의사 결정에 활용하기 위해 하는 활동들을 말하는 것이다. 쉽게 말해서 발품을 파는 것이다. 그렇게 임장

활동을 통해 모은 정보를 기록하여 정리한 문서를 임장 보고서라고 한다. 당신도 작성해야 할 임장 보고서. 임장 보고서를 작성할 때 빠져서는 안 되는 조사 항목에 대해서 알아보자.

① 입지조사

상가 입지조사에서 가장 중요한 것은 접근성과 가시성이다. 물리적, 심리적으로 상가에 접근하기 얼마나 편하고 좋은가를 판단하는 척도인 접근성. 수요자들에게 상가가 얼마나 노출이 되는지를 중점적으로 보는 것이 가시성이다. 특히나 접근성은 수요자의 범위를 결정하는 측도 중 하나이므로 상가 가치를 판단하는 데 중요한 요소로 작용한다. 지하철역, 버스정류장 등 대중교통으로 올 수 있는 곳인지, 건널목은 어디에 있는지 등을 파악하는 게 중요하다.

6차선 이상의 도로거나 하천, 언덕이 있다면 대중교통이나 도보로 올 수 있는 수요자의 숫자는 제로에 가까워진다. 접근성이 좋지 않은 것이다. 가시성의 경우, 상가의 위치가 코너인지, 접근이 쉬운 곳인지에 따라 가치가 달라진다. 1층 상가나 사거리, 혹은 삼거리 코너에 있는 상가를 가리켜 일반적으로 가시성이 좋은 자리라고 하며, 가로수가 있거나 골목 안쪽에 위치하는 등 시야에 바로 들어오지 않는 위치라면 가시성이 떨어진다고 판단한다. 둘 중 하나라도 부족하다면 상가 가치가 떨어지는 건 당연하기 때문에 입지조사를 할 때는 접근성과 가시성, 두 가지를 함께 조사하는 것이 좋다.

② 상권분석

상가의 투자 가치가 있는지를 따져보기 위해 해당 지역의 특성을 파악해보는 것. 이것이 상권분석이다. 입지가 최소 조건이라면 상권분석은 투자의 성공 여부를 파악하는 데 필요한 요소이므로 입지보다 중요하게 작용한다. 아무리 입지가 좋은 상가의 조건을 두루 갖춘다 한들 상권이 좋지 않으면 상대적으로 투자 가치가 낮아지는 건 말할 것도 없다.

상가의 위치는 변하지 않지만 상권은 변한다. 그러므로 상권분석은 여러 방면에서 철저하게 조사해야 한다. 상권의 변화로 상가의 입지는 그대로인데 상권이 좋아져 임대료가 상승, 높은 수익을 거둘 수 있지만, 반대로 과거보다 상권이 나빠져 매출이 감소해 임대료까지 하락하는 때도 있다. 상가투자가 불확실하지만 다른 투자보다 매력적으로 다가오는 이유가 바로 상권분석에 있다.

상권분석의 기본은 주변에 입점한 업종과 대장상가를 찾아내는 것이다. 입지조사만큼이나 상권분석 역시 직접 현장에 나가서 조사하는 것이 더 빠르고 정확하다. 단순히 사진이나 거리 뷰로는 보이지 않는 사람들의 동선과 지형 시세, 대중교통과의 연계 여부 등등. 교통 여건, 주간과 야간, 주중과 주말의 유동인구는 물론이요 어느 시기에 상권력이 더 좋은지, 패션과 한류, 건축 등 문화, 트렌드, 개발 호재, 교통망 개선 가능성과 같은 이슈에 항상 귀를 열어놓는 것은 물론, 상가 전체의 환경을 꼼꼼히 따져봐야 한다.

③ 안정적인 배후수요 파악

상가만을 볼 게 아니라 주변 환경을 보는 것도 중요하다. 상가에 투자하기 위해서는 입점하려는 상가 주변의 배후수요도 파악해야 한다. 예시를 보자. 인근 아파트의 입주 현황은 중요한 수요 중 하나이다. 그들의 소득 수준과 소비 수준이 곧 상가의 수요와 직결되기 때문이다. 그들이 내 상가의 주요 고객이 될 수 있을지, 그들을 유치하려면 어떤 식으로 유치해야 하는지를 파악하다 보면 내 상가의 가치를 미리 파악하는 데 도움이 된다. 가치에 대해 파악하는 것은 단순히 임대수익을 짐작하는 것에 그치는 것이 아니라, 시세차익을 예측하는 데도 중요한 요소가 되니 반드시 점검해두자.

④ 유동인구 파악

상권분석에서 유동인구에 대해 말했다. 얼마나 많은 사람이 상가를 이용할지, 이곳이 중심 상권의 역할을 할 수 있는지를 미리 파악하고, 상권의 흐름이 어디로 흘러가고 있는지를 파악하기 위한 척도다. 돈의 흐름은 사람의 흐름이기 때문이다.

여기에도 함정은 있다. 상권에 '무조건'이란 없으니까. 당연하게도, 유동인구가 많다고 무조건 좋은 상권은 아니다. 전문가들 역시 그렇게 말한다. 예를 들어 볼까. 유동인구가 많은 곳은 단연 역세권이다. 그래서 역세권의 매물 시세는 늘 높은 편이다. 또, 유동인구가 많다고 해서 그 숫자가 모두 상권의 수익을 보장해주진 않는다. 백화점이나 대형 할인마트가 입점해 있는 초대형 상권의 경우 유동인구가 많아 고수익을 노려볼 수도 있지만, 그만큼 위험도도 높아 영업 경쟁력이 떨어진다. 상가 직종에 따라서도 달라진다. 잊지 말자. 단순히 유동인구가 많은 것이 중요한 것이 아니라, 우리의 수익이 될 사람의 숫자가 중요한 것이다. 유동인구가 적더라도 머무르는 인구, 소비층이 제법 있는 입지가 고정 고객을 만들기에 유리하다.

[세 번째, 변별력을 가지고 자료를 검열하라]

간단히 추리기만 했는데도 조사해야 할 분야가 참 많다. 하지만 지금이 어떤 시대인가? 정보화 시대라는 말은 이미 옛말이다. 손만 뻗으면 무수히 많은 정보가 쏟아지기 때문에 단순히 양에 겁먹을 필요 없다. 앞서 말한 것들은 조사의 기본 뼈대이며, 관련 정보를 찾아내는 것은 어렵지 않다. 중요한 것은 무수히 많은 자료 중에 어떤 정보가 진짜 알짜배기 정보이며 신뢰할 정보인지를 알아내는 것. 변별력이다.

무수히 많은 정보 중에는 당신의 소중한 자금을 탐내는 사기꾼은 물론이요. 시세를 올리기 위해 거짓된 정보를 흘리는 자들도 태반이다. 잘못된 정보에 홀려 자금과 시간을 낭비하지 말자. 확실한 정보와 잘못된 정보를 검열하자.

갓 시작한 초보자라면 믿을만한 정보 매체에 의지하는 것도 하나의 방법이다. 단순하고 품이 들지 않는다는 이유로 불확실한 인터넷 정보를 믿는 것보단 신뢰할 수 있는 일간지의 부동산 관련 뉴스 혹은 기고문과 같은 정보를 주제별, 지역별로 분류해서 관리하는 것도 하나의 방법이다. 이렇게 수집한 정보를 바탕으로 부지런히 발품을 팔다 보면 달콤한 성공이 눈앞에 다가올 것이다.

많은 정보를 모으고, 직접 사전조사도 나서 보고, 정리까지 끝마쳤는가?
그렇다면 마지막으로 투자 시 주의해야 할 상가의 조건에 대해 짚어보자.

● 투자 시 주의해야 할 상가의 조건

(1) 상가 앞에 지나다니는 사람이 없는 곳

(2) 대형마트나 백화점이 있는 곳

(3) 권리금과 임대료가 터무니없이 비싼 곳

(4) 세입자가 너무 자주 바뀌는 곳

(5) 경사진 곳에 위치한 곳

(6) 유동인구가 있는 시간대에 사람이 없는 곳

[네 번째, 상가투자 기초 용어를 알고 가자]

이미 부동산 투자에 익숙한 사람들이라면 이해하는 게 어렵지 않겠지
만, 처음 투자에 도전하는 사람들에겐 낯선 용어들이 있다. 모르는 단어
를 보면 지레 겁을 먹기 일쑤. 단순히 겁만 먹는다면 다행일지도 모른다.
사실 알고 보면 그렇게 대단한 말도 아닌데 일부러 빙빙 돌려 말하는 분
양업자의 현란한 말솜씨에 현혹될 수도 있으니까. 현장에서 쓰이는 가장
기본적인 용어들을 알고 가야 현장 조사에서 당하지 않는다. 당신의 성공
적인 투자와 거래를 위해 기본 용어를 숙지해두자.

① 시행사

사전적 의미는 '어떤 제도나 법령의 효력을 현실적으로 발생시키는 일을 행하는 회사'이다. 전반적인 사업계획과 진행을 주관하는 업체를 뜻한다. 즉 상가투자의 경우 상가개발과 분양, 관리의 핵심적인 주체를 말하며 토지매입사업계획이나 수지타산분석, 상품분양계획, 상품설계 및 코디네이션, 설계 및 시공관리 등 종합관리계획을 수립·집행하는 운영 주체로서의 책임자 역할을 맡는 곳이다.

② 시공사

시공사는 상가건물의 공사를 담당하는 업체다. 사전적 의미로는 '토목이나 건축 등에 관한 일을 시행하는 회사'라고 되어 있다. 시행사가 진행·개발하는 상가건물의 시공을 맡아 진행함으로써 공사에 관한 부분만 책임지는 곳이다. 보통 시행사에서는 투자자들에게 친숙한 신세계, 삼성, 대우, 현대 등 대기업 브랜드의 시공사를 유치하려 힘쓴다. 하지만 유의하자. 실질적으로 상가분양에 따르는 여러 가지 책임 소재와 시공사는 관련이 없거나, 있어도 극히 적은 편이다.

③ 신탁사

분양 대금을 안전하게 관리하는 업체다. 자세히 들어가면 발·관리·처분 업무 등을 위임·의뢰받아서 프로젝트를 진행하고 그 대가로 신탁 수수료를 받는 곳이다. 지주가 소유한 토지를 신탁 회사에 맡겨 업무를 주는 동시에 토지 개발에 관한 모든 권리를 신탁 회사에 위임하여 개발 이익만을 취하는 형태가 있고, 일정 범위 내의 업무만을 진행하는 형태가 있다.

④ 감리사

간단히 말하자면 시공사가 건축하면서 주택 공사 시공 과정에 문제가 없는지를 확인하는 업체이다. 건축에 대한 지식과 전문성을 가지고 시공이 통과된 설계도와 실제 건축 현장에서 이루어지는 작업이 일치하는지를 확인하는 업무를 맡는다.

⑤ 분양대행사

분양 업무에 필요한 마케팅, 입지분석, 홍보, 고객 유치, 부동산 관련 업무를 맡아서 진행하는 대행업체다. 좋은 업체를 고른다면 한결 품이 줄기도 한다.

이 외에도 간단한 경제 용어들을 알아두는 것도 도움이 될 것이다. 상가 고층에 소비자를 유인하는 영화관이나 기획 상품을 판매하여 아래층의 매출 증대에 영향을 미치게 하는 '샤워 효과', 저소득층의 소비 증대가 경제 전반의 부양을 끌어낸다는 '분수 효과', '빨대를 꽂았다'는 표현으로 이해하기 쉬운 '빨대 효과(경쟁 상권이 한 상권을 잠식하거나, 신축 상가로 인해 기존 상가의 수요가 감소되는 것을 의미)' 등. 일상에서 쓰이지 않는 용어가 나온다고 해서 지레 겁먹지 말고 차근차근 공부하여 모두 격파해보자.

자, 상가투자를 위한 준비운동으로 가장 기본적인 것들을 알아보았다. 수익형 부동산은 어떤 유형이 있는지, 그중에서도 상가투자란 어떤 것인지, 왜 사람들이 상가투자를 선호하는 것인지 등등. 상가투자를 위한 가장 기본적이고도 기초적인 것들만 알아보았다. 이를 통해 상가투자에 대해 미약하나마 감을 잡은 사람도 있을 것이고, 아직 두루뭉술한 사람도 있을 것이며, 이렇게 간단하고 쉬운 것을 왜 구구절절 설명하는지 코웃음 치는 사람도 있을 것이다. 그러나 이는 가장 기본적인 것으로, 영어공부로 치면 파닉스에 해당한다고 할 수 있겠다. 알파벳을 모르고 어떻게 단어를 외우고 문법을 공부하겠는가?

상가투자의 장단점과 기초를 배운 당신.
이제 왜 당신이 많고 많은 투자 중에
상권 투자에 집중해야 하는지를 알아보자.

왜 상가투자를 해야 하는가?

· 오피스텔도 주택도 아닌 상가투자

중요한 것은 미래가치!

충분한 몸풀기를 끝냈으니 이제 본격적으로 들어가겠다.

대략적으로 상가에 대한 기본적인 지식을 파악한 당신. 그런데 나 같은 초보에게 왜 상가투자가 답이라고 하는 것일까? 많고 많은 수익형 부동산 중에 굳이 상가투자에 손을 대야 하는 이유가 무엇일까? 진입 문턱이 낮아 초보자에게 추천하는 〈오피스텔〉도 아니고, 오피스텔의 대안으로 떠오르는 〈지식산업센터〉도 아니고, 초기 투자금이 적을 때 좋다는 〈빌라〉도 아니고, 초보자에게 어렵다던 상가?

맞다. 상가투자는 다른 분야보다 공실 위험이 크다. 거기에 분양가도 제법 높다. 이렇다 보니 상가투자는 전문투자자들의 분야로 인식되는 경향이 있다. 맞다. 어설프게 준비하고 뛰어들기에 상가투자는 위험한 분야다. 그러나 제대로, 철저히 준비한다면 그리 어려운 것도 아니다.

그간 일반인들이 정보를 찾는 데는 한계가 있다 보니 되도록 아파트나 오피스텔, 빌라 같은 주거용 부동산에 투자하는 사람들이 많았다. 공실 위험도 적고 안전해 보이기 때문이다. 하지만 지금은 일반인 상가 관련 자료를 구하는 것이 어렵지 않은 시대다. 일반인도 손쉽게 상담할 수 있는 업체나 정보를 얻을 수 있는 매체가 널렸다. 중요한 것은 잘 고르는 것뿐! 여기에 시대의 흐름에 따라 투자의 방향이 바뀐 것도 한몫한다. 예전에는 열심히 저축해서 내 집 마련을 목표로 부동산에 투자하는 것이 흔히 말하는 일반인의 투자였다면, 요즘에는 일반인이라고 해서 내 집 마련에 급급해하지 않는다. 제2의 월급, 꾸준한 수익으로서의 부동산. 상가투자가 있다.

물론 오피스텔 등 주거용 부동산이라고 해서 제2의 월급, 꾸준한 수익으로서의 가치가 없다는 말은 아니다. 하지만 잘 살펴보자. 수익형 부동산에 투자한다는 건 결국 자본수익과 임대수익, 두 가지를 고려해서 투자한다는 것이다. 주거용 부동산은 임대소득만 있을 뿐 미래가치와 자본수익을 담보할 수 없다. 무슨 뜻인고 하니, 바로 높은 수익률을 말하는 것이다. 공실 위험이 크고 분양가가 높은 것이 상가투자의 특징임에도 전문가들이 눈독을 들이는 이유. 바로 수익률이다.

예를 들어 주거용 부동산은 주변 시세에 따라 임대료가 측정된다. 그러나 상가의 경우 내 상가의 경쟁력이 높다면 주변 상가보다 더 높게 임대료를 책정할 수 있다. 임대수익은 상가를 매수한 시점부터 매월 발생하게 된다. 안정적인 직장이란 말이 사라진 현대인들에게, 정년이 코앞인 중장년층에게, 노후를 걱정하는 어르신들에게 상가는 매력적인 안전장치다. 물론 주거용 부동산으로도 안정적으로 꾸준히 수익을 낼 수 있다. 하지만 임대 기간이 만료되어 임차인이 바뀔 때마다 손 볼 것이 많다. 도배나 장판 같은 사사로운 것부터 싱크대나 보일러 같은 건물 내부 수리까지. 꾸준히 손본다고 해서 임대가가 오른다면 참 좋겠지만 그런 것도 아니다. 임대가가 떨어지지 않도록, 최소 기본 유지를 위해 필요한 지출이 생각보다 크다.

상가투자는 다르다.

주거용 부동산과 달리 임대인이 전용 공간만 제공하는 개념이기 때문이다. 가게를 고치고, 인테리어에 힘쓰고 내부를 관리하는 것은 임차인의 몫이다. 단순 주거와 달리 상가의 이득이 곧 임차인의 이득이기 때문에 임차인이 스스로 더 상가에 투자하고 노력하여 상가의 가치를 높여준다. 상가 가치가 올라간다는 건? 미래가치가 올라간다는 뜻이다.

2억 원에 산 오피스텔. 월세 100만 원씩 3년을 받아 3,600만 원의 이익을 얻는다고 하자. 그 후 이 오피스텔을 1억5천만 원에 판다면? 각종 세금을 제하고 순수익만 본다면 오히려 마이너스가 된다. 보증금 역시 마찬가지. 이러한 탓에 요즘은 오피스텔보다 소형 아파트가 인기 있는 추세지만 본질적인 문제는 같다. 주거형 부동산은 미래가치를 기대하기 어려운 투자다. 화폐가치는 갈수록 떨어질 수밖에 없다. 지금 100만 원과 20

년 뒤의 100만 원의 가치가 다를 것은 자명하다. 지금 물가 상승률과 시세를 생각해본다면 주거형 부동산은 의미가 없다. 그러나 상가는? 20년 뒤, 3~40년 뒤 어떻게 변해 있을까? 그때 시세에 따라 가치가 상승해 있을 것이다.

여기서 잠깐. 상가투자는 준비도 준비지만 큰 금액으로 시작해야 한다는 부담감에 시작부터 뒷걸음질을 치는 사람들이 있다. 부담감은 이해한다. 하지만 첫 투자는 무조건 소액으로 하는 것을 추천한다. 틈새시장만 잘 노린다면 소액으로도 충분히 상가투자를 시작할 수 있다. 중요한 것은 어떤 토지든 투자 목적과 성향을 잘 파악하고 시작하는 것! 내가 직접 장사를 하기 위해 고르는 토지는 다르고, 어떤 업종이냐에 따라서 같은 상가라도 살펴봐야 하는 항목이 모두 다르기 때문이다.

당장 이익이 나지 않는다고 조급해하는 것은 금물이다. 흔히들 '치고 빠진다'는 말 때문인지 오해하는 경우가 있는데, 부동산 투자는 '장기전'이다. 중요한 것은 '타이밍'이지, 빠른 '손절'이 아니라는 거다. 사파리의 사자를 보라. 먹이 피라미드의 꼭대기에 있다고 해서 24시간 멋진 모습으로 있겠는가? 언제나 빠르게 원하는 때에 사냥에 성공하던가? 그렇지 않다. 사냥을 위해 몸을 숙이고 기다리고, 때로는 허탕도 친다. 지리멸렬하여 지켜보는 입장에서도 썩 좋지 않은 모습이다. 그러나 그런 과정이 있기에 사자는 사냥에 성공한다. 부동산도 마찬가지다. 조급해하지 말고 꾸준히 정보를 모아 타이밍을 노릴 것!

• 아는 만큼 보인다, 투자 전 알고 가자!

상가투자를 시작하기 전 알아야 하는 것들을 살펴보자.

단순한 정보 지식이나 용어가 아닌 실전에 필요한 원칙에 관한 것이다. 부동산 투자에 절대적인 것은 없다. 시세가 변하듯 트렌드도 변하고 법도 변한다. 변하는 것들을 다룰 때 중요한 것은 휩쓸리지 않는 원칙을 고수하는 것이다. 하나의 입장만 고집하라는 게 아니다. 다양한 일과 정보가 쏟아질 때 어떻게 행동할지를 정해놓으란 것이다.

[첫 번째, 단순 숫자에 흔들리지 마라]

미래가치, 즉 수익률에 관한 이야기다. 사람들은 보통 수익률을 이야기할 때 '시간 가치'를 쉽게 배제하고 말하는 경향이 있다. 투자기간 출금도 있고, 입금도 있고 다양한 현금 흐름이 있는 법인데 그런 것을 정확히 따지지 않고 가볍게 주고받는다는 것이다. '내가 얼마 들어서 얼마를 벌었네. 그럼 내 수익률은 얼마지?' 이런 식이다. 10억을 투자했는데 한 달 만에 11억이 되는 것과 1년 후에 11억이 되는 게 같을 수 있을까. 이 점을 간과하지 말라는 것이다.

수익형 부동산은 채권과 닮은 부분이 있다. 예를 들어보자. 연 500만 원이 발생하는 부동산을 1억 원에 샀다. 그러면 수익률은 연 5%일 것이다. 이걸 4%에 팔았다. 수익률은 내려가고, 가격은 올라갔다. 그런데 500

만 원짜리를 4%에 팔면 얼마인가? 1억2500만 원이다. 금리가 1% 떨어지니 가격이 25% 상승했다. 이 원리를 간과해선 안 된다. 수익률에 따라서 자산 가치가 어떻게 변화되는지, 왜 임대료가 중요하고, 임대료를 깎아주면 그게 나의 자산 가치를 얼마나 훼손하는지를 고려해야 한다.

[두 번째, 좋은 임차인을 만나야 한다]

너무 쉬운 이야기인가? 임차인은 매우 중요하다. 단순하게는 보증금 일부만 먼저 주고 한 달 뒤에 나머지를 주기로 했다가 그대로 사라지는 경우부터, 주거 목적으로 오피스텔을 임대한다고 해놓고는 유흥업을 운영하는 임차인 등 사람 속 끓게 하는 임차인을 만나지 않는 것은 중요하다. 사실 공실만큼 투자자 속 썩이는 문제도 드물다지만, 상권이 아무리 좋아도 임차인이 속을 썩이면 답이 없다.

어차피 임차인 문제는 어떻게든 발생한다지만 줄일 수 있다면 최대한 문제점을 줄이고 시작하는 게 낫지 않을까? 얼마든지 까다롭게 굴어도 좋다는 뜻이다. 자, 같은 건물에 입점한 상가라 해도 하나는 유명 프랜차이즈 본사 직영점이고, 다른 하나는 폐업 땡처리를 하는 중이다. 당장 들어오는 임대료는 똑같지만 가격 차이가 난다. 앞으로의 가치는? 설명할 필요도 없을 것이다. 또한 임대차 계약을 한 번 하면 5년이 아니라 10년을 가야 하는 요즘, 좀 아니다 싶은 임차인인 것 같으면 차라리 공실로 비워놓는 게 이득이다. 시간이 조금 더 걸린다고 해도 완벽한 임차인을 구해야 한다. 단순히 눈앞의 월세에 눈을 흐리지 말자.

그럼 좋은 임차인을 어떻게 알아볼 수 있을까?

먼저 본업이 커서 부동산 투자에 많은 시간을 쏟지 못하거나 공부해낼 시간이 없는 사람들은 제외한다. 전문직 직종 중에 흔히 볼 수 있다. 진지하게 임하지 못하거나 그렇다 해도 시간이 부족한 사람들이다. 또 본업의 현금 유입이 크다 보니 손해를 볼 가능성도 크다. 또, 상가만 따져볼 게 아니라 임차인의 자산이나 다른 현금 유입도 봐야 한다. 순 자산이 10억 원인 사람이 대출 10억 원을 당겨 20억 원짜리를 사는 것과 순 자산이 100억 원인 사람이 대출 10억 원을 받아 20억 원짜리를 사는 것을 보자. 전자와 후자는 전혀 다르다. 빌딩의 경우 예를 들어 한 임차인이 빌딩의 중요한 부분을 전부 쓰다가 갑자기 나간다고 하자. 그럴 경우 대출 비용을 감당하는 것이 힘들어질 수 있다. 대출을 많이 받으면 받을수록 수익률이 올라가는 건 사실이나 언제나 다양한 상황을 염두에 두고 투자해야 한다는 것을 명심하자.

물론 이런 것을 알 수 있는 가장 명료한 방법은 신용도다. 신용도를 자세히 보라. 개인정보이지 않느냐고? 맞다. 그러니까 요청하라. 개인이 동의해서 제공하는 경우 볼 수 있다. 그러나 제공하지 않으려 한다거나 거절한다면? 안 보면 된다. 또한 최저임금 상승이나 상가건물 임대차보호법이 강력히 적용되는 요즘, 임대인이 도리어 손해를 보는 경우도 손쉽게 일어나니 최대한 손실을 줄이도록 임대료와 보증금의 비율을 맞추는 것도 중요하다. 이런 것들은 단순히 머리로 생각한다고 되는 것이 아닌 충분한 경험이 필요한 문제이긴 하다. 철저히 준비하고 대비해보자.

신용도 이외에도 중요한 것이 있다면? 임차인의 경영 능력이다. 수익을 높여줄 점포사업자는 어떻게 만나는가? 매출을 증대시키는 것은 물론 세를 불릴 줄 아는 차별화된 경영 능력을 지닌 점포사업자를 만나는 건 천운일지도 모른다. 이들은 단순히 상가 권리금에 대한 기대치를 높이는 것에 지나지 않고 임대료 상승을 기대하게 하기 때문이다. 단순히 유명 브랜드만을 노리지 말고 사람을 보라. 프랜차이즈는 분명 안정적인 현금 흐름이 기대되긴 하나, 상승세를 노리기가 힘든 것은 물론이요. 재계약 시 역으로 월세를 내려달라는 요구를 받는 경우도 많기 때문이다.

[세 번째, 투자 원칙을 정해놓자]

어느 상황에서든 같은 견해를 고수하라는 게 아니다. 같은 상가투자라도 신도시와 구도심, 꼬마빌딩이 다르다. 최근 상가시장은 양극화로 치닫고 있으며 앞으로도 심해질 것이다. 이유는 위에 있다. 최저임금의 상승과 소비심리의 네거티브함 때문이다. 매출이 적은 편의점이 문을 닫는다고 해보자. 이유는 여러 가지이겠지만 그 상가가 편의점을 유지하기에 좋지 않은 상권이라 그럴 것인가? 아니다. 이럴 때 기존에 좋은 입지에서 상대적으로 매출이 높았던 편의점이 이전 편의점의 매출까지 흡수하는 현상이 발생한다. 결국, 소매점의 영업환경이 중요하다. 상권이 좋은 곳보다는 입지가 좋은 곳이 훨씬 낫다는 거다. 1등 지역의 순위 아래 상가를 보느니 인기 없는 지역이라도 그 지역의 1등 상가를 선택해야 한다.

그렇다면 영업환경은 어떻게 달라지는가? 신도시의 경우 근린상가는 큰길 옆 전면부를 선호한다. 상가 1개당 500세대가 넘어간다면 상권이 좋은 것으로 판단한다. 중심상가는 보통 유흥가가 중심인데, 이 경우 직장인 수요가 뒷받침되어야 한다. 물론 단순히 직장인 수요만을 따지기는 어렵다. 김영란법 이후 직장인의 회식이 대폭 줄었다는 건 말해봤자 입 아픈 소리다. 예전처럼 술 마시는 분위기를 찾기가 어렵다는 것이다. 결국 고층으로 올라가는 수요는 많지 않다. 유흥상권은 1등 자리가 아니면 1등 옆자리에, 근린상가는 1등 자리가 없다면 1등 위층으로 가자. 용의 꼬리를 하느니 뱀 머리가 되겠다고? 천만에, 부동산에선 용만 살아남는다.

신도시가 이렇다면 구도심은? 구도심의 경우 업종별 최소 세대수가 있다. 혼자 일할 수 있는 업종이라면 500세대로도 충분하다. 세대수가 300 이하라면? 피하자. 4명 이상의 근로자가 필요한 업종은 단순 계산으로 2,000세대는 있어야 먹고 산다. 임대 투자하려는 업종이 500세대용 업종에 적합한지, 2,000세대용 업종에 적합한지를 잘 따져봐야 한다.

꼬마빌딩의 경우 누가 봐도 번듯한, 예를 들어 대로변에 있는 자리는 너무 비싸다. 여기에 홀리지 말자. 좋아 보이지 않더라도 투자하기 좋은 건물은 이면 골목에 있다. 같은 이면 골목이라 하더라도 위치에 따라 차이가 있는데 이걸 잘 봐야 한다.

이렇게 입지에 따라 원칙을 바로 세워야 한다. 이 원칙을 지키려거든 모두 직접 가서 확인해야 하는 것 아닌가 생각할 수도 있다. 입지분석의 요점은 현장조사가 맞다. 하지만 반드시 모두 그런 것만은 아니다. 오히려 지도가 정확할 때도 있고, 지도로만 파악할 수 있는 정보도 있다. 혹은 현장에 갔다가 현혹당하는 일도 있으니 주의해야 한다. 지도를 통해 도로 구조를 파악하는 것이 중요하다. 지도상으로 동일한 조건이라면? 현장에서 유동인구를 확인하되 간판이나 건물 인테리어에 속지 말고 주의 깊게 현장을 파악해야 한다.

[네 번째, 현장조사 전 원칙을 정하자]

현장조사가 반드시 옳은 답을 내주는 것만은 아니지만 현장조사도 하지 않고 대뜸 투자하는 것은 어리석은 일이다. 신도시와 구도심 등 환경별 원칙을 고수했다면 현장조사 시 필요한 원칙을 정해보자.

① 가장 중요한 것은 노출이다.

바이럴 광고라는 말이 괜히 있는 것이 아니다. 업종에 따라 노출이 전부는 아닌 경우도 분명 있으나, 상가는 최대한 노출이 되는 곳으로 보는 것이 최고다. 광고판의 경우 주위 광고판에 묻히거나, 이면도로에 닿을수록 존재감이 부실해지는 경우가 있다. 거기다 후면상가의 경우 주목받지 못하는 것은 물론 자리를 제대로 잡지 못하면 임대료도 지급하기 힘든 최악의 상황까지 발생할 수 있다.

② 두 번째로 중요한 것은 단독 전문상가는 피해야 한다는 것.

강변 테크노파크나 용산전자상가 등, 한 상가건물에 동일 업종이 몰려있는 곳은 물론이요 밀리오레 같은 단독 상가도 피해야 한다. 후자의 경우 관리비는 많이 들고 작은 평수가 많아 임차인 수도 많기에 의견을 통

일하는 데 어려움이 많다. 미리미리 잡음을 피하는 것도 중요한 일이다.

③ 세 번째는 주차장과 화장실이다.

단순히 규모가 크고 새 건물이라고 좋은 것이 아니다. 내실 좋은 다양한 업체가 알차게 들어있는 상가가 좋다. 이런 알짜배기 상가를 찾다 보면 알 수 있는 점이 있는데, 바로 주차장과 화장실이다. 특히 상권이 발달한 지역일수록 주차장의 유무는 곧 경쟁력의 차이로 보인다. 또한 화장실은 상가 이용자와 고객들의 만족도를 보여주는 지표다. 업종에 따라 차이가 있을 수는 있겠으나 특히 가족 단위의 고객들이 찾는 업종이라면 주차장과 화장실은 필수.

④ 마지막은 공실이다.

어느 사업이나 마찬가지지만, 공실이 40%가 넘어간다면 피하라. 이미 그 상가는 죽어가는 상가나 다름없다. 단도직입적으로 말해서 가능성이 없는 곳에 끌려다니지 말고, 현명하고 빠른 포기로 미래의 손실을 막으라는 소리다. 위에서 현명하게 소량의 손실을 참작하고서라도 좋은 임차인을 찾으라고 했지만 기준이 바로 이것이다. 공실 기간이 길어질수록 주변 상가들 역시 영향을 받는다. 사람이 있는 곳에 사람이 모이고 돈이 모인다.

[다섯 번째, 건물을 고르는 눈을 기르자]

아무리 입지가 좋다고 한들 건물이 좋지 않다면 초기 투자비용에서 흔들린다. 또, 건물의 용도를 정확히 파악하여 업종을 골라야 한다. 관련 업종에 따라 용도가 정해져 있다는 건 당연한 일이지만 이를 소홀히 보는 경우 임차인 유치에 있어 어려움을 겪는 것은 물론, 업종을 포기하거나 고비용을 들여 용도를 변경해야 하는 위험을 떠맡게 될 수도 있다. 그럼 어떻게 해야 하나? 사전에 건축물 관리대장을 확인해보고 매입에 나서야 한다.

시·군·구청 환경위생과에 정화조 용량을 문의, 구두 혹은 서면으로 확인받는 것은 필수다. 전기나 주차장 설비도 담당 부서에 미리 확인해야 한다. 정화조나 전기 용량, 주차장 설비에 따라 입주 가능한 업종이 제한되기 때문이다. 또한 해당 건물에 이미 들어선 업종들을 파악하는 것도 필요하다. 우선으로 건물의 가치를 올려줄 수 있는 업종들이 있기 때문이다. 단순히 일시적으로 유행하는 업종이 아닌 지속성을 지닌 업종들 말이다. 다이소나 편의점, 약국 등이 선임대되어 있다면 보다 적극적으로 투자에 임할 수 있다. 직접 유명 프랜차이즈 매장에 연락해 임차 가능 여부를 확인하는 것도 좋은 방법이라 할 수 있겠다.

• 첫 상가투자에서 빠지기 쉬운 함정

가장 쉬운 함정은 어디에 돈을 쓰려는 것인지, 즉 어디에 투자를 하는지를 잊는다는 것이다. 우리가 지금 하려는 것은 수익형 부동산 중에서도 상가투자다. 그런데 아뿔싸. 보통 부동산 투자라고 하면 아파트, 주거형 부동산을 생각하다 보니 종종 주거형 부동산에 투자하듯 정보를 모으는 분들이 있다. 물론 부동산과 관련된 정보를 다방면으로 모으는 것은 중요한 일이다. 하지만 넘쳐나는 정보화 시대, 쓸데없는 정보만 주워 먹다가는 주화입마에 걸리기에 십상이다.

상가와 아파트는 전혀 다르다.

심지어 상반된 정반대의 개념이다. 왜일까? 그들은 구분등기(집합건물)의 부동산이라는 것 빼고는 모두 다르다. 보자. 주거지의 가장 중요한 첫 번째는 조용함이다. 쾌적하고 안락한 환경이야말로 주거지의 미덕이다. 그러나 상가는 조용해선 안 된다. 어느 곳보다 노출되어야 하고, 시끄럽고, 유동인구도 많아야 한다. 유흥, 즉 즐거워야 한다. 개념부터 이렇게 다르다 보니 주거지로서는 아닌 곳이 도리어 좋은 상가 부동산 입지가 될 수도 있다.

물론 주거지의 상가가 모두 안 되는 것은 아니다. 주거와 밀접한 생활 편의시설 업종은 들어오지 않는가? 그렇다. '생활 편의시설'이다. 업종 제한이라는 것이 있다 보니 많은 업종이 들어올 수 없다. 그러다 보니 세대수가 많은 대단지라는 것만 보고, 상가가 대량으로 나왔으니 별도로 단지 내에 상권이 형성될 수 있다는 착각에 빠지는 경우도 많다. 이는 곧 실패로 이어진다. 준공 이후의 물건을 둘러보다 보면 임대가 수많은 세대의 단지 내 상가임에도 공실인 상가들이 종종 보이지 않던가? 이런 경우다. 동네 수준에 맞게 임대료가 높은 것일까?라고 생각할 수도 있지만 반은 맞고 반은 틀렸다.

자, 여기에 학교를 더해보자.

주거지와 상가 반경에 학교가 있으면 백전백패로 질 수밖에 없다. 주거형 부동산이라면 근교에 초·중·고등학교가 있으면 좋다. 학군이 형성될 수 있으니 아파트 실수요자나 투자자들 시각에선 좋은 아파트단지의 요건이 될 수 있다. 하지만 상가투자의 입장에선 최악이다. 극히 제한된 업종만이 가능하기 때문이다. 결국 이는 장기적인 공실로 이어질 가능성이 농후하다. 그 흔한 호프집부터 PC방조차 진입하기 힘들어 공실이 난무하는, 상가투자 입장에선 그야말로 지옥인 환경이다.

그럼 어떻게 해야 하는가? 위에서 '지도를 보라'고 한 것, 기억나는가?

상가투자를 할 때는 지도를 펼쳐놓고 포인트를 잡아야 한다. 괜히 부동산 사무소에서 블록 단위로 표시된 지도를 벽에 걸어놓는 것이 아니다. 단순 홍보수단이나 인테리어용이 아니라, 해당 지역을 판가름할 때 필요한 중요한 정보 수단이 될 수 있다. 현장조사에 앞서 다른 지역, 업종별 유명한 상권 지도를 보며 공부하고 파악하는 것도 중요하다.

이렇게 공부를 한 당신 앞에는 무수한 광고가 놓일 것이다. 투자자인 당신이 먼저 광고를 뒤적여볼 수도 있고, 직접 업자가 올 수도 있겠다. 이때 속지 않는 법에 대해 알아보자. 단순히 허위 광고 수준을 넘어 교묘한 광고 멘트들이 널려있기 때문에, 까딱하다 눈뜨고도 코 베이는 꼴이 난다. '사람 보는 눈을 길러' 괜찮은 입지와 좋은 임차인을 만나는 것과는 또 다르다.

"◇◇상가분양 회사 보유분!"

이런 광고, 참 많이도 올라와 있다. 말인즉슨, 회사에서 보유하던 것을 '특별히' 분양을 결심해 내놓은 상가라는 것이다. N사 포탈에 검색해보면 이런 매물이 정말 많다. 그런데 이상하지 않은가? 애초에 팔 목적으로 지어놓은 상가가 회사 보유분이라니, 앞뒤가 맞지 않다. 대부분 이런 매물은 미분양분을 빛 좋은 개살구처럼 포장한 것이다. 눈물을 머금고 뼈를 깎아가며 내놓은 것이 아니라, 그냥 지금까지 안 팔렸다는 것이다. 상가 공급 과정을 보면 건축주인 시행사가 있고, 상가를 판매하여 수수료를 수익금으로 받는 분양대행사가 있다는 건 앞에서 배웠을 것이다. 분양대행사는 일정 기간, 일정 금액을 분양할 것을 책임지고 계약하는 것이 보통이다. (대신 분양과 관련된 업무를 독점한다.) 이런 구조에서 건축주인 시행사가 "너무 좋은 상가라 분양하지 않고 우리 회사가 갖고 있을 테니 팔지 마시오"라고 한다는 게 말이 될까? 글쎄. 일단 땡이다.

"◇◇신도시 상가분양(임대확정),

◆◆상가분양 임대 확정자리 선점하세요!"

이런 광고를 보고 온 사람들이 자주 하는 말. "모 상가가 모 프랜차이즈에 얼마 가격으로 임대가 맞춰져 있는 '확정'상가인데, 이런 상가투자는 어떻게 생각해?" 예를 들어, 1층 10억짜리 상가인데 보증금 1억, 월세 400만 원에 2년간 임대가 확정되어 있다고 소개를 받으면 수익률이 분양가 10억에서 보증금 1억을 뺀 투자금 9억!에 1년 치 월세 4,800만 원으로 수익률을 계산하면 5.3%의 수익률이 나오니 괜찮지 않으냐는 것이다.

투자 시 단순 숫자에 흔들리지 말고 수익률의 함정에 빠지지 말라고 했으니 당신이라면 함정을 찾아냈을지도 모르겠다. 만약 여기서 말한 10억짜리 분양 상가가 이번엔 12억에 분양, 임대 보증금 1억에 월세 500만 원에 확정분양 된다면 어떻게 되는가? 마찬가지로, 보증금 1억을 빼면 실투자금이 11억이 되는 데 연간 받는 월세는 6,000만 원이니 이때 수익률은 대강 5.4%쯤 된다. 산술적으로는 더 좋은 상가에 투자하는 셈이 된다. 옳다구나, 하고 가면 되는 건가?

그럴 리가. 만약 2년 만기 후 못하겠다고 세입자가 간판을 내린다면? 분양사가 세입자에게 2년간 월세 일부를 지원금 조로 얼마간 지원한 사실이 있는데 이제 그 지원금이 끊겨 더는 확정했던 임대료만큼 내지 못하겠다고 하면? '웃픈' 이야기지만 이건 약과에 불과하며, 비슷하거나 더 심한 이야기가 지천으로 널린 것이 현실이다.

중요한 것은 입지별로 성숙기 때 그 월세가 유지되느냐, 하는 것이다. 확정된 수익률은 상권 형성 초기에 세입자의 돈벌이와 상관없이 임대료를 '보장'받는 데 그 의미가 있을 뿐. 해당 월세로 수익률이 몇 %인지를 따지는 것은 무상 부실하다. 중요한 것은 입지를 분석하여 성숙기에도 그 월세가 가능한지를 판단하는 것이다. 참, 속기 쉬운 세상이라지만 믿을 사람 하나 없는 곳이 이곳이기도 하다. 하지만 걱정하지 마시라. 속지 말라고, 고생은 덜고 실속 있는 수익은 잡으라고 이 책이 여기 있는 것 아닌가.

• 부지런한 새가 벌레를 잡는다

부지런한 새가 벌레를 잡는다!

무슨 일이든 그렇지만, 부동산 투자도 가만히 있다고 돈이 들어오진 않는다. 바지런하게 발품을 팔라는 게 아니다. 회사 생활이 그렇듯 부동산 투자 역시 행동거지, 태도가 중요하다.

예를 들어 위에서 '직접 유명 프랜차이즈 매장에 연락해 임차 가능 여부를 확인하는 것도 좋은 방법'이라고 했다. 프랜차이즈는 기업이고, 그들은 브랜드 가치를 위해서라도 아무 곳에나 매장을 덥석 내지 않는다. 그러므로 유명 프랜차이즈가 입점한 건물은 상가 가치도 오르고, 어느 정도 입지를 확보할 수 있다. 이런 점을 이용하여 각종 프랜차이즈 박람회에 참여해 안면을 트고 동향을 살피는 일도 있다. 정보는 어디에서든 들어온다. 중요한 것은 잡아 읽느냐, 읽지 못하느냐의 차이일 뿐이다. 그렇다면 어떻게 해야 할까.

첫째, 덜도 더도 말고 가장 중요한 것이다. 부지런해지자!

집에서 클릭 한번, 터치 한 번으로 정보가 쏟아지는 정보화 시대라지만 결국 사람 사는 일이 다 그렇듯 부지런히 발품 파는 것을 이길 수 없다. 그뿐인가? 지역 개발 호재 관련 정보를 비롯하여 현장 주변의 향후 변화를 내다보는 직관력 또한 중요하다. 직관력은 타고나는가? 아니다. 직관력을 기르도록 많이 보고 많이 접하는 것이 답이다. 많이 보고 많이 접하려면? 부지런해지는 것 이외엔 답이 없다. 철저한 분석을 멈추지 않는 것 또한 부지런해야 할 수 있는 일이다.

둘째, 용기를 가져라.

겁먹지 말고 도전하라. 말은 참 쉬워 보인다. 내가 겁을 먹고 싶어서 먹
나? 지갑이, 통장이 나를 움츠러들게 하는 것을. 그러나 실패 없는 성공
또한 드물다. 완전히 존재하지 않는다!라고 하진 않겠다. 실패 없이 연승
가도만 달리는 사람도 있기야 하겠지. 그러나 성공한 사람들은 대부분 실
패를 겪어본 사람들이다. 그런데도 포기하지 않고 끈질기게 도전한 사람
만이 살아남는다. 용기는 성공의 열쇠다. 하지 않으면 아무것도 일어나지
않는다. 만족은 곧 나태로 이어진다. 이를 각개격파하는 것은 당신의 용
기뿐이다.

셋째, 과시하지 마라.

무조건 숙이라는 것이 아니다. 필요한 때, 적재적소에 돈을 써라. 결심이
서면 우왕좌왕하지 말고 빠르게 결단을 내려라. 그리고 으스대지 마라. 투
자 시 중요한 자세 중 하나가 역지사지를 실천하는 것이다. 당장 내 돈이
걸려있다 보니 사람들이 간과하는 것 중의 하나인데, 무조건 내 입장만을
밀고 나가는 것이다. 당신은 임대인이지만 임차인의 처지에서도 상품을
봐야 한다. 상가 고객의 처지에서 보는 것은 말할 것도 없다. 당신이 상가
부동산에 투자하듯, 임차인도 자신의 사업에 투자하는 중이다. 투자자와
세입자는 한 배를 탄 공생 관계다. 임대사업을 잘하려거든 임대 시장의 흐
름과 성향을 파악하는 것도 중요하다. 점포 창업자가 대부분인 세입자를
이해하려면 점포 창업자가 발 담그고 있는 창업시장에 대해 알아둘 필요

가 있다. 임차인이 잘돼야 상가 점포주도 잘 된다는 걸 잊어서는 안 된다.

넷째, 긍정적인 마인드를 가져라.

용기를 가지라는 것과 비슷한데, 성공할 것이란 믿음을 가지고 매사 모든 일에 임하라. 나조차 믿지 않는 상품에 누가 투자하겠는가? 또한 투자 역시 사람 간의 거래다. 긍정적인 마인드를 갖고 밝은 인상을 보여주는 사람에게 마음이 가는 것은 당연한 일이다. 투자할 대상이 나타나면 냉철한 모습으로 대하는 것도 중요하지만, 서로 간에 신뢰를 주는 것 또한 중요한 일임을 잊지 말자. 결국 이 또한 비즈니스다.

마지막 다섯 번째, 자신만의 안목을 가지고 꼼꼼해져라!

상권 입지에 대한 설명 없이 단순히 상품만을 가지고 향후 상품의 미래 가치를 답하기는 어렵다. 지역 상권과 공급 추이 및 입지를 꼼꼼히 따져야 한다. 용감한 것과 무식한 것은 전혀 다르다! 당신은 섬세하고 치밀해 져야 한다. 여러 방면에서 많은 것을 파악하고 읽어야 한다. 자신만의 철학과 기준 없이 정보를 모으는 데만 급급하면 남들이 하는 말에 휩쓸리기 십상이다. 헛된 광고에 현혹되지 않으려면 지식 이외에 구체적인 목표와 신중함도 중요하다. 공부상의 하자 여부, 테마상가 등 신축 건물의 경우 시공사가 부지매입을 제대로 하지 않고 분양하지 않았는지 등. 토지 등기부 등본을 떼어보면 확인할 수 있다. 법령 확인 역시 필수다. 법도 바뀐다. 건물 관련 법령 중 소방 관련 법률과 환경 설비에 대한 규제가 날로 강화되니, 이를 충족할 수 있는 상태인지도 잘 살펴봐야 한다. 그렇지 않으면 덤터기를 쓰는 건 당신이 될 수 있다.

상가투자의 유형

    수익형 부동산에 다양한 종류가 있듯, 상가투자 역시 유형이 있다. 건축법 시행령 제3조의 5 별표 1의 용도별 건축물의 종류에 따르면 상가는 단지 내 상가, 근린상가, 주상복합상가, 오피스텔 상가, 지하상가, 오피스텔, 상가주택 등으로 나뉜다. 법령상 분류 이외에도 부동산 투자 시 상가주택, 복합상가, 스트리트형 상가 등으로 상가투자를 분류한다. 결국 중요한 것은 당신이 원하는 업종이란 것을 잊지 말자. 물론 모든 투자의 기본은 당신의 재무상태인 것은 말하지 않아도 알 것이다. 건축법상 상가에 대해 가볍게 이야기해 본 뒤 상가투자 유형을 짚어보기로 하자.

• 건축법상 상가 분류

① 상가하면 대부분 먼저 생각하는 단지 내 상가

말 그대로 아파트단지 내에 형성되는 상가로, 단지 정문 혹은 후문 쪽에 형성되는 경우가 많다. 가장 좋은 장점은 아파트 입주민이라는 고정적인 배후수요가 있다는 것! 특성상 생활편의형 업종들이 주가 되는 경우가 많다. 보통 단지 내 상가 1층의 경우 전용면적이 11평에서 15평 크기로 형성되곤 한다.

여기서 잠깐. '아파트 입주민=고정적인 배후수요'라는 문장만 볼 때 흔히들 우리는 대형 평형대 아파트단지 내 상가가 좋다는 착각에 빠지기 쉽다. 그러나 아파트단지 내 상가의 경우, 중소형 평형대의 단지 내 상가가 더 선호된다. 이유가 뭘까? 단순하다. 대형 평형대 아파트의 소비력보다 중소형 평형대의 소비력이 훨씬 좋기 때문이다. 대형일수록 단지 내 상가보다 대형마트나 외부 식당을 이용하는 경우가 많기 때문이다. 또한 단지 내 상가투자 시엔 아파트 세대의 비율과 상가 점포 비율을 꼭 확인하고 투자해야 한다. 1,000세대 아파트단지가 형성되는 데 단지 내 상가가 1층부터 3층까지 30개 이상 형성된다고 보자. 단지 내 상가 특유의 장점이 돋보일 수 있을까? 정답은 NO다.

또한 고정적인 상권이 배후에 있어 공실의 위험이 낮다고는 하나, 바꿔 말하면 배후 세대수가 고정되어 있어 향후 상권이 더 활성화되는 것을 기대하기는 어렵다. 즉, 시세 상승을 노리기 어렵다는 것이다. 거기에 업종이 독점으로 지정될 경우 오히려 업종 제한으로 인해 업종을 변경할 수 없어 임대에 차질이 생길 수도 있다. 또한 같은 단지 내 상가라 해도 후면부 상가나 후문에 있는 상가는 투자 대상에서 제외하자. 차량이나 아파트 입주자들이 아파트로 들어오기 위한 주 동선상에 있는 상가에 투자하는 것이 좋다.

② 주거지역 근처에 몰려있는 근린상가

보통 중심 상가, 근린상가, 유통상가, 일반 상가, 1종~2종 편의시설 위주로 구성된 상가건물을 말한다. 단지 내 상가와 마찬가지로 준주거지역 주위에 형성되기 때문에 인근 거주민을 배후수요로 둔다고 생각하면 된다.

즉, 주택지와 가까워 걸어서 이용할 수 있는 도로변 상가가 대부분이며, 업종은 제과점이나 약국, 세탁소, 미장원, 학원, 병·의원 등이 있다. 감이 오는가? 장단점은 단지 내 상가와 비슷한 듯 다른데, 단지 내 상가 투자 시 살펴야 할 요소 중 하나가 바로 근린상가이다. 단지 내 상가 주변에 근린상가가 대량으로 공급되는 지역은 투자 전 고려해봐야 한다. 업종침해는 물론 고정적인 배후수요 역시 겹칠 수 있으니까.

또한 근린상가는 건물 내 위치에 따라 도로에 접한 전면부 상가와 내부로 들어선 안쪽에 있는 후면부 상가, 그리고 전면부도 후면부도 아닌 먹통상가라고 불리는 가운데에 있는 상가로 분류된다. 거리에 근접한 상가와 달리 상가 내부에 있는 후면부 상가나 먹통상가는 긴 공실 상태에 빠질 가능성이 크다. 그러니 코너에 있는 상가는 아니더라도 최소한 도로에 접힌 상가에 투자해야 한다.

③ 다양한 시설을 하나의 건물에 둔 주상복합상가

주상복합상가는 건물 내에 상가 시설과 주거공간이 함께 들어선 건물을 뜻하며, 대부분 도심지나 역세권에 위치하여 교통이 편리하다. 단, 이 때 주거공간의 쾌적함은 다소 떨어질 수 있다. 다시 상가 시설로 가 볼까. 주상 복합 아파트 하부층에 형성되는 상가라고 생각하면 된다. 보통 1층에는 편의점과 중개업소, 카페나 제과점 같은 업종이 들어서며 2층부터 금융기관이나 병원이 들어오는 경우가 많다. 주상복합시설을 건축할 때는 30%는 상가로 규정, 지자체 조례에 따라 조정할 수 있도록 정해져 있는데 1층만 상가일 경우 10%의 비율이 적용된 것이고, 지하 1층과 지상 1, 2층이 상가인 주상복합건물은 30%의 상가비율이 적용되었다고 볼 수 있다.

주상복합상가의 장점으로는 먼저 기본적인 상권이 형성되어있다는 것이다. 거기에 상층부에는 주거시설이 있으므로 생활밀착형 업종이 입점하는 경우가 많은데, 이는 곧 임대가 쉽다는 뜻으로 직결된다. 배후수요 확보와 준공 안전성이 다른 상가보다 안정적이라는 것 또한 장점이다. 단, 기본적인 상권이 형성되어있다는 것은 달리 말하면 이미 상권이 활성화된 주변 상가들과 경쟁 관계에 놓일 수 있다는 것을 의미한다. 생활밀착형 업종 이외에는 상권이 약해 공실 가능성이 생긴다. 또한 전용률이 낮으므로 면적 대비 높은 분양가로 기대했던 수익이 나오지 않을 가능성도 있다.

그러니 주상복합상가에 투자할 때는 먼저 주거면적 대비 상가면적 비율을 확인하고, 후면부 상가나 먹통상가는 투자 대상에서 제외해야 한다. 마지막으로 시공사의 브랜드에 현혹되는 것은 금물이다. 상가비율이 10%인 상가에 투자하는 것이 실패할 확률이 낮으며, 후면부 상가가 장기간 공실에 빠지기 쉬운 것은 굳이 말하지 않아도 알 것이다. (단, 사무실로 사용하거나 특이한 업종에 임대한 경우는 제외하도록 한다.) 또한 주상복합상가는 시공사의 브랜드가 투자 대상 상가의 가치를 대변하지는 않는다. 주거 부분은 분양이 잘 될지 몰라도 상가의 가치는 시공사의 브랜드가 보장할 수 없는 부분이기 때문이다. 이를 명심하자.

• 상가 선택에 따른 투자유형

투자 시 중요한 건 타인의 성공이 아니라 당신의 성공이라는 건 말해봤자 입 아픈 소리다. 무리한 투자가 아닌 당신의 자금 상황에 맞는 적정 금액에 맞춰 상품을 선택해야 한다. 또한 그저 유행하는 업종보다는 당신이 잘 아는 분야 혹은 경험이 많은 전문가나 자문할 사람이 있는 업종을 선택해야 한다. 이러한 점에서 상가에 따라 투자유형을 달리해야 할 필요가 있다. 이 점을 염두에 두고 투자를 위한 상가 분류를 짚어보자.

① 상권이 형성되어있고 매매가 가능한 구 매매상가

도심 내 구상가의 경우 어떻게 매입하는가? 이미 상권이 형성된 입지에 임차인이 영업 중인 상가를 현 투자금 대비 연 임대 수익률을 따져본 후 매입한다. 기존의 낡고 불편한 건축물을 부분적으로 증축하거나 대규모 수선하여 새롭게 리모델링, 건축물의 기능 향상이 가능한 것이 바로 구상가이다. 이를 통해 수명 연장된 건축물의 가치를 올리는 것도 가능하다. 단, 상가 수명과 향후 재건축 가능 여부를 반드시 생각해야 한다. 다시 매도할 경우도 고려해야 한다.

② 새롭게 개발된 신규 분양 상가

새로 짓는 신규상가는 다양한 위치에 개발될 수 있다. 구도심은 물론이요, 신도시, 역세권 등. 지역과 입지에 따라 분양가 역시 큰 차이를 보인다. 보통 신규 분양 상가는 1층 상가가 선호되며, 실수요자나 투자자 모두 상가 활성화 여부를 따져봐야 한다. 또한 특정 업종이 아닌 어떤 업종이라도 영업하기 좋은 곳을 택해야 한다. 여기에 신도시일 경우 상권이 형성되는 기간이 필요하므로 초기부터 과욕을 부리는 것은 금물. 후숙 기간을 기다리며 임차인과의 협의를 통해 합리적인 임대료를 책정, 장기적으로 함께 서로 도움이 될 수 있는 전략을 짜야 한다. 초창기 과열이 상가 전체의 위축으로 이어질 수 있다.

③ 요즘 인기 있는 주택형 상가

주택형 상가는 주택을 매입해 용도 변경하는 것이다. 그중 요즘 대세는 상권이 갖추어질 입지의 단독 주택을 매입하여 1층 주택을 리모델링, 상가로 용도를 변경한 건물로 보통 신흥 상권에서 유행하고 있다. 용도를 변경한 1층 상가에는 창업 혹은 임대를 통해 수익을 올릴 수 있다. 수익을 높이려면 규모가 적은 주택형 상가의 경우 단일 점포보다는 소형 점포로 2~3개를 나누는 편이 좋다. 주택형 상가의 대표적인 지역으로는 신사동 가로수길 상권, 상수동 골목상권, 연남동 연트럴파크 상권, 홍대 골목상권, 정자동 카페 골목상권, 서울대 입구 샤로수길 골목상권, 상암동 디지털미디어시티 상권, 공릉동 경춘선 숲길 공원 상권 등이 있다.

④ 경험 있는 사람들의 선택, 재건축

당신이 부동산 투자나 건축물을 짓는 데 경험이 있는 사람이라면 대로 변이나 동네 골목에 노후화된 주택을 매입하여 재건축, 혹은 소규모 땅을 사들여 상가를 올리는 것도 좋은 방법이다. 앞서 설명한 상가 매매나 용도 변경보다 위험 부담이 크므로 사전에 충분한 검토가 필요한 것은 말할 것도 없다. 특히나 땅을 담보로 대출을 받아 건축하는 경우(즉, 투자금 부족으로 인한 담보 대출의 경우) 건축회사를 절대적으로 잘 만나야 한다. 공사 기한에 맞춘 준공이 의외로 어렵다는 일은 모두 잘 알고 있을 것이다. 시공 기간이 늘어지거나 공사 일정에 문제가 생길 때 대출 이자가 당신을 집어삼킬 수 있다는 것. 규모가 작을 뿐 사실상 시행 사업이나 다를 바 없다고 생각하는 것이 좋다.

⑤ 공동 투자 형태로 짓는 주택형 상가

앞서 말한 주택형 상가와는 조금 다르다. 이는 마음 맞는 사람들끼리 모여 진행한 공동 투자를 통해 1~5층 규모의 건물을 짓는 방법이다. 위에서 썼듯 1층은 상가로, 상층부는 실주거로 이용할 수 있다. 공동투자의 경우 결산은 그간 진행된 용역비, 건축 공사비를 제외한 이익금을 공동으로 각자 지분에 따라 실주거 혹은 임대를 주거나 분양을 하기도 한다. 예상했겠지만, 공동 투자 형태에서 가장 주의할 점은 의견 차이로 인한 분쟁이다. 사전에 명확한 교통정리는 물론이요 법률적인 문제로 발생할 수 있는 문제까지 충분히 의견을 검토한 뒤에 진행해야 한다. 여기서 중요한 장점 하나. 상가를 공동명의로 두면 임대소득세를 절감할 수 있다. 소득세의 경우 누진세율이 적용되기 때문에 재산을 분산할수록 절세

효과를 볼 수 있다는 점 역시 포인트다.

⑥ 멀티 복합 상가

테마상가보다 사용하는 공간을 늘려 제공, 전문 유통사나 브랜드매장에 위탁하는 방식으로 운영되는 상가를 말한다. 상권이 만족스럽지 않은 곳에 계획된 지역의 멀티상가는 당연히 피해야 한다. 아무리 업종이 좋고 영업능력이 뛰어나다 한들 전반적인 수익률이 하락할 수 있기 때문이다. 또한 상가 활성안을 미리 확인, 그중에서도 대형 매장 입점 가능 여부를 가장 먼저 확인해야 한다.

멀티 복합 상가의 장점은 총투자금이 적으면서도 독자적인 상권을 만들 수 있다는 것으로, 즉 소액 투자가 가능하다는 것이 장점이다. 또한 과하게 많은 상가가 공급되어 개별 점포의 경쟁력이 낮아질 수 있는 테마상가와 달리 멀티 복합 상가의 경우 가게 수를 감소시키는 대신 개별 점포의 경쟁력을 확보하는 방식으로 운영되므로 상가 선택 시 이 역시 고려해야 한다.

⑦ 밀집된 스트리트형 상가

스트리트형 상가는 근처 지역에 백화점이나 아울렛, 병원이나 호텔 등이 밀집되어 있어 배후수요가 상당수인 상가다. 이런 이유로 스트리트형 상가의 인기 역시 높은 편이며, 스트리트형 상가를 하나의 건물 안에 건축해놓은 스트리트 몰까지 나왔다. 유명한 예시로는 삼성동 코엑스 몰을 꼽을 수 있겠다.

물론 스트리트형 상가가 주목받는 데는 다른 이유도 있다. 쇼핑몰 같은 박스형 상가와 달리 이용자들이 간판 내부를 쉽게 볼 수 있어, 방문 후 계약할 가능성을 상승시켜주기 때문이다. 가로수길이나 정자동 카페거리의 길을 따라 형성된 스트리트형 상가의 경우, 비교적 2층 이내의 낮은 층에 자리 잡은 것도 특징이다. 역세권에 자리 잡은 스트리트형 상가건물의 경우 고정 수요량이 확보되어 꾸준히 분양가가 상승하며, 이는 시세차익을 기대할 수 있는 요건이 된다.

⑧ 건물 전체가 하나의 업종(테마)을 중심으로 구성된 전문 테마상가

테마상가는 한 건물 안에 다양한 업종으로 구성된 일반 백화점이나 쇼핑몰과는 다르다. 테마상가 하면 떠오르는 가장 흔한 업종은 패션상가다. 아동용품 상가, 전자상가, 한약, 애완용품, 청소년 대표 전문상가 등. 같은 업종이 밀집되어 있어 가격이 저렴하고 품목이 다양하다는 장점이 있지만 기존 상권이 형성된 곳에 지어지기 때문에 일반 가정에서 쉽게 이용하기에는 물리적 거리의 문제가 있다는 단점이 있다.

그럼 쇼핑몰과 백화점은?

쇼핑몰과 백화점은 '여러 업종을 판매하는 대형상가'라는 점에서 같지만, 소유권이 누구에게 있느냐에 따라 달라진다. 백화점은 점포의 80% 이상을 운영 주체가 직접 운영하는 방식이나 쇼핑몰은 점포 대부분을 개인 점포주에게 한 칸씩 분양해 개인이나 상가 위원회에서 운영하는 방식이다. 개별 점포마다 주인이 따로 있으니 정가제를 따르는 백화점보다 가격 흥정이 가능한 재래시장과 가깝다.

상가 근교에 무엇이 있느냐도 중요하다. 대학가에 있는 상가는 대학로 상가, 지하철역 주변에 밀집된 상가는 역세권 상가, 테헤란로 등 대로변에 있는 대로변 상가, 즉 스트리트 상가 등으로 구분된다.

• 상가매입, 상가분양?

투자유형에 대해 어느 정도 감이 잡혔을 것이다. 당신이 보기에 당신에게 맞는 투자처는 어디인가? 감이 잡혔다면 이런 상가를 매입하는 방법에 대해 짧게 짚어보겠다. 먼저 매입 방법에는 등기분양, 임대 분양, 재임대 분양이 있다.

짧게 살펴보자면, 등기분양은 토지와 건물에 대해 소유권과 권리가 투자자 개인에게 이전되는 것. 임대 분양은 원 투자자에게 보증금을 내고 점포 사용권을 얻는 것을 말한다. 재임대는? 임차인이 다시 임대하는 것으로 흔히들 전대라고 부르는 것이다. 분양 방법의 경우 선착순 수의계약, 일반 경쟁 입찰, 추첨에 의한 계약 방법, 내정가 공개 등 다양한 방법이 있다.

첫째로, 점포 가격을 미리 정해놓고 층과 위치에 상관없이 먼저 계약하는 사람에게 우선 분양하는 방법, 이것은 선착순 수의계약으로 상가 규모가 클 때 주로 택하는 분양 방법이다.

다음으로 점포별로 신청자를 접수해 가장 높은 가격을 응찰한 사람이 낙찰되는 분양 방법, 이것이 일반 경쟁 입찰이다. 낙찰 시 고조된 분위기에 편승해 높은 가격으로 매입하는 때도 있는데, 사전에 대략적인 주변 시세를 파악, 낙찰받았을 때의 예산을 고려한 뒤에 응찰하는 것이 좋다. 이러한 입찰방식은 단지 내 상가분양 시 주로 택하는 분양 방법이다.

추첨에 의한 계약 방식은 점포가 많지 않거나 업종이 독점적일 때, 해당 점포의 신청자 다수를 접수하여 공개 혹은 비공개로 추첨해 계약하는 방법이다.

마지막으로 상가별 층별, 호수별로 미리 가격을 정해놓고 입찰하는 방법, 이것은 예정가 공개 입찰이다. 단지 내 상가나 소규모 상가분양 시 주로 택하는 분양 방법이다.

이처럼 상가의 규모와 종류에 따라 매입 방법과 분양 방식이 다르다. 자, 자꾸 비슷한 단어가 나오고, 앞에서 나왔던 단어가 또 나오는 것 같아 어렵고 헷갈릴 때가 왔다. 앞에서는 분명 이렇게 하라고 했던 것 같은데, 또 여기선 그렇게 하라고 하는 것 같고, 아무리 투자에 정답이 없다지만 이 말도 저 말도 맞는 것 같다. 저 유형도 좋아 보이고 그 유형도 좋아 보이고, 황희정승이라도 된 기분이 들다가도 막상 단점을 들춰보니 투자는 내 길이 아닌 것 같고. 이해한다. 하지만 진정하고 파트마다 강조한 기본을 다시금 되새기자. 처음 투자를 공부하기로 했던 목표와 목적을 기억하라. 제2의 월급이 목적이었는지, 창업이 목적이었는지, 얼마를 투자하려고 했는지, 어느 지역을 하려고 했는지를.

단거리 달리기와 장거리 달리기, 마라톤은 모두 같은 달리기지만 자세도 호흡법도 다르다. 상가투자 역시 마찬가지다. 이 책은 다양한 사례와 방법을 알려주지만 중요한 것은 당신의 손에 달렸다. 정답이 없다는 것이 바로 이런 것이다. 우리는 당신이 길을 헤맬 때 주의할 점을 알려주고 당신이 찾지 못한 다양한 길을 제시해줄 것이다. 그러나 결국 길을 걷는 것은 당신이다. 당신은 지금까지 큰 배의 선원으로 열심히 노를 저었지만 지금 당신이 해야 할 일은 무수히 많은 길 위에서 당신을 위한 길을 찾고 키를 돌리는 것! 그건 누구도 해줄 수 없는 오직 당신만의 일이다. 어깨가 무겁나? 투자 손실이 두렵나? 그러나 생각해보자. 이건 단순히 두렵거나 겁먹을 일이 아니다. 책임감이 큰일은 그만큼 성취감도 크다. 당신의 성공적인 첫 항해에 오직 순풍만 불도록 할 순 없지만 태풍 부는 날을 피하고, 암초가 있는 곳을 쉽게 지나가도록 도와줄 것이다. 나룻배로 갈 길과 범선으로 갈 길을 안내해줄 것이다. 단순히 큰 배로는 지나가지 못하는 길을, 나룻배가 파도에서 흔들리지 않는 법을 알려줄 것이다. 물론, 이 모든 것은 당신이 성실히 투자에 임할 때 도움이 된다는 것 또한 잊지 말아야 한다.

• **만족스러운 투자를 위해 고려해야 할 것들**

만족스러운 투자란 무엇일까? 단순히 성공한 투자라고 해서 투자자에게 만족감을 안겨주는 것은 아닐 것이다. 투자 과정 중 겪은 수고와 불합리한 일들, 사람 간에 생긴 불화와 노력과 대비되는 결과 등 다양한 요소가 당신의 만족도를 결정지을 것이다. 바꿔 말하면 투자의 결과가 기대

이상으로 나타나거나, 다른 투자나 금융 상품보다 성과가 높을 때 당신의 만족도 역시 올라갈 것이다. 그렇다면 만족스러운 투자를 위해 주의할 점들을 가볍게 읽어보자. 지금까지 공부한 내용을 요점 정리하고 다시 되짚는 내용으로 준비했다.

① 분양을 생각하는 근린상가가 3층에 있다면?

이때 수익성이 걱정되는 것은 당연한바. 근린 상가의 경우 1층에 투자하는 것이 제일 안전하지만 그 이상의 층수에서도 가게들이 잘 입점해 층별로 상권이 형성되어있는 일도 있다. 결론적으로 해당 상가를 자세히 살펴보고 결정해야 하는 일이라는 것. 물론 이때 층수의 불리함을 근거로 분양가를 낮추는 것도 하나의 포인트라고 할 수 있겠다.

② 상가 경매 투자 때 주의해야 할 점은 무엇일까?

아파트나 주택 경매와는 다르지만 그래서 무엇을 주의해야 하느냐고 묻느냐면, 일단 권리금 문제다. 세입자의 명도 저항이 거셀 가능성이 있다는 것. 상당 기간 임대를 못 하는 경우나 보상금을 줄 가능성도 고려해야 한다. 거기에 왜 이 상가가 경매로 넘어왔는지를 면밀하게 검토해야 한다. 기존 상가가 안 돼서 넘어온 것이라면 그 이유가 무엇인지를 파악하는 것도 중요하다. 당신 역시 상가를 경매로 넘기게 될지도 모르니까.

③ 생활형 상권, 중심지 상권. 뭐가 더 좋을까?

첫 상가투자를 고민하는 사람들의 단골 질문이다. 두 상권은 서로 다른 뚜렷한 장단점을 지니고 있지만 첫 상가투자 시에는 와 닿지 않을 테니까. 하지만 이 역시 위에서 한 이야기이다. 안정적으로 월세를 받고 싶은 투자자라면 생활형 상권을, 공격적인 투자로 시세차익을 얻고 싶은 투자자라면 중심형 상권을 고르면 된다. 중요한 것은 당신의 목적과 목표라는 것을 잊지 말자.

④ 신도시 상가투자는 상권 선택 시 어떤 점을 중요하게 봐야 할까?

신도시의 경우 아직 상권 형성이 되지 않아 시세 파악이 어려울 수 있다. 당신이 '개척자'가 되어야 한다는 것인데, 바꿔 말하면 신규상가에 투자하여 높은 수익률을 올릴 수도 있다는 소리니 겁먹지 말자. 가장 중요한 것은 상권 접근성이다. 큰길이나 교통의 요지라고 무조건 선택하라는 소리가 아니다. 주차장이나 공원, 극장 같은 '사람이 실질적으로 많이 모일 수 있는 장소'가 어디에 있는지를 조사해야 한다. 신도시일수록 대중교통보다 자가용을 이용하는 사람들이 많기 때문이다.

⑤ 상가분양 계약서를 작성할 때 주의할 점이 있다면?

상가분양 계약서의 경우 아파트와 달리 분양사가 일방적으로 자사에 유리한 계약서를 제공하는 일이 많다. 그러니 먼저 공정거래위원회 표준 약관을 쓰도록 요구해야 한다. 또한 필요한 모든 것을 계약서에 기록하고 이를 위반할 시 어떻게 피해보상을 받을지를 명확하고 구체적으로 적시하는 것도 중요하다. 예를 들어 입주 시기 및 실제 면적, 재질 혹은 수익률 등 사전에 구두로 약속받은 사항들을 구두로 두지 말아야 한다는 소리다. 그러라고 있는 것이 계약서니까.

입지 선정하는 방법

　상가의 입지는 아파트와는 다르다.

　그것도 아주 많이 다르다. 왜? 상가는 기본적으로 장사해서 수익을 올리는 것이 목적이니까. 수익은 매출에서 매출 원가를 제외한 것이니 우선 최소한의 마진이 확보된 상태에서 매출을 올려야 한다. 따라서 상가 입지는 매출을 출발점으로 사전에 정교한 사업 타당성 분석이 우선이다. 이 과정에서 필요한 것이 바로 손익 분기점 산출이다. 입지분석은 우선 상가 점포의 접근성, 가시성, 고객의 동선, 점포의 크기와 주차장, 경쟁 점포의 상태 등을 살펴본다.

　상가 입지는 이러한 기본적인 상권분석과 입지분석 외에도 임차료 수준, 권리금 유무, 점포건물의 임대차 계약관계 등 사법 관계와 더불어 점포건물의 용도 변경, 교육환경 보호구역 등 영업 인허가 조건(승계나 업종 제한 등)이며 상가건물 임대차보호법 적용 내용, 임대차 기간 갱신 등 공

법적 관계가 복잡하게 얽혀 있다. 당연히 공부해 둬야 실수가 없을 것이다. 특히 상가 경매 시 법정지상권, 가장임차인, 공유자 관계, 유치권 등 복잡한 법률관계는 어설픈 지식 검색보다는 전문가의 도움을 받는 것이 좋다.

그렇다, 이번 파트는 법률문제를 설명하는 파트는 아니다.
좋은 입지를 알아보는 데 필요한 이론과 노하우를 알아보는 파트다.

업종마다 투자금마다, 다양한 이유에 따라 좋은 입지의 기준은 달라질 수 있다는 것은 지겨울 만큼 이야기했으니 기억할 것이다. 하지만 아무리 상황에 따라 다르다고 한들 누가 보기에도 좋은, '그럴듯한' 입지는 분명 존재한다. 알짜배기 '투자 고수'들이 보기에도 좋고, 당신 같은 '초짜 투자 병아리'가 보기에도 좋아 보이는 입지 말이다.

물론 상가 부동산처럼 이론과 예측이 빗나가기 쉬운 업종도 드물고, 단순히 좋은 입지가 수익률과 시세 상승을 보장해주진 않는다. 그러나 총칼도 없이 전쟁터에 갈 수 없듯, 시작이 좋아야 끝도 좋은 법. 좋은 입지 선정은 이른바 첫 단추라고 할 수 있겠다.

좋은 입지를 선정할 때 가장 중요한 것은 당신의 뚝심이다.
당신의 보유 자금과 예상 업종에 따라 선택하되, 단순히 트렌드에 현혹되지 말아야 한다. 세상에는 성공하고 싶은 사람들의 수만큼 그들을 털어먹으려는 사람들이 존재한다. 당신에게 '이렇게 해야 성공한다'고 꼬드기는 사람들은 대부분 그런 방법으로 당신의 자본을 털어먹으려는 사람이다. 물론 훌륭한 조언가, 신뢰할 수 있는 전문가들도 있다. 흔들리지 말고 옥석을 가리어 좋은 것만 취하자는 뜻이다. 그러기 위해 지금까지 공부하지 않았는가? 단, 입지가 그렇듯 내 목적과 분야에 걸맞은 전문가를 찾아야 한다는 것, 명심하자.

• 상가 부동산 입지 선정 이론?

먼저 이론 몇 가지를 소개하고자 한다. 거시적 총론인 '최소비용이론'과 '최대수요이론' 그리고 최대수요이론을 구체적으로 꼼꼼하게 파고든 미시적 각론인 '상권 인력법칙'과 '상권 입지유형'이다.

① 자본 적합성 분석, 상대적 최소비용이론 〈최소비용이론〉

독일의 경제학자인 베버의 공업입지론에서 주장한 이론으로, 생산 비용에 중점을 둔 입지분석이론이다.

베버는 공장입지는 생산과 판매활동에 있어 최소비용이 드는 지점에서 이루어져야 한다고 주장했다. 이는 창업의 안전성 확보를 위한 이론이며, 자본 적합의 원론적 이론으로서 사무실 비용이 들어가는 서비스업인 부동산 중개업 입지 이론으로 확대하여 적용할 수 있다. 유사한 입지 여건에 사무실 비용이 서로 다를 때, 입지 선정의 판단이론으로서 적용할 수 있다. 유사한 입지 여건은 동일 상권 내에서나

서로 연관성이 없는 다른 상권 간에도 발생할 수 있다. 또한, 특정 점포의 창업이나 경쟁력 있는 점포의 절대적 가치를 판단하여 가격 조정을 위한 입지 선정 방법도 최소비용원칙에 입각한 이론으로 적용할 수 있다.

창업의 안정성 확보와 최대수요이론의 단점을 보완하기 위해 부동산 침체기에 창업할 때 적합한 이론이라고 할 수 있겠다. 즉, 서비스 입지에 적용하기에는 부적합하다는 한계가 있다.

② 수익성, 수익 안전성, 배후 지질 분석 〈최대수요이론〉

베버의 공업입지론의 단점은 '생산비에 너무 치우친 이론'이라는 것인데, 이런 베버의 이론에 이의를 제기한 경제학자가 바로 '뢰슈'다.

뢰슈는 "최소비용이론은 기업의 궁극적 목적인 이윤 극대화 원칙에 배치된다"고 지적하며, "최대수요이론은 유효수요의 최대 지점(노루목 자리 등)인 시장 확대 가능성이 가장 풍부한 곳에서 이루어져야 한다"고 주장했다. 이는 생산과 판매가 한 곳에서 동시에 이루어지는 서비스업의 입지론으로 매우 설득력 있는 주장이라고 할 수 있다. 즉, 부동산 입지 선정에 가장 적합한 이론이다. 다만 최소비용이론과 반대적이라는 점에서, 해당 이론의 한계는 비용 측면을 무시한다는 점에 있다.

최대수요이론은 서비스업인 부동산 중개업의 수익성 극대화를 위한 이론이다. 먼저 부동산 경기가 호황이거나 호황기가 도래할 것으로 보일 때, 혹은 그렇게 예측될 때에는 최소비용을 우선하여 최대수요이론에 입각, 사무실 입지를 선정해야 한다. 유사한 가격에 입지 여건이 상호 차이를 보일 때는 판단이론을 활용하여 유효수요가 많은 곳을 선택하여야 한다. 간단히 줄여보자면, 입지요건 50% 이상을 최대수요이론에 근거하여 선택하는 것이 좋다.

③ 수요자의 접근성 분석 〈상권 인력의 법칙〉

자, 부동산학개론을 공부하다 보면 레일리의 '소매인력법칙'을 한 번쯤 만나게 된다. 간단히 말하자면 뉴턴의 만류인력법칙을 원용한 것인데, 많은 인구를 가진 도시가 더 많은 쇼핑 매력도를 지닐 가능성이 커지므로 원거리에 있는 고객들도 기꺼이 쇼핑통행을 하게 된다는 것이다. 우리는 지금 부동산학개론 문제집을 푸는 것이 아니므로 이 법칙이 말해주는 간단한 부동산 원리에 대해 짚어보기만 하자.

소매인력법칙의 내용은 이러하다. 동일 상권에서는 상권의 중심에서 가까울수록 상권흡입력이 강하며, 서로 인접한 상권에서는 작은 상권보다 큰 상권이 상권흡입력이 강하다. 소매 인력 법칙은 부동산 중개업 입지 선정에 있어 최소비용이론의 위험을 보완하는 이론으로, 상권 인력은 단기적으로 입지의 크기나 물리적 요소의 영향을 크게 받으며, 중장기적으로는 비용이 적게 든다는 이유로 국지적 중심지에서 너무 동떨어진 입지 선정을 하거나 주 근접거리를 벗어난 입지 선정을 하는 것은 불합리하다는 뜻이다. 다만 이는 단순 인구수에 기반을 둔 것으로 동일 조건일 때는 절대적인 이론이나 다른 요소들을 결합할 시 다른 결과를 불러일으킬 수 있다는 점이 단점이라 할 수 있겠다.

④ 경쟁 업소를 분석하는 〈상가의 입지유형〉

상가의 입지유형은 넬슨에 의해 통계적으로 조사된 상업지의 공간을 활용하는 유형으로, 집심형, 집재형, 국부적 집중형, 산재형으로 구분할 수 있다. 유형별 특성에 맞게 적합한 업종을 선택하여 입지할 때 성공률을 높일 수 있는 것은 물론 안전성이 영위되는 것은 말할 것도 없다. 보다 성공률을 높이고 안전하게 경영할 수 있는 업종과 입지는 어떻게 고를 수 있을까?

자, 일단 점포의 종류에 대해 간략하게 살펴보자.
상가의 입지유형 상 점포들은 아래와 같이 나눌 수 있다.

① 집심형 점포
지역, 지구 중심지에 입지해야 유리한 점포유형으로 현시적 소비계층인 1~20대, 상류층이 주 고객인 점포다. 업종은 주로 중심지에 입지한 백화점, 중저가 의류, 액세서리, 귀금속점 등이 있다.

② 집재형 점포
같은 업종끼리 모여 입지해야 유리한 점포유형으로 모일수록 상권이 확대되는 입지다. 보통 전문업종인 기계, 가구점이나 유흥주점, 사무실, 웨딩숍, 증권회사, 전문 음식점과 같은 업종이 좋다.

③ 국부적 집중형 점포
같은 업종끼리 국부적 중심지에 모여야 유리한 점포유형으로 법원, 관공서, 학

교 등 핵시설 주변에 있는 입지다. 업종은 보다시피 고시원, 카페 등 학교 주변에 들어오기 좋은 업종부터 변호사, 세무사 등 말 그대로 전문업종들이 대부분이다.

④ 산재형 업종
같은 업종은 서로 분산 입지해야 좋은 점포유형으로 보통 동네 상권업종인 슈퍼, 잡화점, 미용실, 목욕탕, 동네병원, 노래방, 문구점, 독서실, 세탁소 등이 이에 포함된다.

보통 한국 중개업소의 입지유형은 아파트 밀집지역과 개발지를 제외하고는 대체로 산재형 입지유형으로 볼 수 있다. 산재형 입지유형은 마케팅 비용과 고객흡입력을 생각할 때 중개업자의 처지에서 불리하며, 이용의 편리성과 서비스 수준 향상을 볼 때 고객의 처지에서도 불리한 유형이다. 즉 중개업의 중장기적인 발전을 위해서는 산재성 점포의 단점을 보완할 수 있는 국부적 집중형 점포에 입지하여 중개업자와 고객 모두에게 비용과 효용 면에서 유리하게 적용할 수 있도록 해야 한다. 다른 이론에 비해 설명이 긴 것에서 볼 수 있듯이, 해당 이론은 타 이론에 비해 정밀성이 높고 통계적 개념을 기반으로 형태를 분석하는 것이니만큼 자료도 많다. 다만 마케팅비용이 과하다는 한계가 있을 수 있겠다.

4대 이론이라고 할 수 있는 정론을 간략하게 살펴보았다.
네 가지 이론을 부동산 중개 입지 선정에 활용하는 것은 기본 중의 기본이나 각 이론의 하단에 붙여놓았듯 상황과 업종에 따라 적용해야 할 이론도 모두 다르다. 최소비용이론에서는 자본 적합성과 인적 요소를, 최대수요이론에서는 서비스영업입지의 유효수요와 이용주체의 경영 능력을 살려 수익성을 극대화할 수 있는 원론적 이론을 활용해야 한다.

• 현장에서 적용할 수 있는 그 외 노하우

이외에도 간단한 이론들 몇 가지를 알아보자.

창업시장에서 상권분석을 하기 위해 많이 사용하는 이론인데, 상가투자와 창업은 서로 멀리 있지 않은 사이이니만큼 참고차 알아두도록 하자. 사실 이론이라기보다는 널리 알려진 노하우를 압축하여 정리한 것에 가깝다.

① **낮은 평지에 상권이 형성된다는 '낮은 곳 이론'**

고지대나 경사지보다는 낮고 평평한 곳에 교통 시설, 상업 시설 등이 주로 형성되는 이유가 바로 여기에 있다. 가장 먼저 떠오르는 지역은 바로 강남역. 광역상권인 강남역도 잦은 침수지역일 만큼 낮은 곳에 형성된 상권이다.

② **오른쪽 동선이 유리하다는 '오른쪽 이론'**

사람은 신체적으로 익숙한 방향으로 움직이는 특징이 있다. 예를 들어 시계방향, 보행방향, 차량진행 방향 등. 여기에 출근길보다는 퇴근길에 소비심리가 강하기 때문에 보통 퇴근길 동선의 오른쪽에 있는 상가일수록 유리하다는 이론이 바로 오른쪽 이론이다.

③ 동선을 파악하기 위한 이론인 '최단거리이론'

상가투자 시 사람들이 주로 다니는 동선은 어떤 모습일까? 사람들은 보통 가장 짧은 직선거리를 찾는다. '보다 많이 걷지 않는' 단거리 루트를 찾아 이동하며, 대부분 가는 길로만 가는 습성이 있다. 특히 근린상가의 경우 이러한 동선에 위치하는 것이 중요하다.

④ 장애물은 회피하자는 '장애물 회피 이론'

사람이 모이는 상권에 장애물이 있으면 상권 성장에 방해가 된다. 학교, 공원, 하천, 종교시설, 관공서 등이 바로 걸림돌이 되는 시설이다. 이러한 시설은 유동인구의 동선에도 방해되기 때문에 투자 전 잘 파악해야 한다.

이처럼 입지는 정말 중요하며, 가장 중요하다고 해도 부족하지 않다. 다만 확실한 콘텐츠를 가지고 있다면 최고가 아닌 차선의 입지에서도 성공할 가능성은 있다. 다만, 지금 '첫 투자'를 고민하는 당신과는 조금 거리가 있는 이야기기도 하다. 그렇기에 간략하게나마 이론에 대해 이야기해보았다. 이론을 안다고 해서 모든 문제를 풀 수 있는 것은 아니지만, 이론은 두루뭉술하게 흩어진 정보를 체계적으로 정리하여 보다 빠른 답을 도출하는 데 도움을 주기 때문이다.

[좋은 입지 선정을 위한 노하우]

① 상권지도 그리기

입지 선정을 위해 살펴볼 첫 번째는 바로 상권지도를 그리는 일이다. 상가투자 시 함정에 빠지지 않기 위한 하나의 방법으로써 상권지도를 반드시 그려보라 한 것, 기억하고 있을 것이다. 해당 점포를 중심으로 최소 반경 1~200m를 포함한 상권지도를 그려보자.

지하 1층에서 지하 4층, 근린상가건물에 4층이 주거용 주택이고 나머지 4개 층에 11개의 점포가 있다면 그 점포들을 모두 적어보자. 문구점, 편의점, 김밥집… 이런 식으로만 적는 건 의미가 없다. 업종만이 아니라 구체적인 간판명과 평수를 살펴보는 것도 필요하다. 문구점이라면 ○○ 문구 ○○점, 김밥집이라면 김밥천국… 이렇게 꼼꼼한 작업을 통해 해당 업종의 경쟁 상황, 핵심 수요층의 동향 등을 파악하는 것이다.

② 상권 내부의 호황 업종과 쇠퇴업종 조사하기

지금 사업자의 이웃 점포 점주들의 의견을 들어보는 것이 가장 좋은 방법이고, 부동산 중개업소에 올라온 매물이나 상권을 둘러볼 때 빈 점포를 살펴봐야 한다.

③ 상권의 유래와 발전 과정, 개발 전망 파악하기

아파트나 오피스텔 같은 주거용 부동산과 상가 부동산의 가장 큰 차이점이 무엇인지는 알 것이다. 상권은 끊임없이 지속해서 변화하는 생물체와 같다. 유통시설, 인구 집객 시설, 교통시설, 주거시설이 형성되는 과정에서 상권의 세력 역시 함께 변한다. 절대 혼자 변하지 않는다는 뜻이다. 상권이 커질 때는 이면도로의 점포까지 확장되기도 하며, 전철역이 생기면서 유동인구 동선이 바뀌어 상권의 세력이 변화하는 예도 있다. 이를 잘 포착하는 것이 중요하다.

④ 상권 내 인구요인을 파악하기

크게 유동인구와 배후 인구로 나눌 수 있다. 해당 점포 앞을 지나는 유동인구의 연령별, 성별, 요일(평일, 공휴일)별, 시간대별(출근 타임, 오전, 점심, 오후 4~5시, 저녁시간, 야간시간)의 구성에 따라 업종과 콘텐츠의 차이가 갈라진다. 특히 유동인구 동선을 파악하는 것이 중요하다. 대단위 아파트의 경우 주 출입구보다 후문 쪽의 유동인구가 더 많은 사례도 종종 볼 수 있으니까.

여기서 키포인트. 배후 인구를 파악할 때 세대수, 주택 수, 사업체 수, 각급 학교의 학생 수(학교 규모), 아파트의 경우 평형을 알면 고객 측정에 도움이 된다. 또 빠질 수 없는 것이 바로 상권 내 주요 접객시설의 하루 이용객 숫자인데, 이를 파악하면 지역별 상권의 비교 자료로 활용할 수 있다.

⑤ 점포 임대 시세를 조사하기

상권을 급지별로 상, 중, 하로 나눈다. 여기에 또 층별로 구분하여 임차보증금, 월 임대료, 권리금 등 시세를 파악하는데 인터넷 관련 사이트와 해당 지역의 부동산 중개업소 등 여러 곳을 수소문하여 비교하면 된다. 단순히 한두 군데만의 정보로 멈추지 않고 다양한 정보를 면밀하게 비교·검토해보는 것이 좋다.

이 과정은 단순히 입지 선정에 도움이 되는 것뿐만 아니라 투자자의 안목을 기르는 데도 도움이 된다. 무엇이든 직접 해봐야 알 수 있는 법. 머릿속에 탑재된 이론을 바탕으로 왜 지금 상권이 이런 상태인지, 내 계획은 어떻게 실현할 수 있을지를 시뮬레이션해보자.

• 입지 선정 시 하지 말아야 할 것

① 현재에 현혹되지 말고 먼 미래를 살펴라!

현재의 상권이 아닌 미래의 입지에 주목하란 뜻이다. 상권은 살아있는 생물체와 같다. 더 나아가 생물체 하나가 아니라 서로 정교하게 이어진 군락과도 같다. 아무리 좋은 콘텐츠가 있어도 홍보를 하지 않으면 살아남지 못하고, 좋지 않은 입지라고 해도 입소문 하나로 든든한 단골을 확보하는 상가도 있다. 이유? 정해진 이유는 없다. 실패할 수밖에 없는 이유는 있어도, 무조건 성공할 이유는 없기 때문이다.

사업을 시작하기 전, 조사를 위해 동일 업종의 잘나가는 가게를 조사하는 건 선결 조건이다. 식당이면 식당, 편의점이면 편의점, 카페면 카페… 지금까지 배운 이론과 노하우를 두 눈에 꽉 담고 간 당신. 여기 이상가, 꽤 괜찮다. 엄청나게 잘 된다. 성공이 내 눈앞에 있는 것 같다. 왜냐면 당신이 공부한 이론과 노하우가 이 가게가 당신에게는 아닌 이유를 말해주기 때문이다.

"어? 그렇게 좋은 입지가 아닌 데 사람들이 많네? 어? 유동인구도 별로
고, 주차장도 그저 그런 데 가족 손님이 많잖아? 화장실도 별로야. 이 주
변에 여기 말고 다른 업종은 또 뭐가 잘 되나? 마진율만 따져봐도 완전히
남는 장사네!"

하지만 보자. 그런 이유를 가지고도 이렇게 잘 되는 것은 단순히 운이
아니다. 그 사람이 잘하는 것이다. 지금 성공하는 업종, 상권, 그런 것에
현혹되지 말자. "이거, 십 년 뒤에도 잘 될까? 관리비는 얼마나 들까? 유
지보수는? 요즘 유행이긴 한데 5년, 10년 뒤에도 먹힐까?" 이런 것을 보
고 분석해야 한다. 물론 쉽지 않은 일이다. 사람은 보고 싶은 것만 보는
동물이기 때문이다. 그러니 본능대로 사는 사람 치고 성공한 사람이 드
문 것도 당연한 일. 먼 미래를 볼 줄 아는 안목을 길러야 한다.

② 신축 건물의 분양 광고를 '다' 믿지 마라
기존 상가가 아닌 새로 지어진 건물의 상가를 분양받을 때 말은 참 좋
다. 지나치게 좋은 분양 조건과 높은 수익률을 광고하는 상가. 일단 의심
해 볼 필요가 있다. 분양 광고를 모두 믿고 상가를 매입하면 낭패 보기 십
상이다.
아무리 신축건축물이라 한들 주변 상가보다 임대료가 월등히 높지는
않다. 주변 상가의 수익률과 매매가격을 조사해보고, 분양 광고와 차이가
크게 난다면 훗날 공실률, 기대 이하의 수익률로 피해를 볼 확률이 높기

때문이다. 단순히 높은 수익률을 낼 수 있다는 광고나 주변인들의 조언만 믿고 상가투자를 했다가 공실, 수리비, 재매각 등 생각지도 못한 이유로 손해를 보는 사람들이 적지 않다. 비단 상가 부동산만의 이야기는 아니지만, 무슨 투자든 사전조사 없이 시작하는 것은 파산 특급열차 일등석이나 다름없다. 충분히 조사하고 검토하자.

사실 분양 광고에 혹했다가 피해를 본 사람들이 모두 바보는 아닐 것이다. 애초에 일반인은 '좋은 곳'을 분양받기 힘들다. 알짜들은 이미 누가 봐도 될 자리를 모두 봐 둔 상태인데 굳이 초짜에게 쉽게 내주지는 않는다. 선임대라고 다 안전한 것도 아니다. 일단 친절하긴 하다. 하지만 친절함이 성공을 보장해주지는 않는다.

그렇다면 뭐가 좋을까? 답은 경매다. 경매는 분양과 달리 임대료가 모두 오픈되어 있다. 경험이 쌓일수록 적정가에 대한 '감'이 생긴다. 건물 구조와 업종을 보며 청사진을 그리기도 쉽다. 불친절하다고? 글쎄. 가리기 위한 친절함보단 낫지 않을까?

③ 저렴하긴 한데… 월세는 싸고, 권리금이 없다고?

상가 매매가격이 저렴해도 월 임대료나 권리금이 싼 상가. 투자 전 일단 피하고 보자. 공짜라고 양잿물이라도 마신다고? 투자는 무리다. 이유 없이 비싼 물건은 있어도 이유 없이 싼 물건은 없는 법. 상가 역시 마찬가지다. 월 임대료, 즉 월세가 싸다는 건 수익을 많이 낼 수 없다는 뜻이다.

월세가 지나치게 저렴한 상가를 매입하면 나중에 재매각할 때 가격을 낮게 받을 수밖에 없다. 거기다 월세를 내리는 것은 어떨지 몰라도 한 번 떨어진 월세를 다시 올리기란 정말 힘들다. 상승세인 상가라면 모를까, 지나치게 저렴한 상가를 사서 올리느니 좀 더 알아보고 다른 곳을 알아보는 건 어떨까? 권리금 역시 마찬가지다.

상가투자를 생각하는 사람들은 월세가 낮은 곳의 투자는 주춤하면서, 권리금이 싸거나 없는 상가는 대수롭지 않게 생각한다. 그러나 틀렸다. 권리금은 점포를 파는 사람이 점포를 팔지 않고 장사를 계속할 경우 점포를 갖추는 데 들어간 각종 시설비와 벌어들일 수 있는 영업수익을 보상해주는 것이라고 할 수 있다. 그러니 장사가 잘 되는 곳일수록 높은 금액의 권리금이 형성되는 건 당연한 일. 권리금이 낮다면 마찬가지로 장사가 잘 안되는 상가일 가능성이 크다. '그래도 나는 성공할 것이다, 혹은 그 돈으로 좀 더 투자를 해보겠다' 이런 모험은 하지 말자. 이전 사람들이라고 그런 생각을 하지 않았겠는가?

④ 허름한 상가는 피하자

수리비 먹는 하마인 건물 말이다. 상가의 임대수익과 투자 가격이 비슷한 상가일 경우 되도록 신축건축물에 있는 상가에 투자하자. 오래된 건물은 외형상 보기에 썩 좋지 않은 것은 물론이요 잦은 수리가 필요한 경우가 대부분이다. 당장 생각나는 누수 문제, 외벽 균열 문제 같은 것이 바로 그것이다. 이때 수리비용을 임대인이 부담하게 될 수 있으니, 결국 그 돈이 그 돈이다. 따라서 수요자의 상가유입과 수리비를 잘 계산하여, 수리비를 감수할만한 상가가 아닌 이상 오래된 건축물의 상가에는 되도록 투자를 피하는 것이 좋다.

프로에게 배우는 상가투자 노하우

원포인트 상가투자 레슨! 마지막 파트는 바로 프로에게 배우는 상가투자 노하우다. 좋은 정보와 지식은 많이 알아둘수록 눈이 뜨이는 법! 당신은 지금까지 상가투자란 무엇인지, 왜 많고 많은 부동산 중 상가투자를 택해야 하는지, 상가투자에는 어떤 유형이 있고, 어떤 입지를 택하는 게 당신에게 맞는 선택인지를 차근차근 짚어왔다. 요점 정리한 지식으로 이제 마지막 노하우를 알아보자. 지금까지 배운 내용이 어떻게 적용되고, 또 상황에 따라 어떻게 달라지는지를 새겨보자.

• 너 자신을 알라!

위대한 철학자 소크라테스가 말했다. 너 자신을 알라! 모든 상황에서 유효한 격언 중 격언이지만, 부동산 투자 시에 이보다 중요한 격언도 드물다. 상가투자 성공을 위한 노하우를 7단계로 나눈다면 첫 번째에 위치한 것이 바로 자신의 투자 성향을 파악하는 것이다.

'투자 성향 파악'이란 무엇인가?

고수익을 추구하는 유형이 있고 안전성을 중시하는 유형이 있다. 남들이 이래서 좋고 저래서 좋다는 투자처를 보기 전에 먼저 나와 맞는지를 보라. 아무리 그럴듯한 옷이라도 내 몸에 맞지 않으면 아버지 양복을 빌려 입은 고등학생 꼴밖에 나지 않는다. 본인 성향을 파악하여 이에 맞는 상가를 선정하라. 성향을 파악했다면? 성향에 맞게 투자 계획을 세워야 한다.

투자 계획, 참 거창해 보이지만 차근차근 가야 한다. 손에 들린 건 식칼인데, 그걸 들고 전쟁터에라도 나갈 참인가? 일단 처음엔 물컹한 두부도 썰어보고, 단단한 무도 썰어보고, 물컹한데 질긴 고기도 썰어보고, 그렇게 느는 것이지 무조건 거창한 것부터 해봐야 아무 소용없다. 내 유형을 파악했다면 투자 기간을 설정하자. 단기인지, 장기인지. 이에 따라 투자 접근 방식이 달라진다. 자, 이걸 정했다면? 시작부터 거창해 봤자 좋을 것 없다고 했다. 먼저 나에게 맞는, 내가 잘할 수 있는 것부터 시작하자. 내가 가장 잘 아는 지역과 상품부터 우선하여 접근해보자는 뜻이다.

부동산 투자를 공부할 때 지도를 펼쳐놓고 하라는 말을 많이 했을 것이다. 남들 다 아는 목이 좋은 유명 상권 이전에, 당장 내 집, 내가 사는 동네의 상권을 살펴보자. 당신은 예비투자자이기도 하지만 누군가의 유효수요이며, 당신의 동선은 곧 주변 상권의 주 동선이기도 하다. 우리 아파트단지 입구 앞 슈퍼는 건물은 좀 지저분해도 사람이 꽤 된다. 그런데 후문 상가슈퍼는 건물도 신식이고 물건도 괜찮은 데 사람이 별로 없다. 주인이 별로인가? 이런 걸 하나하나 들춰보며 배우는 것이다. 이런 이론이 왜 나왔는지, 이런 경우에는 어떻게 해야 할지를 얕게나마 파악할 수 있다.

또, 그곳에 사는 거주민이기 때문에 눈에 보이는 것도 있다. 업종 역시 마찬가지다. 당신과 전혀 상관없는 분야부터 시작해봤자 보이는 것보다 보이지 않는 것이 더 많은 건 어쩔 수 없다. 물론 당신은 장사하려는 것이 아니라 상가건물을 사려는 것이니 접근법이 다르기야 하겠다. 그러나 일면식도 없는 업종이 들어오기에 적합한 상가보단, 당신이 뭐 하나라도 더 알아볼 수 있고 끌어올 수 있는 정보 값도 정확한 업종과 상가가 당신의 수고를 덜지 않을까?

이렇게 살펴본 뒤에는 이제 전문가를 만나보는 것도 필요하다. 너 자신을 알라! 나 자신을 알려면 자신의 내면을 들여다보는 것도 중요하지만, 상대방에게 내가 어떻게 보이는지를 아는 것도 중요하다. 거울이 아니라 유리창이 필요하다는 것이다. 당신이라서 잘 볼 수 있는 게 있는가 하면, 당신이라서 못 보고 지나친 것들도 있기 마련. 당신이 생각한 계획을 보여주고, 당신이 생각하는 상품을 검토하기 위해 전문가를 찾아가 보자. 그 과정에서 선별한 상가의 임차 가능성과 임대 시세를 조사하고, 임차인을 만나고, 그 사람의 경영 능력을 파악하는 등 차근차근 과정을 밟아가다 보면 성공의 지름길이 보일 것이다.

마지막으로, 투자에 나설 때 대출 비중을 적절히 조절하는 것도 중요하다. 성공한 투자자들은 대부분 대출 비중을 30~40% 이내로 조정한다고들 하니 참고해보자. 여기서 잠깐, 대출을 잘 받는 방법이 따로 있다면? 글쎄. 일단 본인 소득을 최대한 높이는 게 좋다. 1등급이면 금상첨화겠지만 달성하는 것 자체가 쉽지 않으니 넘어가자. 보통 은행권 선호 등급인 4등급까지만 들어도 괜찮다. 어차피 2~4등급까지는 큰 차이가 없으니까. 보증금을 케어해주는 보증 보험에 들기 위해서는 임대인이 신용등급 4등급 안에 들어야 하니 이런 것들도 신경 써서 등급을 유지하면 어떨까.

너무 기본적이고 당연한 원칙을 늘어놓는다고 생각하나? 하지만 이런 원칙조차 지키지 않고 성공하리란 대단히 어려운 일이다. 이를 지키느냐, 지키지 않느냐에 따라 결과는 달라지기 십상이다.

특히 상가투자의 장점은 감정 노동과도 연관이 있다.

상가투자, 나에게 맞긴 한 걸까? 잠깐 고민한 당신. 회사에서 시달리는 것도 고달픈데, 부동산 투자에서도 감정 노동을 하는 게 과연 맞는 일일까? 이건 노하우라기보단, 상가투자가 나에게 맞는 투자인지를 확인하는 지표 항목 중 하나다. 제2의 월급을 찾게 된 이유 중 하나가 직장 내 감정 노동에서 오는 피로감일 사람은 몇이나 될까? 아마 적지 않은 수일 것이다. 그렇기에 투자할 자금뿐만 아니라 내 성격을 고려하는 것도 하나의 요인이다. 수익형 부동산 중 감정 노동이 가장 덜 한 게 상가다. 물론 모든 일이 그렇듯 사람 간에 먹고사는 일에서 감정이 상하지 않기란 어렵지만, 이왕이면 덜한 게 낫지 않느냐 소리다.

다가구주택이나 원룸, 오피스텔 투자를 보자. 관리가 참 고역이다. 수리, 공실 등 지출 항목이 눈덩이처럼 늘어나고, 분리수거와 주차장 같은 생각지도 못한 분쟁도 잦은 편이다. 이런 점에서 상가투자는 임대인의 피로도가 낮은 편이다. 몇몇 영세 상가를 제외한다면 임대인이 임차인과 만날 일이라곤 임대료를 올릴 때, 점포가 나갈 때 말곤 없기 때문이다.

• 케이스 바이 케이스를 주의하라!

[무조건 1층? 꼭 그런 것도 아냐]

상가투자 시 1층이 단연 으뜸이란 이야기는 많이 들었을 것이다. 나 역시 앞에서도 많이 이야기했고. 하지만 꼭 그런 것만은 아니다. 접근성과 노출에 있어 1층은 으뜸이고 층이 올라갈수록 임차인을 맞추는 게 제한되는 건 사실이지만 상권의 특징을 이해한다면 이야기가 좀 달라진다. 예를 들어 볼까? 근린상가에 들어선 학원이라면 3층 이상이라 해도 투자가치가 높다. 단지 내 상가 학원의 특성상 수강생의 변동이 크지 않고, 이는 안정적인 임대수익으로 이어지기 때문에 되팔기도 쉽기 때문이다. 지하상가는 어떨까. 지하상가 역시 선별적으로 투자한다. 단, 이땐 임차인을 구할 수 있다는 확신이 필요하다. 기존 임차인이 인테리어에 비용을 들인 지 얼마 되지 않았을 때라면 낙찰자와 재계약을 할 가능성이 크다. 낙찰 시점을 전후로 임차인이 인테리어에 얼마를 썼는지를 보자. 매수인 처지에서 보면 임차인이 당분간은 나가지 않을 가능성이 크기 때문에 매력적인 물건이라고 할 수 있겠다.

[대표 상권이 아니라 입지를 보자!]

대표 상권을 고집하다 망하는 경우는 뜻밖에 흔한데, 특히 신도시 투자 시 이런 경우가 발생한다. 신도시의 경우 참고할 곳이 정해져 있고 자료의 양이 얕기 때문이다. 그 지역의 대표 상권으로 가서 1등급 입지의 상가를 찾아가 볼까? 이미 분양되었거나 분양가가 너무 비싸 포기하는 때도 있다. 그리고 차선으로 1등급 입지가 아닌 2, 3등급 입지의 상가를 찾게 된다. 슬프게도 좋지 않은 선택이다. 동일 대표 상권 내에서는 비싸더라도 1등 입지의 상가를 사는 것이 투자 성공의 비결이다. 동일 상가라 한들 2, 3등급 입지로 갈수록 임대료는 반 토막 나기 쉽다. 상권이 좋으니 함께 가리란 생각은 그만두자. 수익을 올리는 건 한 가지 요인만으로는 안 된다는 사실, 우리는 이미 눈이 닳도록 읽었다.

[수익률을 일반화하지 마라]

상가투자 시 임차인의 매출을 파악한 후 입찰하는 것이 중요하다는 건 알고 있을 것이다. 이때 매출을 알아보는 방법은 다양하다. 카페라면 영수증 대기번호를 통해 추산할 수 있고, 납품업체를 통해 납품량을 알아보는 방법도 있다. 중개업소를 통해 주변 상권 임대료를 조사하는 건 기본 중의 기본이다. 적정 임대료를 산출해야 이를 수익률로 역산해 합리적인 입찰가격을 정할 수 있다. 수익률은 지역별 편차가 크고 개별성도 있는 만큼 일반화해선 안 된다. 강남이라고 해서 모든 상가 수익률이 쏠쏠한 게 아닌 것처럼, 위치와 점포의 상태에 따라 모두 제각각이다. 지역 상권을 보고 상가 개인을 파악해선 곤란하다. 특히 서울 마곡이나 인천 송도처럼 상가 대부분을 중개업소가 점유한 지역의 경우 임대료 자체가 왜곡된 경우도 많다. 입주장이 끝난 후 중개업소가 빠지면 그만큼의 임대료가 나오지 않는 일은 생각보다 많다.

[무조건? 그런 건 없어!]

상업지역. 지하철을 포함한 교통시설이 잘 갖춰지고, 백화점이나 고층빌딩 같은 인구집중유발시설이 몰려있어 유동인구가 많은 데다 용적률이 높아 같은 땅이라도 건물 면적을 많이 만들도록 해주는 곳. 넉넉한 자금을 들고 투자하는 사람들은 무조건!이라고 해도 좋을 만큼 상업지역에 있는 건물이나 땅을 산다. 특별한 일이 아니라면 꾸준히 가격이 오르기 때문이다. 대기업이 앞다투어 상업지역의 빌딩에 투자하는 데는 이유가 있기 때문. 상업지역이란 새로 만들기 힘들어서 시간이 지날수록 높아지는 건 당연한 현상이다. 명동이나 종로, 강남, 여의도 땅이 비싼 이유가 여기에 있다. 지금까지 이야기한 조건에 '들어맞는' 곳이지 않나. 역시 상가투자는 상업지역인가? 큰돈이 없으면 상가투자는 꿈도 꾸지 않는 게 맞나? 그럴 리가. 자학은 잠시 미뤄두자. 방법이란 무궁무진하니까.

상업지역에 가까운 배후지역, 이면 구역을 찾는 것도 하나의 방법이다. 이면 구역은 투자 시 고려해보라며? 맞다. 하지만 다시 짚어보자. 상업지역 땅은 비싸기도 비싸지만 매물이 없는 경우가 태반이고, 결국 상권은 배후지역이나 이면 구역으로 점차 확대될 수밖에 없다. 고정불변 된 상권이란 없으니 말이다. 그렇다면 우리가 해야 할 건 무엇일까. 상권이 어디로 커질지를 예측하여 그 길목을 선점하는 것. 그리하여 지가 상승에 대한 이익을 보는 것이다. 신논현역 개통으로 그 일대 사거리와 논현역으로 이어지는 대로변 상권이 뒤편 골목길로 계속 확대되던 것을 보라. 강남역 일대 땅값이 크게 치솟자 이면 지역의 골목길로 상권이 확대되던 것은 또 어떤가? 홍대입구역 상권이 확대되며 동교동, 연남동 철로변 길이 카페거리로 변한 것은? 다 같은 맥락으로 읽을 수 있다.

이뿐인가. 상업지역의 주택은 수가 적고 비싼 탓에, 상업지역에서 가까운 주택에 투자하는 것도 방법의 하나다. 임대료도 비싸고 복잡하긴 하지만 모름지기 직장인이란 가까운 곳에서 출퇴근하길 원하는 법. 이게 바로 직주근접(직장·주거 근접) 효과다. 강남 집값이 내려가지 않는 이유? 강남에 직장이 몰려있으니까!

이를 읽기 위해선 발로 뛰는 것뿐만 아니라 트렌드를 꼼꼼히 살펴보는 것도 중요하다. 유행에 휩쓸리라는 것이 아니다. 지금 가장 핫한 상권과 그 이유를 파악하는 것은 중요하다. 그래야 다음 수를 읽을 수 있기 때문이다.

• 유비무환, 중요한 건 대책!

[공실을 줄이는 노하우?]

입찰하려는 물건만 보지 말고 주변 공실도 눈여겨보자. 잘나가는 맛집을 낙찰받는다고 해도 주변에 공실이 있다면 임차인에겐 대안이 생긴다. 이때 인근 임대인이 인테리어 지원 같은 조건으로 임차인을 빼간다면 빈 수레를 사는 꼴이 된다. 적절한 타협 역시 필요하다. 임차인의 영업에 일이 생겨 임대료를 내기 힘든 상황이라면 한두 달 치를 삭감해주는 렌트 프리도 고려해보자. 멀리 봤을 때는 월세를 조정하는 것보다 낫다.

이런저런 수를 써보더라도 공실을 피하지 못한다면? 무보증 단기 월세인 '깔세'를 받는 방법도 있다. 깔세는 무보증 단기 월세로, 즉 임차 기간만큼의 월세를 한 번에 먼저 지급하는 것을 의미한다. 이를 보통 사글세라고 하는데, 사글세의 은어라고 할 수 있겠다. 보통 단기간 거리 점포에서 볼 수 있는 깔세 계약은 사실 좋은 것은 아니다. 경기 침체의 징조라고들 하지 않나. 장기 임대가 어려워질 때 반짝 수익을 보기 좋은 것이 깔세다. 특히나 재래시장의 경우 깔세가 들어오면 한두 달 사이 상품 가격이다 함께 하락하는 경향이 있어 기존 상인들의 반발이 심한 것이 깔세지만, 단기 공실을 해결할 수 있는 유용한 수단이기도 하다.

깔세 임차인들은 대부분 룰을 정확히 지키는 편이다. 월세도 제때 내고, 계약 기간이 지나면 바로 나간다. 오랜 공실로 손해를 보느니 적극적으로 깔세 임차인을 소개받을 것을 권한다. 만약 깔세가 들어온다면 상가 위치가 좋다는 방증이니까. 깔세 임차인들은 입지가 좋은 곳에만 들어오기 때문이다. 물론, 예치금을 떼일 확률도 없잖아 있기 때문에 임차 기간이 짧더라도 꼼꼼하게 계약서를 확인하고, 혹시라도 발생할 수 있는 문제 상황에서 불리한 일을 당하지 않기 위해 특약사항을 확실하게 해두는 편이 좋다.

[상가투자 시 투자자들이 자주 하는 실수?]

사소한 실수부터 뼈아픈 실수까지 다양한 실수가 있겠지만, 한 가지 들어보자. 특정 업종을 들이려 낙찰을 받았다 낭패를 보는 경우가 꽤 있다. 업종과 입지를 잘 살펴보라는 이유가 바로 이것이다. 원하는 점포가 입점 가능한지 체크하는 건 두말하면 잔소리지만, 뜻밖에 사소한 실수가 여기서 발생한다. 유흥업소는 임차인에게서 영업허가증을 확보하는 게 중요한데, 임차인이 바뀌면서 이를 양수받지 못하면 다시 허가받는 데 까다로운 제약이 많기 때문이다. 비슷한 경우로는 피시방이 있겠다. 학교 주변이라면 정화구역에 포함되어 허가가 어지간히 나지 않는다. 그런데도 영업, 아니 성업 중인 피시방이 있다면? 개교 이전에 개점한 경우가 대부분이다. 한 건물 내에서 점포끼리 충돌하는 일을 막기 위해 영업 가능 업종을 지정하는 때도 있다. 이걸 모르고 중복 점포를 들이면 소송까지 이어질 수도 있으므로 반드시 알아봐야 한다.

투자 대상의 상가비 관리비 미납 여부도 점검해봐야 한다. 적게는 몇백만 원부터 많게는 수천만 원까지, 상가 관리비가 밀릴 땐 단위가 훅 높아질 수도 있다. 낙찰자 처지에선 경매의 장점이 사라지는 것이나 다름없다. 이를 어떻게 하나? 답은 결국 현장에 있다. 중개업소 문턱이 닳도록 드나들며 '거래를 할 사람'이란 인상을 심어보자. 매각 물건이 나오기 전에 귀띔해주거나 적절한 입찰가에 대한 정보를 얻을 수도 있다. 이 모든 건 결국 당신의 네트워크 자산이 될 것이다.

• 신중해서 나쁠 것 없고, 안전해서 나쁠 것 없다!

[테마상가? 예쁘기만 한 건 인제 그만!]

스트리트 상가 중에 한참 인기를 끌었던 유럽풍 상가, 테라스 상가 따위를 생각해보자. 예쁘게 꾸며진 상가에 카페, 식당, 주점, 의류점, 병원, 학원 등이 늘어져 있다면 그 거리는 무척 아름다울 것이다. 아름답긴 한데, 그게 수익과 관련이 있느냐고 묻는다면? 이렇게 답해주겠다. 외관에 현혹되지 말고 이것만 기억하자. '테마'로 디자인해 덕을 보는 건 정해져 있다. 상가 시행 업자, 분양 대행 업자. 즉, 공급자들뿐이다. 당신은 아니다. 특히 신도시에서 상가 시행을 하는 업체들은 상가를 시행하기 전에 설계 디자인 공모를 하는 경우가 많다고들 한다. '상가를 어떻게 꾸밀 것인가'에 초점을 뒀다는 걸 알 수 있는데, 소비자들은 사실 예쁘게 꾸며진 상가보다 출퇴근하며 지나가는 길의 상가를 더 자주 이용한다. 즉, 중요한 건 주 동선이지 외관이 아니라는 것이다. 예쁜 상가를 보면 기분이야 좋겠지만 그저 예쁜 상가건물에 지나지 않는다. 그렇게 예쁘게 꾸며진 상가에서 장사가 잘 되려거든 유효수요가 많아야 하고, 그 유효수요의 주동선상에 위치해야 한다. 잘 갖춰진 유효수요와 주 동선이라면 건물이 예쁘지 않아도 영업이 잘 된다는 걸 명심하자.

[신도시, 괜찮은 걸까?]

신규 분양 상가시장의 경우 수도권 택지지구 상가에 대한 관심이 높은 편이다. 주거시설의 입주 속도에 따라 상권 형성이 단축된다는 이점이 있기 때문인데, 고분양가로 인해 미분양과 공실이 넘쳐난다는 단점도 있다. 자, 그렇다면 어떻게 해야 할까. 되도록 배후단지가 풍부하고 분양가가 저렴한 LH 상가나 미분양 할인 매물, 급매 상가를 고르는 게 바람직하다. LH 상가는 공급 물량의 안정성, 중저가 소액으로 투자 가능, 주민 편익 위주의 필수 업종 위주 구성(즉, 공실 위험성 낮음!)이라는 3단 콤보로 인해 안정성이 뛰어난 편이기 때문이다.

또 어떤 '안전한' 투자가 있을까? 분양 상가를 고를 때는 아파트단지 내 상가와 할인 미분양, 택지 개발지구 내 근린상가로 한정해 투자하는 것이 안전하다. 1,000세대가 넘는 대단지 아파트 상가도 입주율 하락과 영업력 저조로 인한 고전을 면치 못하는 요즘, 아파트 상가는 첫째, 단지 중앙에 위치하고, 둘째, 일정한 배후 유동인구를 끌어들일 수 있는 주 출입구 1층 상가를 고르는 것이 안전하다.

임대목적으로 상가를 매입할 땐 택지지구 내 주공 상가 등 가격은 비쌀 지언정 수익이 검증된 상가에 한정적으로 투자하는 것이 좋다. 유동인구가 많은 곳이라야 수요가 충분하다는 것은 뻔하지 않나. 지역 대표 상가거나 관공서, 학교 같은 주거 밀집지를 고르라는 것이다. 여기에 더, 상권 활성화가 기대되고, 상업 용지 규모가 작은 택지지구 내 근린상가나 할인 가격으로 분양하는 미분양 상가도 OK다. 피해야 할 건? 위해서 말한 테마상가를 포함, 도심의 직접 및 파생상가, 수요가 한정적인 주상복합상가는 특별한 호재가 없다면 투자 전 고심해보자.

이거면 충분한가? 글쎄, 당연히 아니다. 분양가의 적정성을 따져보는 것도 필요하다. 유동인구도 많고, 상권도 양호한데… 주변 시세보다 가격이 너무 높다? 이럴 경우에는 NO. 조금 더 재고해보자. 왜냐고? 수익성을 맞추기 어렵기 때문이다. 거품이 낀 상가는 수익을 내는 데 한계가 있는 법이고, 환금성이 없는 상가는 결국 애물단지가 될 확률이 높다. 그럼 어떻게 분양가의 적정성을 따져야 하나? 타 지역 내 비슷한 조건의 상가를 기준으로 잡고 임대료 수준과 분양가를 따져보자. 가격이 현저히 높게 형성되어있다면 거품일 가능성이 크다. 여기에 최근 거래된 타 상가 규모와

면적을 비교, 적정 분양가를 판단하는 기준으로 삼는 것도 필요하다. 분양가에 거품이 끼어있다면? 개발이 마무리되는 때에 대출을 많이 낀 급매물을 고르는 것도 요령 중 하나라고 할 수 있겠다.

정확한 상권분석은 결국 사람에서 온다. 입지와 상권을 제대로 분석해보려거든 분양하는 상가 주변의 오래된 상가 영업자로부터 자문을 받아보자. 인근 상인들은 해당 지역 상가들의 영업상태를 꿰뚫고 있는 전문가들이다. 아무리 이론에 걸맞게 설계한다 한들 지역마다 차이가 있는건 당연하다. 현지에서 수년째 장사하며 지역 일대의 상권변화, 향후 전망에 대해서 꿰뚫고 있는 영업자들의 평가가 긍정적이거나 영업자들이 직접 실제로 분양받은 상가라면 실패 가능성이 낮다고 볼 수 있겠다.

[대형 건설사 분양을 노려보는 건?]

건설사 간판만 보고 덥석 무는 건 어리석은 일이지만, 대형 건설사 분양을 노리는 것도 한 가지 방법이라면 방법이다. 이때 주의할 점을 살펴보자. 먼저 등기분양과 임대 분양 등, 유형별 체크리스트를 만들어 꼼꼼히 확인하자. 소유권 자체를 넘겨받는 등기분양을 받는 경우, 우선 토지와 건물 등기부 등본을 발급받아 담보설정 여부를 확인해야 한다. 시행사가 토지에 저당권을 설정하고 대출받은 뒤, 돈을 갚지 않아 상가가 경매에 넘어가는 경우가 왕왕 있기 때문이다.

시행사의 상가 관리 능력도 봐야 한다. 등기분양의 경우 점포를 등기한 사람들은 임대에만 신경을 쓰지, 상가 활성화에는 둔감하다. 시행사가 영업 이익을 높이기 위해 마케팅에 힘쓰지 않는다면 상가 전체가 침체하여 임대가 어려워질 수 있다. 이런 상황은 NO.

"상가는 시공사 부도 시 주택보다 상대적으로 보호장치가 미미해 공사 중단에 따른 피해 발생 가능성이 크다던데요?"

맞는 말이다. 공사가 중단되기라도 하면 새로운 시공사가 선정될 때까지 분양 시기가 무기한 연기될 뿐만 아니라, 주택법 적용을 받는 아파트와 다르게 법적 보증 의무가 미약해 투자자가 피해를 보는 일이 많다.

특히 호재가 많은 지방 도시에서 분양하는 상가에 투자할 때 불법 선분양에 따르는 피해를 피하고자 더더욱 꼼꼼한 확인이 필요하다. 토지 사용 허가 여부 등 등기부 등본, 토지대장, 금융권 신탁계약에 대한 사실관계를 따져야 한다. 현행 건축물분양법률에서는 상가 선분양의 경우 전체 면적 3,000㎡(907평) 이상은 신탁 회사와 계약을 체결하고 분양관리신탁과 분양자금관리신탁 두 가지에 기재하도록 하고 있다.

정식 계약서가 아닌 분야이행 청약서, 분양 약정서, 영수증 등 대체 증빙서류를 발급하는 경우? 법 규정을 무시한 불법 선분양을 의심해야 한다. 시행사가 금융권 신탁사와 신탁계약을 맺지 않은 채 분양에 나선 상가의 경우 투자자들의 피해 역시 예상할 수 있다. 시행사 자금 담당 직원이 공금을 횡령하고 잠수, 건물 공사가 중간에 멈춰 선 상가의 이야기가 우습게 들릴 수도 있으나 실제 사례 중 하나다. 분양 사기 사례는 밑도 끝도 없이 많으니 몇 번이고 신중하게 주의하는 것은 호들갑도 아니다.

이제 막 상가투자에 발을 들이는 예비투자자들은 분양 광고는 기본 정보 수준일 뿐, 액면가를 그대로 받아들여서는 곤란하다. 반드시 사실 정보 확보에 힘을 쏟아야 한다. 광고를 주의하는 건 기본 중 기본이다.

허위 과장 광고를 믿고 투자했다가 투자에 실패하는 사례는 어딜 가나 들려온다. 과장된 분양 광고는 구분되지 않고 공공연히 나돈다. 간단하게 몇 가지만 짚어볼까. 상가분양 피해 사례 중 대다수는 상가 정보를 허위로 부풀리고, 애초 약속한 내용을 지키지 않아 생기는 소비자와의 분쟁이 일어나는 경우다. 특히 초보투자자들일수록 분양, 시행사가 약속하는 내용을 전적으로 믿는 경향이 있어 주의를 필요로 한다. 앞선 파트에서 누누이 '믿을만한 전문가'를 언급한 것도 이 때문이다.

상가분양 광고에 '건물주가 분양 후 일정액의 임대소득을 약속하는' 사례 또한 심심찮게 볼 수 있다. 물론 이런 약속이 계약서상에 명시되는 경우는 드물기 짝이 없다. 분양대행사 실무자가 계약서에 임대소득 보장항목을 기재한다 한들 법적 효력을 갖기는 어렵다. 특히 등기분양을 통해 소유권이 이미 개인에게 넘어갔는데 시행사가 임대소득을 보장해준다는 것은 상식적으로 생각해봐도 이해하기 어려운 일이다. 등기 전 건물이 경매에 부쳐지면 계약금을 고스란히 날릴 수밖에 없는 탓에, 분양사가 약속하는 내용을 모두 이행하리라 믿었다가는 큰 봉변을 당하는 일이 비일비재하다.

또 다른 사례로는 분양현장에서 분양대금을 갈취하는 사례도 있다. 토지 계약금만 지불한 시행사가 소유권이 없는 상태에서 투자자들을 끌어들이는 것인데, 시행사 측이 분양 대금을 갖고 잠적한다. 이때 미등기 전 매로 상가를 분양받은 사람은 아무런 권리도 행사하지 못하고 피해를 떠 맡게 된다. 이렇게 말로만 들을 때는 와 닿지도 않고 설마 내가? 하고 코 웃음 칠지도 모른다. 그러나 명심하라. 피해자들 역시 당신 못지않게 나 름대로 정보를 취합하여 알아본, 무장한 투자자였을지도 모른다는 것을. 털어먹기로 작정한 '꾼' 앞에 무장해제당하는 것은 일도 아니다. 방심하지 말자. 돌다리를 두들겨보고 건너는 건 전혀 이상하지 않다. 의심하고, 더 조사하고, 더 준비해라. 혼자만의 힘으로는 어렵다면 주위의 도움을 받아 보자. 처음이란 본래 그런 것이니까.

뭐 이리 걸리는 게 많아?
이래서 투자 시작이나 하겠어?
그런 소리는 이제 그만,
당신의 불안감 해소를 위해 찾아왔다.

당신이 지금까지 공부한 내용을 얼마나 정리했는지는 모르겠다. 상가투 자에 대해 알아보며 용기가 생겼을 수도, 투자에 대한 욕심이 생겼을 수 도 있다. 어쩌면 겁을 먹었을 수도 있겠다. 아는 만큼 보인다는 건, 못 보 고 넘어갈 수 있었던 것을 본다는 뜻이기도 하니까. 맨손으로 찍어 눌러 죽였던 작은 벌레도 돋보기로 보면 징그러운 외형에 흠칫 놀라는 법. 면 밀히 살피다 보니 내 역량엔 상가투자가 무리인 것 같은데… 역시 좀 더 생각해봐야겠는데? 하고 고민하는 과정 역시 필요하다. 무슨 일이든 신 중해서 나쁠 것은 없다. 당신에게 부족한 것이 무엇이며, 그로 인해 필요한 것이 무엇인지를 알 때 당신은 더욱 성공적인 투자 결과를 얻을 수 있을 것이다. 다음 파트가 바로 그 내용이다.

당신이 읽으면서 궁금했던, 혹은 불안했던 점들을 짚어보며 해결책을 제시한다. 상가투자의 맹점, 투자 시 따라오는 사기 유형, 이들을 어떻게 해결해야 하는지. 맞다. 안전한 상가투자를 위한 P2P 펀딩에 대해 다음 파트에서 알아보자. 단순히 P2P 투자를 해야만 하는 이유가 아니라 P2P 투자가 당신의 투자를 어떻게 도와줄지, 왜 P2P 투자인지를 알아보자. 선택하는 것은 어디까지나 당신이니까.

Part 2

상가투자와
P2P 펀딩의 만남

상가투자에도 맹점이 있다

• 투자자, 조물주 위에 건물주를 꿈꾸다

상가투자가 직장인에게 유난히 쉬운 이유는 바로 이것이다.
직장인에게는 출퇴근이 있다는 것!

투자할 상가를 고르면서 유동인구가 많은 지역을 체크하는 것은 기본 중의 기본이다. 그런데, 그 유동인구가 바로 누구인가? 출퇴근하는 직장인들이 아닌가? 직장인들이 많이 이용하는 지하철 주변, 점심시간 식당가, 퇴근길…. 이제는 한번 잘 살펴보라. 유난히 몰리는 곳은 사람이 더 쉽게 몰린다. 스스로를 판단해보라. 급하게 나오느라 아침 식사를 놓친 날, 어디로 가는가? 부장님이 자주 가자던 해장국집은 어디에 위치하는가? 일이 안 풀릴 때 무심코 들러 아메리카노를 사 먹던 곳이 어디인가?

투자 정보를 멀리서 얻으려고 하지 마라.
결국 우리 주변에 다 산재되어 있다.
오로지 우리에게 필요한 것은 상가를 알아보는 '눈'이다.
이것이 Part 1에서 말하고자 하는 핵심이었다.

상가를 알아보는 눈만 있다면,
조물주보다 높은 건물주가 되는 것은
찍어둔 꿀떡 먹기보다 쉽다!

　실제로 상가투자는 일반적으로 주택보다 높은 매매차익과 고정적인 임대수익을 함께 기대할 수 있어 매력적이다. 임차인이 잘 바뀌지 않기 때문에 오랫동안 안정적으로 수입을 낼 수 있고, 임차인의 수가 주택보다 적어 관리하기 편리하다. 임대료도 비교적 저렴하고 수리비용도 적게 들어 건물주 입장에서는 손이 덜 가는 것이 큰 장점이다.

　또한 유효수요 동선만 철저히 분석된다면 낙후된 상권에서도 안정적인 수익을 내기 때문에 말 그대로 조물주 위에 건물주가 된다. 저금리, 고령화와 경제 불황이 장기화되는 이 시기에 노후대책 수단으로 상가투자가 최고의 로망으로 손꼽히는 이유가 따로 있겠는가. '잘 고른 상가는 3代까지 간다'라는 격언은 현실을 반영한 것이다. 상가투자를 성공적으로 잘하면 다른 수익형 부동산보다 더 오랫동안 많은 수익을 챙길 수 있다.

Part 1을 꼼꼼히 읽어본 사람이라면 이런 의문이 들 것이다.

상가투자가 이렇게 쉬운데, 왜 투자에 실패하는 사람이 나오는 걸까?

다른 투자에 비해 훨씬 장점도 많고 고정적인 수익을 기대할 수 있는데다, 시간이 지날수록 가치가 오르면 올랐지 떨어지지 않는 것이 부동산인데 말이다. 실제로 대한민국에서 부동산의 가치는 떨어지지 않는다는 인식이 크다. 부동산 가격이 아무리 출렁거려도 강남의 경우 매매 변화가 거의 없다. 사람들의 인식 속에서 그 가치에는 큰 변화가 없기 때문이다.

문제는 여기에 있다. 실패하는 이유도 바로 여기에 있다.

상가투자를 생각한다면, 시장의 속성을 정확히 알고 접근해야 한다.

① 미래가치를 그려라

상가의 가치는 오늘만 보고 투자하는 것이 아니라 시간이 흐를수록 꾸준한 가치 상승으로 이어져야만 한다. 즉 상가투자는 미래의 가치에 투자한다고 해도 과언이 아니다. 그러니 단순히 투자금과 월세만 고려해서는 안 될 문제다.

② 처분이 까다로우므로 더욱 예민하게 접근하자

아파트는 잘못 구입했더라도 조금만 손해 보면 비교적 쉽게 처분이 가능하지만 상가는 처분이 쉽지 않아 잘못 투자하면 정신적, 경제적 손해가 크게 발생할 수 있다. 상가는 대출이율도 높고 등기비용과 유지비용, 높은 매입비용 등 고려해야 할 부분이 너무나도 많기 때문이다.

③ 시장 파악, 가치판단은 필수

정확한 시장 파악이 안 된 초보투자자의 경우 당장 수익률이 높아 입지나 임차업종 등 다른 조건을 보지 않고 투자했다가 낭패를 본다. 말 그대로 꿈으로 끝난다는 말이다. 같은 지역 안에서도 상가 등급이 천차만별이기 때문에 권역별로 면밀히 따져 봐야 한다. 또한 대로를 끼고 있는 상가라도 지하철역 유효수요 동선과 겹치지 않으면 상권이 죽어버리기 때문에 유효수요 동선도 철저히 분석해야만 한다. 이뿐인가? 눈에 바로 드러나지는 않지만 상가의 수익률에 직접적인 영향을 끼치는 '세금' 역시 파악해야만 한다.

고려할 것이 이렇게 많기에, 처음부터 좋은 상가를 고른다는 것은 굉장히 어려운 일이다. 이 분야에 관심을 갖고 오랫동안 일한 믿을만한 개업공인중개사의 판단도 정확하다고 장담할 수 없다. 다만 본질을 흐릴 수 있는 그릇된 자료를 지적하고 객관적인 판단이 가능하게 도와줄 수 있을 뿐이다. 상가가치판단을 위해서는 수익률도 중요하지만 입지분석, 유동인구, 배후상권, 업종동향 등을 정확히 파악해야 하고, 어떤 업종이 얼마의 월세를 주고 들어올 수 있을지를 임차인 입장에서도 생각해봐야 한다. '지피지기면 백전백승'이라는 말이 바로 여기서 필요할 것이다.

• 보기 좋은 개살구, 분양상가

이 모든 상황을 나름으로 공부하고 파악했다고 생각한 초보투자자들은 부동산 투자를 처음 하면서도 분양하는 상가에 투자하고 싶어 한다. 왜일까? 깔끔해서다. 그뿐이다. 분양홍보관에 들어가 보라. 얼마나 깨끗하고 시설이 잘되어 있는지.

보기 좋은 떡이 먹기도 좋다? 적어도 상가투자에서는 아니다!

잘 정돈된 상업지역이 좋아 보이고 홍보관을 찾았을 때 장점 위주로만 분양 상가를 친절하게 설명해주니 현혹될 수밖에. 그러나 분양 상가는 건물이 아직 지어지지 않아 실물을 파악하기 힘들다. 최초로 분양하는 신도시 상가의 경우 공실이 대부분이다. 앞으로 상권이 어떻게 형성될지 예측하기 어렵기 때문에 신도시 분양 상가의 경우 가능하면 분양 후 3~5년의 세월을 기다린 후 접근해야 한다. 분양 후, 상권이 어느 정도 형성되면 상권의 지도가 완성되고 신도시 나름의 특성이 드러나면서 그에 맞는 상권으로 자리 잡기 때문에 초보투자자도 비교적 파악하기 쉽다. 이때 시장에서 도태된 물건들도 경매로 나오기 시작하는데 분양 후 공실로 3년을 버티는 것이 어렵기 때문이다. 절대적으로 기억해야 할 것은, 외관에 속지 말라는 것이다.

최근 신도시 분양상가는 어떠할까?
최근 분양가가 지나치게 많이 올라있다. 세종시, 위례, 마곡 등의 지역도 서울이나 1기 신도시 등 수도권과 비교했을 때 현재 시세라기보다 5~6년 후 가격을 예상하듯 분양가가 높게 측정되어 있다. 예상가로 측정된 만큼 앞으로 투자 가치가 작다. 최근 분양된 신규상가의 분양가는 평균 3.3m2당 5천만 원에 육박했다. 위례 신도시 신규상가의 최고 분양가는 3.3m2당 6천만 원을 넘기도 했다.

이런 추세를 고려했을 때, 굳이 최고점을 찍은 상가를 매입하는 것이 과연 옳은 판단일까? 신도시에 있는 분양 상가가 경매로 나온 경우 대부분 분양가보다 1~2억 원 정도 낮은 금액은 감정가가 매겨져 있다. 모든 분양 상가가 다 고분양은 아니지만 모래 속에서 진주를 찾아낼 눈을 초보투자자가 가지고 있다면 이미 성공한 투자자로 어딘가에서 강연을 하고 있을 것이다.

[선임대와 임대료 보장, 그럴듯한 문구의 함정]

"그래서 상가투자가 나쁘다는 거야?"
당연히, 절대 그런 의미가 아니다.

Part 1에 비하면 이런 얘기들이 상가투자에 대한 부정적인 어조로 들릴 수는 있겠다. 그러나 여기서 하고 싶은 말은, '그러니 상가투자를 하지 마라'가 아니고, 기왕 하고자 마음을 먹었다면 조금 더 주의할 사항들이 있다는 것을 알려주는 바이다. 또한 그중 하나가 선임대와 임대료 보장에 관한 내용이다.

흔히 분양상가를 광고할 때, 분양회사에서 '선임대 조건'을 제시하기도 한다. 분양을 하는 회사 입장에서는 좋은 위치의 상가를 좋은 가격에 파는 것이 목적이 아니다. 상가를 위치와 가격에 관계없이 빨리 잘 파는 것이 목적이다. 하지만 항상 좋은 위치에 있는 상가만 팔 수 있는 것도 아니고, 좀 애매한 위치의 상가를 팔 수도 있다. 그럼에도 불구하고 팔아야 하기에 그들은 너무나도 달콤하게 포장을 해놓는다.

예를 들면 초기 분양 때, 주변 부동산 등에 분양 전부터 '사전청약'으로 분위기를 띄우거나 '뚜껑 닫기'처럼 좋은 호수는 빼놓고 분양을 하는 방법을 쓰기도 한다. 그리고 좋은 호수를 회사 보유분양 같은 방식으로 분양하여 투자자들을 현혹한다. 정말 회사 보유분으로 분양하기도 하지만 오히려 잘 안 팔리는 상가를 회사 보유분이라고 하여 팔기도 한다. 그런 그들의 설명만 들으면 그 어떠한 상가조차도 완벽한 투자로 들려 초보투자자들이 쉽게 속는다.

더구나 상가투자에서 공실은 큰 손실이기에 선임대 조건은 투자자에게 매력적인 상품인 듯 제공된다. 하나라도 좋은 업종을 유치하거나 선점해서 분양이 수월하게 하는 방법이긴 하나 대부분의 임대료 보장 정책은 부족한 상가의 약점을 가리기 위해 많이 쓰인다.

그렇기에 대체로 선임대 계약은 분양 이후 깨지는 일이 잦다. 더구나 분양회사가 프랜차이즈 가맹계약을 하고 직접 임차인이 되어 운영하는 경우, 계약을 유지한다고 해도 임대료 결정에서 분양회사에서 칼자루를 쥐고 있다. 임대가 끝나는 시기에 임차인이 나간다고 하면 임대료를 깎아서라도 임차인을 붙잡아야 하는 상황이 올 수도 있다. 그야말로 배보다 배

꼽이 더 커지는 격이다.

• 지역 발전 가능성과 상가의 성공은 비례한다!? 과연!?

보통 부동산 투자를 이야기할 때 역세권을 강조한다. 상가도 예외는 아니다. 하지만 절대적인 투자 성공을 담보로 할 수 없다. 보기 드물 정도로 많은 지역적 호재를 가지고 있었던 마곡지구가 대표적인 예이다.

[마곡지구 사례: 발전가능성 무궁무진한 지역?]

산업단지로 16만 명의 직장인, 즉 유동인구가 들어오는 오피스 지역이다. 또한 지하철 3개 노선(5호선, 9호선, 공항철도)이 들어와 있어 안정성도 크다. 공항과 접근성까지 좋아 외국 관광객 유치를 위한 호텔 및 국제 업무 지구로서 발전도 기대되니 노른자 투자 지역의 조건을 다 가지고 있었다. 다른 신도시들과 달리 도시가 만들어지기 전부터 대기업(LG, 코오롱, 롯데 등)과 중견 기업이 땅을 매입하고 입주를 확정 지었으니 발전 가능성이 무궁무진한 투자 지역이었다.

당연히 2014년부터 2016년까지 상가나 오피스 설계가 가능한 토지의 낙찰 가격이 거의 2배 가까이 뛰었고 2014년만 하더라도 업무용지 및 상업용지는 평당 1천8백만 원~2천만 원 수준이었지만 2016년 하반기 이후

4천만 원~6천만 원까지 올랐다. 자연스럽게 상가분양가격까지 높아졌다. 소위 마곡지구 A급 역세권 상업용지의 초기 분양 상가들은 1층을 기준으로 평당 6천만 원~8천만 원 사이로 분양가격이 형성되었다. 2016년 이후 업무 지역 상가들은 토지 낙찰 가격이 높다 보니 전용 평당 1억 원 이상을 호가했다.

[마곡지구의 현재: 마곡은 아직도 개발 중?]

그러나 현재 위치가 좋았던 상업용지 상가조차도 초기 임차의 어려움을 겪고 있다. 마곡지구가 여전히 개발지구에서 벗어나지 못하고 있기 때문이다. 바로 기업들의 입주 시기와 상가 입점 시기에서 차이가 발생했기 때문이다.

배후 직장인 및 유동인구가 없는 상황에서 준공된 건물들은 필수적으로 공실 기간이 발생한다. 짧게는 6개월이지만 길게는 2년을 넘길 수도 있다. 물론 공실을 견디면서까지 미래가치가 뛰어날 것이라고 예상할 수 있는 지역이거나 자금의 여유를 가지고 분양을 받았다면 더 큰 그림을 그릴 수 있을 것이다. 그러나 대다수의 투자자들은 여유 자금이 없는 경우가 허다하다.

이렇듯 아무리 개발 계획이 좋다 하더라도, 모든 상가가 성공을 약속하지 않는다. 특히 상가 임차인은 미래 개발 계획과는 무관하다. 당장의 유동인구와 매출을 중요하게 생각한다. 들어와서 6개월만 장사가 안되어도 파산 위기에 놓이게 될 뿐만 아니라 기본 시설비 수천만 원 이상에 노동까지 들어가야 한다.

상가는 미래의 계획이 훌륭하다고 하더라도 당장 영업이 안 될 위치라면, 자금이 충분할 때 투자해야 한다. 미래 시기까지 여유 자금이 없다면 큰 손실을 각오해야 한다.

• 역지사지, 임차인에게도 과연 매력적인가?

임대료 부분도 고민해 봐야 한다. 투자자에게만 매력적인 상가는 곧 도태된다. 신도시 상가들은 분양가가 워낙 높다 보니 임대료도 높게 책정된다. 그러나 내가 매입한 상가의 분양가가 높다고 임대료도 높다고 생각하는 것은 큰 맹점이다. 바로 역지사지란 말이 여기서 필요한 말이다. 장사를 하는 입장에서 지급할 수 있는 적정한 임대료를 고민해봤을 때 내가 부담스럽다면 임차인도 부담스럽다. 평균적으로 약 1년 6개월간의 월 임대료를 보증금으로 책정한다. 이는 보통 임대료나 관리비를 미납했을 경우, 임대차 계약 기간이 끝났음에도 임차인이 상가를 비워주지 않을 때 소송 기간까지 고려한 비용이다. 명도 소송이 길어지면 최대 1년 넘게 갈 수 있기 때문에 이를 기준으로 잡아야 한다.

문제는 신도시 상권의 경우, 투자금 대비 적정 수익률은 그 상권이 안정되고 나서야 기대할 수 있다는 것이다. 아파트 입주가 단계적으로 이루어지기 때문에 상권이 자리 잡는데 보통 5~7년이 걸린다. 게다가 유망 업종이 가장 먼저 자리 잡는 곳은 역시 A급 입지의 상가다. 즉 A급 입지의 상가가 아닌 경우 장기간 공실이다. 임대료는커녕 임대가 들어올 때까지 이자 부담을 견디는 것도 쉬운 일이 아니다.

• 가성비 따지다가 쪽박 차는 수가 있다

같은 건물의 상가를 보더라도 이상하게 임대가 안 나가는 곳들이 존재한다.

계속해서 강조하고 있지만 상가투자에 있어서 가장 큰 위험은 공실이다. 시장 상황이 좋지 않고, 주변의 배후가 성립되지 않아 안타까운 공실이 발생하는 경우도 있다. 이런 경우 투자자가 직접 현장을 둘러본다면 충분히 파악할 수 있다. 문제는 상가투자 공부를 했음에도 놓치기 쉬운 공실이 발생할 수밖에 없는 상황이다. 바로 구조나 물리적으로 공실이 생기는 상황이다.

이를 피하기 위해서는 분양 상가의 도면을 볼 수 있어야 한다.

상가의 도면만 보더라도 점포의 입지부터 사람들의 동선과 접근성에 따라 그 혜택을 보는 점포가 어디인지 예측할 수 있다면 더 안정적인 투자가 가능하다. 업종마다 선호하는 위치가 다르기 때문에 상가에는 위치의 강점이 늘 존재하기 때문이다. 이런 위치의 강점이 살아있는 상가라면 투자가치가 있지만 없다면 당연히 투자는 피해야 한다.

같은 1층에 위치하고 있지만 평단가가 저렴한 경우가 있다. 특히 분양상가의 경우 실제로 보지 못하고 도면만으로 판단하고 투자한다면 큰 실수를 할 수 있다. 도면상으로는 지하철과 연결되어 있고 배후 인구도 훌륭함에도 불구하고 분양가가 차이 난다면 의심해 봐야 한다. 도면만으로는 판단하기 쉽지 않으나 실제 건물이 세워진 후, 외부 상가로 인해 내부 상가가 단절되어 상가의 존재 자체가 드러나지 않아 공실이 발생할 가능성이 크기 때문에 분양가가 차이가 나는 것이다. 즉 임차인이 한눈에 봐도 장사가 되지 않기 때문에 당연히 임대가 되지 않아 오랫동안 공실이 발생한다. 행여 임대가 되더라도 앞의 상가에 의존해야지만 겨우겨우 생존할 수 있는 최악의 상황까지 고려해야 하는 상가다. 그렇기 때문에 아무리 저렴하다고 해도 투자를 절대로 해서는 안 되는 상가다.

[작지만 큰 차이, 상가의 가치를 결정하는 기둥과 동선]

투자자가 임차인의 상황에서 사소하다고 생각하여 고려하지 못하고 공실에 투자하는 경우가 있다. 투자자 입장에서는 상가의 위치가 좋으면 무조건 상가의 임대가 잘 나갈 것이라 생각하지만 임차인 입장에서는 아주 작은 부분으로 망설여 투자자를 답답하게 한다.

바로 그 대표적인 사례가 기둥과 동선이다. 모든 건물에 기둥이 없을 수도 없고, 잘 배치할 경우 공간 활용도 및 인테리어 효과가 되면서 크게 문제가 되지 않는다. 그렇다면 도대체 어떨 때 문제란 말인가? 이는 주로 오피스텔 및 주상복합으로 이루어진 건물에서 자주 발생한다. 일단 주상복합 및 오피스텔은 상가를 중심으로 설계하는 게 아니라, 위의 오피스텔과 아파트를 중심으로 하중 설계를 하다 보니 상가의 정중앙에 기둥이 자리 잡는다든지, 공간을 많이 차지하는 대형 기둥이 있는 문제가 생긴다.

선분양이 아닌 이상 눈으로 보고 사니 크게 문제가 되지 않을 수도 있으나 앞서 말했듯이 도면만 보고 분양받을 경우 크게 문제가 될 수 있다. 기둥으로 인해 기둥을 끼고 한참 돌아 상가 입구를 찾아와야 하기 때문에 임차인 입장에서는 임차하기 꺼려지는 상가가 되어버리는 것이다. 임차인 입장에서는 코너에 위치해 좁아 보이는 느낌을 받을 수 있고, 기둥 하나 때문에 상가에 대한 접근성이 떨어지면 그만큼 매출이 안 나오기 때문이다.

이렇듯 상가의 가치는 사람들의 동선과 밀접한 관계가 있다. 특히 사람이 머무는 자리가 중요하다. 예를 들어, 보행자도로 폭이 좁거나 너무 복잡하면 사람들이 아예 접근하기를 거부하거나 머물지 못하고 흘러가게 된다. 자연스럽게 상가 임차인 영업이 제대로 되기 어렵다. 상권이 죽어버린다. 아무리 좋은 조건을 가진 상가라도 바로 앞 보행자도로 폭이 좁다면 동선이 좁아 사람들이 머물지 못하고 흘러 상가가 잘 되지 못해 비어버린다. 또다시 공실이다.

• 경우의 수에 따라 달라지는 주차용지!

신도시 내 주차용지는 건축허가를 받을 때 전체면적의 70%를 주차장으로 하고, 30% 이내에서 다른 용도로 사용이 가능하다. 이 30%를 주로 상가로 활용하게 된다. 상권 조사를 해보면 주차용지는 늘 주차가 부족한 상업지구에서 접근이 용이하다. 이미 상권이 완성된 경우, 투자자도 임차인도 주변 상가에서 이미 주차난을 경험해봤을 것이다. 그렇다면 주차장은, 득인가 실인가?

주차료가 발생하더라도 주차가 가능하다는 이유만으로도 임차인이 이 상가를 선호하기 때문에 임대료가 높더라도 임대가 된다. 그렇기에 주차용지가 있으면 투자 가치가 있는 것은 사실이다. 그러나 신도시 초기에는 이런 주차 상가가 오히려 독이 되기도 한다. 보통 주차 상가는 상가 공급 시 주차면적이 투자자에게 돌아가지 않는다. 보통 시행사가 주차장을 소유해 주차 수익을 올리고 상가를 분양해서 이익을 본다. 여기서 분쟁이 발생한다. 상권이 완성되지 않은 초기에는 다른 건물의 주차 공간이 남으니 아무런 메리트가 없어 오히려 골칫덩이가 된다.

• 주거와 상업이 분리되어야만 하는 상가투자

초보투자자들에게 상가주택은 로망이다. 다수의 초보투자자들은 상가주택을 매입해서 꼭대기 층에 자신이 거주하고, 1층에는 상가, 2층부터는 다른 사람에게 임대를 주고 월세를 받아 생활하고 싶어 한다. 은퇴하고 상가투자에 관심을 가지는 경우에, 이것이 목적인 경우가 많다.

문제는 이것은 환상이라는 것이다. 현실에서 초기에 상가주택을 잘 사는 경우 수익을 볼 수도 있다. 하지만 상가주택들이 위치한 곳을 살펴보면 대로변이나 상업지역과 거리가 있다. 신도시조차도 단독 주택 지역으로 분류하는 경우가 더러 있다. 게다가 같은 1층 상가라 해도 임대료가 엄청나게 차이가 나는데 대부분 상가주택은 이런 골목상권에 있으니 월 수익 기대치가 낮아진다. 문제가 이뿐인가. 상가주택이 있는 곳은 주거환경이 좋지 않다. 내가 사는 집 저층에 술집, 또는 음식점이 있다고 생각해 보자. 시끄러운 것은 당연한 상황이고 음식 냄새까지 집에 배어 살기 좋은 주거환경은 아니다. 이뿐인가? 대다수 상가주택은 주차 허가 기준이 약해 주차난이 심각하다. 상가주택에서 몇 년 살아보면 대다수 이사한다.

이러한 상황을 종합해 봤을 때, 가능하면 주거와 상업은 반드시 분리해서 투자해야 한다. 신도시 상가주택에 투자할 여력이 있다면, 차라리 역 앞 1층 상가에 투자하는 것이 더 바람직할 것이다. 역 출구 앞 사거리 대로변 코너 상가들은 사고 싶어도 못 사는 상가다. 한번 상권이 안정된 곳에 가서 물건을 살펴보면 이해가 더 빨리 될 것이다. 강남역, 홍대입구역 등 최고 상권뿐만 아니라 지방의 유명 상권 및 중소형 상권 어디를 가더라도 대로변, 역 출구 앞자리는 임대료가 최소 전용 평낭 30만 원 이상이다.

신도시 생성 초기에 이런 최고 입지 상가를 잘 골라서 투자하게 되면 안정적인 월세 수입과 매매차익을 함께 누릴 수 있다. 상가투자는 신도시 및 새롭게 개발되는 지역의 초기 시장이라면 반드시 직접 찾아가서 살펴볼 필요가 있다. 어느 지역이나 최고의 자리는 임대 안정성과 미래 성장 가능성이 높기 때문이다.

• 나는 황새인가? 뱁새인가? 나에게 맞는 투자를 찾아라!

마지막으로 투자자 본인의 자금 여력을 잘 파악해야 한다. 미래의 수익성만 보고 과도한 대출을 한다면 그건 자살행위다. 상환능력도 안 되면서 대출을 많이 받는다면 예측하지 못한 상황이 발생했을 때 대비책이 부족하여 실패할 가능성이 크다.

신흥 상권에서는 업종 선점이 중요하기 때문에 임대료로 선임대가 맞춰진다. 입주 초기 특수효과(입주장사)를 보기 위해 부동산 중개업소나 휴대폰 대리점, 마트 등은 높은 임대료를 내고 입점한다. 문제는 임대 기간이 끝나 타 업종으로 임대를 맞추려고 하면 높은 임대료 수준에 들어올 업종이 없어 공실이 생긴다. 결국 이자나 관리비 부담이 투자자에게 돌아온다. 따라서 너무 많은 융자를 끼고 투자했다가 공실이 장기간 발생하면 투자가 아닌 쪽박이 된다.

그렇기에 융자금액은 전체 매입대금의 40% 이상을 넘지 말라고 조언하고 싶다. 또 공실 위험 등에 대비한 예비자금도 확보해야 한다. 과도한 대출을 이용할 경우 향후 자금난으로 어려움이 예상된다. 특히 금리가 올라갈 경우 투자자들은 바로 높아진 이자를 부담해야 하지만 금리 인상분을 임차인으로부터 받는 임대료에 바로 반영하지 못하는 것이 현실이다.

투자에 따라다니는 사기 유령

상가투자에 대해 제대로 알지 못한 채 접근했다가, 그 맹점에 속는 경우는 차라리 양호하다. 큰 값을 치르기는 했지만 스스로 잘못된 점을 깨달으면 다시는 겪지 않을 수 있기 때문이다. 돈이야 다시 벌면 된다. 투자는 실전이기 때문에 이론만 가지고는 성공할 수 없는 부분이 분명 있다. 투자 과정에서 배워가는 것은 오히려 더 나은 내일을 위한 도약이라고 할 수 있다. 문제는 투자하고 실패했는데 얻는 것이 아무것도 없는 경우다. 내가 왜 실패한 것인지, 다시 겪지 않으려면 어떻게 해야 하는지 전혀 모르는 경우다. 왜 모를까? 바로 스스로 잘못이 아닌, 타인에 의해 사기를 당한 경우이기 때문이다. 이 경우는 당장에는 운이 없어서 그랬다 정도로 생각하고 넘어가다가, 나중에 가서야 "아, 내가 당했구나!" 하고 깨닫는다. 참 안타까운 일이다.

• 알아도 막기 힘든 상가분양 사기!!

　아름다운 꽃에는 벌레도 꼬이는 법! 충분히 공부하고 실전 투자에 임해도 상가분양 현장에서 투자자들이 큰 손해를 보는 일이 있다. 그중에는 명백히 사기임에도 증거가 없거나 법적인 허점을 빠져나간 사기꾼들에게 이도 저도 못하는 경우가 있다. 정말 열심히 공부하고 평생 어렵게 모은 소중한 자금을 투자했지만 남는 것이 없다면 얼마나 허무할까?

　하지만 부동산을 매개로 하는 사기범죄는 여러 단계를 거쳐 내용이 복잡하고 혼란스럽게 얽혀 있어 일반법과 부동산 특별법과 법률경합이 일어날 정도로 형법 각조와 법조경합이 많이 발생하여 법적인 접근이 쉽지 않다. 또한 그 수법을 알아도 치밀한 범죄 계획으로 선뜻 파악하거나 인지하기 어려워 결국 초보투자자뿐만 아니라 전문적인 투자자들마저 덫에 걸린 힘없는 강아지처럼 당할 수밖에 없다.

　도대체 왜 이런 사기를 당할까?

　많은 투자자들이 사기당하기 전에는 의문을 가지지만 막상 당하고 나서야 어이없을 정도로 허탈하게 돈을 날린 자신을 발견할 것이다. 더구나 사기꾼들은 자신들의 행위가 투자 사기가 아니라 분양이 계획대로 안 돼 자금 흐름에 차질이 생겼다고 회피하려 든다.

　또 하나의 상황은, 사기를 당했다고는 하나 사기꾼들도 작정하고 사기를 치는 경우는 드물다는 것이다. 실제로 결과가 어떨 것이라는 예측조차 제대로 할 수 있는 실력이 안 되는 경우도 있다. 학력 위조 등으로 이슈화할 수 있을지도 모르지만, 어쩌랴! 이미 날려버린 돈은 찾을 길이 없다.

핵심은 바로 이것이다. 법적으로는 문제가 없으나 투자를 하고 수익이 아닌 손해만 보는 결과가 생기는 것! 이를 피하기 위해서는 긴장해야 한다. 열심히 공부하여 자신감이 붙은 투자자여, 아직 자만하기 이르다. 투자 전에 어떤 유형의 위험들이 도사리고 있는지 미리 알고, 우리는 당하지 말자!

• 광고는 어차피 과장이 필수악이다!

매매의 과정에서 광고는 없을 수 없다. 최근에는 광고의 방법도 다양해졌다. 대중매체라 불리는 TV, 라디오는 기본이요, 지하철 전광판, 옥외광고는 물론 최근에는 SNS 인스타그램, 페이스북, 블로그, 유튜브 등을 활용하여 다양한 홍보가 이루어지고 있다.

문제는 유튜브만 찍으면 너도나도 강사 타이틀을 달 수 있는 요즘 세태에도 있다. 정말 훌륭한 강사분들이 강의하는 경우도 있지만 요즘은 검증되지 않은 강사들도 많다. 시간과 돈을 쓰는 것은 결국 투자자들이다. 투자자들이 결국 더욱 똑똑해져야만 한다.

사기라고 하기에는 투자자가 오인 가능한 문구를 사용하거나 객관적·구체적 근거 없이 높은 수익률을 제시하는 경우가 단적이다. 또 선임대, 주변 교통상황 등을 부풀려 광고하거나 분양 현황과 다른 문구로 투자자를 유인하는 경우도 마찬가지다. 우선 실제 분양실적이 저조한데도 "95% 분양완료!", "빨리 신청해야 가능합니다", "○차분 ○개 점포 100% 분양",

"평균 경쟁률 15대 1", "최고경쟁률 18대 1", "전국 지하상가 최고의 경쟁률" 등으로 표현하는 경우가 많다.

은행지점이 입점계약서에 기명날인하지 않고 구두로 약속만 한 상태에서 "○○은행지점 입점확정" 등의 사실과 다른 표현을 사용하여 투자자의 믿음을 높인다. 대규모 아파트단지 및 주택밀집지역 유일한 상가라고 광고하지만 실제로는 인근에 연금매장 등 상가가 있어 광고와 전혀 다른 상황인 경우가 많다.

그밖에 "지가가 전국 최고수준으로 급상승할 전망", "절대 우위의 재산가치 입증", "입점과 동시에 엄청난 투자증식 효과가 확실히 보장되는 상가" 등의 표현과 "2,000만 원 투자 시 월 100만 원 이상 임대수익 보장", "○○원 투자 시 2년 내 200% 수익 보장" 등의 문구도 부당광고 유형이다. 주변 상가 권리금(옛 10평 기준)이 2,000만 원인데 "분양(입점) 후 권리금이 2,000만~4,000만 원 확실"이라고 광고하거나 융자 조건을 표기하지 않고 단순히 "파격적인 융자 혜택" 등으로 표시하는 경우, 융자 알선만 해주면서도 "은행 융자 실시" 등으로 표현하는 경우도 부당광고다.

실제 수익률을 보장해준다고 광고하는 상가 중에서 실제 분양 후 약속된 금액을 입금하지 못하는 경우가 태반이다. 주로 테마상가, 쇼핑몰 등에서 확정수익 지급을 제시하는 경우가 있는데, 제대로 상권이 자리 잡지 못할 경우가 태반이라 약속된 내용이 입금되지 못하게 된다.

수익률 보장을 내세우면서 시행사나 분양대행사 측에서 임대료를 보조지급해서 수익률을 맞춰주는 경우가 있는데 이러한 경우에도 주의해야 한다. 분양가가 애초에 높게 책정되어서 투자자에게 수익률을 못 맞춰

주기 때문에 일정 기간 임대료를 보조하는 모양새를 취하게 된다. 하지만 임대료 보조 기간이 끝나면 세 들어있는 임차인이 임대료 수준을 못 맞춰주게 되어 투자자들이 경제적인 파탄에 이르게 되고, 결국 "상가푸어"가 된다.

• 사용승인 전 분양, 신기루 같은 함정인가?

2003년 '굿모닝게이트'를 기억하는가? 한국 사회에 커다란 충격을 줬던 사건이라 투자에 관심 있는 사람이라면 기억할 것이다. 시행사가 상가 건립 부지도 확보하지 않은 채 3~400여 명에게 상가를 팔아 약 3,700억을 챙겼던 엄청난 사건이다. 소위 내로라하는 정치인, 검찰, 경찰들마저 이 사기의 피해자였다. 당연히 투자자들은 투자금을 온전히 회수하지 못했다. 적게는 1억 원에서 많게는 5억 원을 투자하고 투자자 대부분이 투자금 일부를 허공에 날렸다. 평생 모은 재산을 한순간에 날린 한 투자자가 스스로 목숨까지 끊어 안타까움을 자아냈던 사건이다.

이 사건 후, 15년이 지났지만 여전히 상가 사기 분양이 끊이지 않고 있다. 상가분양 방식이 선(善) 분양에서 후(後) 분양으로 바뀌었기에 사기꾼들이 상가 시행사를 통해 작정하고 사기를 칠 수는 없고, 그러니 과대·과장 광고나 허위 사실을 통해 투자를 유도한 후 오리발을 내미는 전법으로 바꾼 것이다.

지난 9월에 동탄 2신도시에서 한 중견 건설회사가 지은 단지 내 상가가 사기 분양 논란에 휘말리기도 했다. 이 회사는 2015년 분양 당시 인근의 경부고속도로 동탄 2신도시 통과 구간 지하화로 동탄 2신도시의 랜드마크 공원이 인접한 상가라고 홍보하며 분양했지만, 주변은 현재까지도 공원은커녕 허허벌판으로 남겨져 있다. 고속도로 지하화에 대한 타당성 논의가 교착상황에 빠진 영향이다. 4월에는 울산혁신도시 내 상가가 사기 분양 논란 휘말렸다. 일부 상가를 복층으로 개조해 활용할 수 있다며 분양했지만, 현행법상 복층 개조가 불법이었던 것이다.

위와 같이 분양 상가에 대한 상가분양대행회사의 속임수도 교묘해졌다. 최근 서울 강북구 수유동의 한 미분양 상가 계약자들은 분양대행사가 제시한 '독점 업종 확약서'를 믿고 분양받았다가 낭패를 봤다. '독점 업종 확약서'란 분양자가 임차할 수 있는 업종에 제한을 두는 것을 말한다. 쉽게 말하자면 특정 호수에는 카페만 입점이 가능하도록 규제해 업종 중복을 피하는 것이다. 입주 이후엔 상가 관리단에서 확약서를 기반으로 업종 겹치기를 사전에 차단해 출혈 경쟁을 막는다. 이를 통해 상권 활성화를 도모하는 것이다. 문제는 확약서가 계약에 대한 책임이 없는 대행사 등으로부터 작성된 경우에 발생한다.

두 번째로, 상가들이 연면적이 3,000m2(약 900평) 이상 되면 '건축물 분양에 관한 법률'에 따라 대부분 신탁회사를 통하게 되어 있다. 분양계약을 하더라도 입금은 신탁회사에 하는 것이다. 그래서 회사가 어지간히 사정이 좋지 않은 경우를 제외하고 분양만 어느 정도 이루어지면 큰 위험은 없다. 문제는 규모가 작은 상가들, 연면적 3,000m2 규모 미만의 상가들은 특정한 규제나 법률이 없다는 것이다. 그렇기에 꼭 분양받아야 한다면 회사가 정상적으로 건물을 잘 지어 넘겨줄 수 있는지 판단하여 분양 여부를 결정해야 한다. 또한 분양 승인을 받기 전부터 '사전의향서, 청약' 등의 이름으로 사전 분양 행위를 한다면 문제가 있다. 업계 관행처럼 되어 있어 미리 계약금의 일부를 걸어놓는 절차를 밟지 않으면 좋은 자리를 잡기 힘들 때도 있다. 그렇기에 좋은 위치를 선점하기 위하여 청약금을 넣는다면, 반드시 입금 계좌가 신탁 계좌인지 확인하고 입금해야 한다.

또 사업이 제대로 진행될지 조사해 봐야 한다. 사업이 지연되지 않고 원활히 진행될지, 해당 시·군·구청 건축과에 문의하여 상황을 알아봐야 한다. 간혹 회사의 사정으로 분양 승인이 늦어져 6개월 혹은 1년씩 계약이 지연되는 경우가 허다하기 때문이다. 이런 경우 투자자는 다른 투자금이 묶여 다른 좋은 위치에 상가투자를 할 기회를 놓칠 수 있다. 투자에서는 시간이 곧 돈이다. 시간이 묶이게 되면 돈이 돌지 못하고, 그로 인해 생기는 손해는 천차만별로 차이가 나게 된다.

• 이중분양 사기, 쪼개기 분양 사기, 전매약속 사기

[이중분양 사기, 내 것인 듯 내 것 아닌 남의 것]

이중분양은 말 그대로 하나의 상가를 두고 여러 사람을 상대로 각각 계약하는 행위다. 신규분양상가의 특성상 계약 후 중도금, 잔금까지의 기간이 있다. 이 과정을 이용하여 계약금을 여러 사람에게 받고 잠적하는 전형적인 수법이다. 이런 경우에는 누구나 현혹될 만한 좋은 조건을 제시하거나 지인이기 때문에 특별히 더 신경 써주는 척하며 접근하기 때문에 속기 쉽다. 그러므로 객관적으로 지나치게 좋은 조건이라면 일단 한번 의심해봐야 한다.

예컨대 투자금을 특정 전문가나 특정 업체, 혹은 특정인들에게 주고 투자를 맡겨놓고 수익금을 받기로 하는 일종의 변종 투자에서 투자금을 받은 일부 전문가들이나 혹은 컨설팅업체가 돈만 받고 잠적하여 피해를 보는 것이다.

또한 공동투자라고 하여 회원들에게 공동투자를 통해 수익을 나눠 갖기로 하고 돈을 돌려주지 않고 공동투자자들 간 잡음과 마찰, 심지어 공동투자를 운영하는 사람들이나 업체가 돈만 취하고 사라지거나 투자받은 돈을 다 빼돌리고 드러눕는 경우도 발생하는가 하면 최근에는 거의 사라지다시피 한 개발지 내 철거가옥 특별분양 투자사기도 발생하고 있다.

상가투자에서는 일부 부동산이나 떴다방들이, 붙지도 않은(사실은 마이너스 수천~억대인 상가) 상가 프리미엄을 부풀려 분양판촉에 악용하는 경우도 있고, 준공 후 임대가 맞춰지긴 했지만, 임대계약이 이중계약, 예컨대 실제 임대인은 임대계약서에 보증금 5천에 월세 500만 원으로 계약이 되어 있어서 수익률이 괜찮아 보여 십수억 원짜리 상가분양을 받아 상가에 투자했는데 알고 보니 실제 임대료는 보증금 5천에 월세 250만 원이고 월세 250만 원은 매달 상가사업주체가 분양가를 그만큼 부풀려 분양하거나 상가분양수익으로 일정 기간 동안 대납해주다 보니 실제 수익률에 큰 함정이 있는 줄 모르고 멀쩡한 아파트를 두세 채나 처분하여 신도시나 택지지구 등의 고분양가 상가를 분양받아 최소 5천만 원 이상에서, 많게는 15억 이상 손실을 보는 경우도 있다.

이뿐인가. 일반인들에게 생소한 NPL(부실채권) 투자에서도 잘못 투자하여 투자금을 수천에서 억 단위로 손해 보는 경우도 최근 늘어나는 추세다. 토지의 경우에도 아직도 기획부동산들이 투자가치가 거의 없거나 있더라도 실제 가치보다 많게는 수십 배 이상 부풀려 파는 방법으로 토지사기도 많은 편이다.

특히 요즘 상가는 대부분 이름 있는 신탁회사의 계좌를 이용하기 때문에 개인계좌로 입금을 요청하지 않는다. 만약 그런 요청이 있다면 상가에 어떤 문제가 있는지 확인해 봐야 한다. 사실 이런 경우 문제를 알아도 해결책이 없다고 해도 과언이 아니다. 돈을 돌려받는 것이 불가능하기 때문에 비싼 수업료를 지불했다 생각하고 과감히 잊어야 한다. 물론 어려운 일이라는 것은 안다. 그 돈이 잊을 수 있는 돈인가. 그렇기에 투자 시에는 처음부터 옥석을 잘 가리고 꼼꼼하게 체크해서 투자해야 한다.

[수익률을 쳐다볼 수조차 없는 '쪼개기 분양' 사기]

건설사의 쪼개기 분양도 조심해야 한다. 너무 비좁아 상품가치가 없는 상가를 마구잡이로 쪼개서 분양하는 수법이다. 너무 좁은 면적의 상가는 상품가치가 없어 임대가 안 되는 상황이지만 법적으로는 문제가 없다. 즉 투자자는 상가에서 어떠한 수익성을 바라볼 수 없어 임대인을 구하지 못해 공실을 벗어날 수 없는 상가를 분양받게 되는 결과적 사기 유형이다.

세종시 도담동 제일풍경채 단지 내 상가가 대표적인 예이다. 2013년 분양 홍보뿐이었다. 계약 시점에는 건축물이 존재하지 않았던 터라, 상가의 기능에 대한 판단은 2015년 8월경 소유권 이전 시점 이후에나 가능했는데 문제는 상가의 면적이었다. 최소 33㎡(약 10평) 이상은 돼야 프랜차이즈 입점이나 작은 슈퍼마켓 또는 분식집 운영이 가능하나 상가 16개 중 10개의 전용면적이 19.4㎡(5.87평)~20.37㎡(6.17평)에 불과하다. 즉 25.06㎡(7.59평) 2개, 27.64㎡(8.37평) 2개도 사실상 영업이 어려운 면적인 것이다. 결국 프랜차이즈 입점을 원하는 임대인들은 너무 좁은 면적에 발길을 돌렸고, 3년이 지난 시점에도 부동산중개업소가 1/3 이상을 차지하고 있다. 그나마 억지로 문을 연 슈퍼마켓은 대규모 아파트단지에 입지에 있다고 하기에는 비좁기 그지없고, 반찬가게 임차인도 그나마 떠날 채비를 하고 있다.

그중 그나마 34.78㎡(10.53평)와 56.10㎡(17평)가 쓸 만하지만 공실 상태다. 낙찰(분양) 가격이 각각 7억2697만 5,000원, 9억6577만 2,000원에 달하고 주변 상권 수요가 막혀 있어 거래가 안 되고 있다. 상권의 중심이 비알티(BRT) 도로 맞은편 도담동 먹자골목과 중앙타운 등에 형성됐기 때문이다. 사실상 이곳은 건설사가 설명한 '행정타운 수요'를 반영하기 힘든 사각지대에 놓이게 되었으나 법적으로 그 어떤 도움도 못 받고 고스란히 투자자가 피해를 감수해야 하는 유형이다.

상가분양을 하고 싶어 직접 현장을 돌아다니다 보면 분양사 직원이 뜻밖의 제안을 할 수도 있다. 예를 들어 "계약금을 거시면 중간에 전매하여 차익을 볼 수 있습니다"라든지, "아주 괜찮은 상가가 있는데 지금 투자하면 소액으로도 돈을 벌 수 있어요"가 가장 대표적 서두이다. 물론 분양사 직원이 사실을 말할 수도 있지만 그런 좋은 상품을 굳이 처음 본 투자자에게 알려줄 이유가 있을까?

충분히 의심스럽지만 문제는 실제로 아파트 분양권 투자로 재미를 봤던 투자자들이다. 이들은 상가투자 또한 전매를 통한 차익을 노리고 투자하겠다고 사기꾼들의 감언이설에 넘어간다. 자신이 전매 투자에 경험이 있다고 착각하는 투자자들의 욕심이 무모한 도전을 하게 만드는 것이다.

그러나 이 유형의 사기꾼들은 막대한 자금력을 가지고 '기획부동산 업체'를 설립한 후 직원 또는 현지인 명의를 빌리거나 증여를 가장하는 등 부정한 방법으로 이전등기를 하거나 미등기로 임야, 농지 등을 대규모로 매수한 다음 다수의 필지로 분할하여 불특정 다수인을 상대로 곧 개발되어 지가가 급상승할 지역인 것처럼 속여 고가에 매각하여 전매차익을 취득한다. 이러한 경우 현장 영업, 전화 등을 이용하여 무차별적으로 허위 정보를 투자자들에게 제공하면서 투자를 권유하여 고객으로 하여금 사무실을 방문토록 유인하고, 임원·부서장 등은 방문한 고객을 상대로 개발 계획 기사나 허위 기밀서류 제시 등 각종 감언이설로 속여 쓸모없는 땅을 매입가격의 수배에서 10여 배까지 고가에 분양하여 막대한 차익을 편취하면서 허위의 이중계약서 작성 등의 방법으로 탈세를 자행한다.

기획부동산 업체가 매각하는 토지 대부분은 상당수 토지가 도로와 접하지 않는 맹지가 많고, 기획부동산 업체가 탈세를 목적으로 실거래가보다 낮은 가격으로 신고하는 바람에 피해자들은 가산세 등 중과세를 당하며 상당 기간 동안 이익은커녕 원금 회수조차 어려운 상황에 놓이게 된다. 말 그대로 황새가 되어 날아갈 꿈을 꾸다 다리가 찢어진 뱁새가 되는 꼴이다.

• 삼 년 벌은 전답도 다시 돌아보고 사래!

자신이 발로 뛰고 꼼꼼히 살펴보고 전문가의 도움을 받는다고 사기를 면할 수 있을까? 그것도 장담할 수 없다. 부동산베스트셀러의 저자이기도 하고 인터넷과 카페 등에서 왕성하게 활동했던 투자 세미전문가가 택지지구 단독주택, 상가주택 등의 건축을 하면서 투자자들 돈 수십억을 받아 가로채 구속됐다.

비슷한 시기에는 부동산계통으로 유명한 대학과 평생교육원 등에서 경매와 NPL 강의로 명성을 떨치고 상당히 유명했던 전문가가 회원들에게 수억 원의 투자금을 받아 투자하여 투자수익을 내준다고 한 후 수익을 전혀 못 내고 투자금을 상당 부분 손실 보자 이를 비관하여 투자자들의 정기 모임 날 사라졌다 한 달 후쯤 경기도 외곽의 모텔에서 자살하는 일까지 발생하여 언론에 크게 보도된 적도 있다.

이처럼 높은 수익을 주겠다고 투자자들을 속여 투자금을 가로채는 사기 유형엔 항상 전문가들이 존재한다. 지금 부산 정관신도시 상가 피해자 집단 고소 사건을 보면 더 쉽게 이해할 수 있을 것이다. 조은 D&C 대표 조 씨는 2018년 정관신도시에 상가를 분양하면서 분양자와 투자자 등에게 높은 수익금을 주겠다고 투자금을 받아 가로챘다. 전문가의 명성과 그들의 전문성을 믿고 투자한 투자자들을 우롱한 것이다. 따라서 투자자도 믿고 맡겼다고 안심하지 말고 긴장하고 있어야 한다.

안전한 상가투자, P2P 펀딩

Part 2에 들어오면서, 우리는 상가투자의 맹점과 상가투자 사기의 유형에 대해 알아보았다. '상가투자만큼 직장인에게 좋은 것이 없다고 할 때는 언제고, 갑자기 이렇게 겁을 주다니, 상가투자를 하지 말라는 이야기인가?' 하는 의아함이 들지도 모르겠다. 당연히 아니다. 다만 저자는 독자분들이 안전한 상가투자, 실패 없는 상가투자를 하기 바라는 것이다.

아무리 첫 투자는 공부하는 셈 치고 돈 버려도 아쉬워하지 말라지만, 어디 사람 마음이 그러기 쉬운가? 아침·저녁으로 잠 한 시간 덜자고, 커피 한 잔 덜 마셔 가면서 피땀 흘려 모은 돈, 안 아까울 사람이 어디에 있단 말인가? 잃은 돈도 결국에는 '아이고 내 돈, 그때 그것만 알았더라면 잃지 않았을 텐데…' 하면서 지속적으로 아랫배가 아파 오기 마련이다.

당신의 앞에 자갈길과 가시밭길이 있다고 치자. 고속도로가 있으면 좋겠지만 누구에게나 험난하지 않은 투자 여정은 없으니 예시에서 제외하

자. 어디로 갈 것인가? 어느 누구도 굳이 뻔히 보이는 가시밭길에 발을 들이지는 않을 것이다. 때로는 정말 보는 눈이 없어 자갈인지 가시밭인지 분간하지 못하는 투자자도 있을 것이다. 이런 이들을 위해 투자시장에는 항상 조력자가 존재한다.

• 상가투자 제대로 성공하기 위해 '제갈공명' 같은 조력자가 필요하다

초보투자자 입장에서 사실 전문적인 지식은 전부 파악하기 힘들다. 이를테면 낙찰가가 그렇다. 상가는 일반 아파트와 달리 낙찰 가격이 일정하지 않다. 실제로 경매가 진행되는 법원에 가 보면, 상가는 고수의 영역이라고 여겨져 대체로 경쟁률이 높지 않다. 실제로 경매 고수들이 달려들어 원하는 방향으로 끌어가기 위해 유찰시키는 일도 흔하다. 그렇기 때문에 정말 열심히 공인중개사가 되겠다는 각오로 공부한다고 해도 혼자서는 한계가 있다. 어마어마한 빅데이터를 개인이 분석한다는 것부터 현실적으로 불가능에 가깝다.

그렇다면 이제 필요한 것은 무엇인가?
바로 믿을 만한 조력자다.

부동산으로 돈을 버는 사람들, 아니 주식 투자까지 포함해서 투자로 돈을 버는 사람들에게는 반드시 성공과 실패에 대해 알려주는 조력자가 있다. 이러한 조력자들은 만날수록 득이 된다. 전문가를 많이 만나 본 사람일수록 안목이 넓어지고, 투자 결정도 더욱 대담해지며, 타이밍을 빠르게 캐치하는 능력이 생기기 때문이다. 반면에 부동산으로 성공하지 못한 사람들, 멀리 갈 것도 없이 우리 자신을 생각해보자. 이토록 전문가가 필요한 시점에서 우리는 어떻게 하는가?

안타까운 사실이나 대부분의 사람들은 비조력자의 말에 더욱 귀를 기울인다. 재미있게도 사람들은 근거가 명확한 팩트(fact)보다 루머나 낭설에 더욱 귀를 기울이는 경향이 있다. 조력자들은 객관적이고 분석력이 있으며 어떠한 판단에 대해 100% 결과를 보장하지는 않을지언정, 80%의 가능성을 열어둘 명확한 사실을 근거로 가치판단을 내린다. 그런데 비조력자들은 보통 주관적인 판단을 쉽게 뱉어버린다. 그리고 비합리적인 판단의 근거를 내세운다.

'나도 다 알아봤는데, 그거 사기라더라.'
'그렇게 좋은 투자상품이면 왜 너한테 오겠냐?'
'그럴 시간에 한 푼이라도 더 버는 게 낫겠다.'

이와 같은 표현들은 비조력자들이 흔히 하는 말이다. 비조력자는 어디선가 갑자기 나타난 악당이 아니다. 남편, 아내, 이웃, 친구, 가족, 동창…. 대부분 대화 가능한 사람들이 대다수이고, 보통 주변에서 '너 잘되라고 하는 소리'를 담당하고 있다. 그리고 이 말에 투자 입문자들은 휘둘린다. 그러나 이러한 말들에 휘둘리면 투자는 영영 할 수 없다. 대부분 나도 투자를 해볼까 하다가도 온갖 반대에 부딪히고 알아볼 기회조차 갖지 못한다.

어떤 이들은 좋은 조력자를 만나서 3~4년 안에 재산이 9배, 10배로 불어나는데, 어떤 이들은 비조력자의 말에 더 귀 기울이다가 제대로 된 투자도 못 해보고 한숨만 짓는다. 그리고 늘 이 말을 입에 달고 산다. "내가 그때 샀어야 했는데…"

투자에 완벽한 예측은 없다.

그러나 예측할 수 없는 일을 현실로 만드는 것이 조력자의 역할이다. 이러한 점을 인지하기만 해도 투자 입문 단계는 겨우 벗어난 것이다. 그러고 나서 초보투자자들은 어디를 찾아가느냐, 공인중개사를 찾아간다. 공인중개사도 전문가가 아니냐 묻는다면, 일단 맞다고는 하겠다. 그러나 무엇을 전문으로 하는가 또한 따져보아야 할 일이다.

이것은 알아야 한다. 공인중개사 한 명이 당신만을 위한 개인 전문가는 아니다. 세금, 중개보수, 법적 계약 등 믿을 만한 능력을 가진 공인중개사라고 해도 혼자서 이를 다 처리할 수는 없다. 만약 능력이 되는 중개업자를 섭외했다고 해도 금융전문가, 법무사, 세무사 등 그다음 단계를 맡아줄 사람들이 필요하다. 결국 개인투자자 혼자서 모든 것을 관리하기에 상가투자의 길은 너무나도 광범위하고, 무엇보다도 특출난 전문성이 필요하다.

개인 공인중개사 한 명을 믿고 상가투자를 하기는 100% 힘들다. 좋은 사람을 만나도 그저 본질을 흐릴 수 있는 그릇된 자료를 지적하고 객관적인 판단이 가능하게 도와줄 수 있을 뿐이다. 단순하게 공인중개사가 소개해주는 상품을 소개받아 투자하게 되면 '묻지마 투자'와 비슷하게 흘러간다.

그것도 제대로 된 공인중개사일 경우다. 이러한 마인드로 투자하다가 사기꾼이라도 만나면 답이 없다. 고스란히 영업 당하고 그동안 어렵사리 모은 투자금만 오롯이 가져다 바치게 된다. 그러나 내 눈앞에 있는 이 사람이 투자 실력 있는 공인중개사인지 사기꾼인지 초보 개미투자자들은 판단할 길이 없다. 그저 명확한 이유나 근거를 두고 판단하기보다는 나를 얼마나 잘 설득시키느냐에 치우치기 쉽다. 하지만 안타깝게도, 설득은 진짜 실력자보다 사기꾼이 더 잘한다. 실력 있는 공인중개사에게는 그를 알아보고 접근하는 투자 전문가가 많아 굳이 설득에 목적을 두지 않지만, 사기꾼은 애초에 초보투자자를 낚는 데에 목적을 두고 있기 때문이다.

'삼고초려(三顧草廬)'라는 말이 있다. 촉한의 유비가 제갈량의 초옥을 세 번 찾아가 간청한 끝에 제갈량을 군사로 얻었다는 이야기다. 강조하지만 전문가의 존재 없이 투자에 성공하는 초보자는 거의 없다고 보면 된다. 제갈공명과 같이 한 치 앞을 내다보고 비전을 제시할 수 있는 조력자가 있다면 삼고초려가 아니라 백(百)고초려를 해도 모자라다. 내가 초보투자자라면, 그리고 빠르게 투자에서 성공하고 싶다면, 나를 위한 제갈공명부터 찾아라. 기본기를 쌓는 정도의 공부야 중요하겠지만 자신이 공부해서 전문가가 되겠다는 생각은 버려라. 하루 이틀 공부해서 될 수 있는 것이 아니다. 차곡차곡 공부해서 언제 투자하고 성공해서 부자가 될 생각인가? 투자는 반감기가 5년 내지 10년이다. 이렇게 생각해보면, 당신의 인생에 그리 많은 시간이 남은 것이 아니다.

[새로운 시각으로 접근하면 문제가 해결책이 된다]

몇 번이고 강조하건대, 개인투자자에게 전문가는 반드시 필요하다. 그러나 사기꾼 또한 부동산 전문가고, 전문가로 인한 사기는 한 명의 전문가에서 출발하는 경우가 대부분이다. 이제부터 투자자들은 딜레마에 빠지게 된다. 사기꾼이 될 가능성을 배제하면서 전문가인 사람을 어디서 찾는다는 말인가? 하지만 다른 관점에서 해결책을 찾아본다면 생각보다 쉽게 답이 나온다.

한 가지 팁을 들자면, 분산 투자도 하나의 방법이다. 하나 상품에 전부 '올인'하기보다 여러 상품에 투자하면서 다수 전문가의 의견을 들어보는 것이다. 전문가들이 서로의 존재를 알고 서로를 견제하며 서로의 전문성을 나에게 제공해준다면 그보다 안전하고 확실한 정보는 없지 않을까? 모든 성공은 '크로스체크'에 있다. 내가 파악한 사실과 다수의 전문가가 파악한 사실로 대조해서 검토한다면 위험성을 보다 줄일 수 있을 것이다.

"그만큼 여러 곳에 투자할만한 자금이 없어요….
그냥 혼자 공부해서 알아서 하면 안 되나요?"

사실 크로스체크는 현실적으로 어려운 이야기다. 그렇다고 내가 혼자 공부해서 투자 전문가가 되겠다는 말은 현실적인 이야기인가? 그 또한 아니다. 혼자서 공부하고, 혼자서 투자하고 결과를 얻어내어 확신이 들기까지 개인이 들이는 비용이 얼마나 될 것이라고 생각하는가? 자금이 없다.

냉정한 말이지만 그것이 현실이다. 투자마저 소액투자를 소망하는 개미 투자자인데, 하물며 전문가를 섭외할만한 비용이 있던가? 없다. 이는 시간 면에서도 마찬가지다. 공부해서 투자하겠다고? 바꾸어 말하면, 이 생각을 하는 이유는 비용이 없기에 시간이라도 들이려고 하는 것이다. '시간=자금=비용'이기 때문이다.

문제는 비용이다.

일반적으로 투자를 전문으로 하는 기업이나 부자들이라면 전문 투자 플래너들이 여럿 붙어서 그들의 자산을 관리하는 데 큰 도움을 주고, 그렇기에 그들의 자산은 눈덩이처럼 불어나기 쉽다. 문제는 개미투자자들이다. 한 명의 전문가를 섭외하기도 상당한 비용이 들어가는데 다수의 전문가를 섭외하는 일은 사실 꿈같은 일이다. 크로스체크는커녕 한 명의 의견을 받아내는 데에도 비용이 든다. 그 정도의 비용이면 상가에 하나 더 투자할 수 있을 정도의 비용이다.

난감하다. 소액투자자가 살아날 길은 정녕 없을 것인가. 하지만 이것이 바로 전문투자자를 만나야 하는 가장 당연한 이유이기도 하다. 전문가를 섭외하면 시간을 아낄 수 있고 더욱 빠르게 부자가 될 수 있으니 말이다. 그렇다면 어디서 전문가를 만나란 말인가?

그래서 P2P 펀딩에 대해 말하는 것이다.

이 꿈같은 일을 이루어줄 수 있는 방법이 P2P 펀딩이다. 100만 원, 아니 1만 원을 들고도 투자를 할 수 있는 것이 최근의 현실이다. 놀랍지 않은가? 최소 수천만 원은 들고 가야 투자도 하고 전문가와 상담도 할 수 있는 줄 알았는데, 투자도 하고 전문가의 의견도 들을 수 있다니, 소액투자자의 입장에서는 이만한 희소식도 없을 것이다.

이쯤에서 의문이 들 수도 있다. 투자자에게는 소액투자 및 전문가와의 상담이라는 메리트가 있다면, 대출자는? 어떠한 메리트가 있어 굳이 P2P 펀딩을 하겠는가? 지금까지 투자자 입장에서 접근했다면 시선을 잠깐 대출자 쪽으로 돌려보자, 새로운 시선으로 상황을 달리 보면 새로운 해결책이 보이기 마련이니 말이다.

대출자 입장에서는 금융비용이 최소화된다. 기존에는 연 20%의 고금리 대출이자를 내야만 그 정도의 자금을 융통할 수 있었다면, P2P 회사를 통해 대략 10% 정도의 중금리로 대출을 받을 수 있다는 이점이 있다. 그렇다면 투자자에게 돌아오는 이득이 줄어드는 것 아닌가? 천만의 말씀이다. 투자자는 애초에 그 정도 자금으로는 투자도 어려운 경우가 많을뿐더러, 끽해야 적금 정도 부을만한 선인데, 최근 적금 금리는 2~3% 수준이니, 서로 윈윈하는 전략이라고 할 수 있다.

당신이 여기서 알아야 할 것은 다섯 가지다.

① 전문가의 손을 거치지 않고 상가투자에 성공하기란 어렵다.
② 스스로 전문가가 되는데 드는 비용(시간+자금) 〉 전문가를 모셔오는 비용
③ 소액투자로 전문가를 만나는 유일한 길은 P2P 펀딩이다.
④ P2P 펀딩으로 대출자는 대출 이자를 낮출 수 있다.
⑤ P2P 펀딩으로 투자자는 적금 금리 이상의 수익을 보장받는다.

• 상가투자 P2P 펀딩, 대출자도 투자자도 윈윈하는 구조

어릴 적 친구들과 만화책방에 놀러 가서 주인아저씨 모르게 책을 돌려봤던 경험들, 한 번쯤은 있을 것이다. 필자는 만화도 빌리지 않고 두루 돌아가며 친구들 만화책만 돌려보다가 걸려 쫓겨났던 경험도 있다. 그래도 만화책은 보고 싶어 학교에 만화책을 가져오는 친구들에게 조금만 보여달라며 쉬는 시간마다 옆자리를 사수하기도 했다. 만화책이 아니면 비디오도 꽤 즐거운 유흥거리였다. 최근에는 비디오 기기 자체도 많이 사라져 비디오 대여점도 많이 사라졌지만, 우리 동네에서는 한 편 빌리는 데에 대략 400~500원이었다. 기한은 한 편당 이틀. 오늘 빌리면 다음 날까지는 반납해야 했는데, 어린 마음에는 그 400~500원조차도 얼마나 아깝던지 아쉬운 마음에 친구 여럿 빌려주다가 결국엔 체료를 더 내야 했던 기억도 있다.

그까짓 500원 할 수도 있겠으나, 당시 초등학생 하루 용돈이 1,000원 안팎이었고 그 돈으로 학교 앞 불량식품도 사 먹고 콩알탄도 사고 달고나랑 뽑기도 해야 했다는 것을 생각하면 500원짜리 비디오는 턱없이 비싸게만 느껴진다. 욕구를 모두 채우기에는 용돈이 부실했던 셈이다. 부족한 주머니 실정은 내가 대학에 간다고 나아지지 않는다. 직장이 생기고 돈을 벌어도 나아질 리는 만무하다. 아니, 오히려 내 힘으로 쥐꼬리만큼의 월급을 벌고 보니 더욱 아깝고 절실하게 느껴진다. 그러니까, 투자를 통해 부를 축적해야 한다는 것은 공부를 통해 파악했는데, 우리는 아직 구매할 만큼의 여력이 안 된 것이다.

P2P 투자에 대해 이야기하겠다고 멀리도 돌아왔다. 요즘은 만화책이든 영화든 직접 대여점을 방문하지 않고 온라인상에서 다운을 받을 수 있는 세상이다. 다해서 몇천 원이면 볼 수 있지만, 흔히 말하는 '어둠의 경로'를 이용하는 경우도 있다. 토렌트를 포함, 개인들 간의 파일을 주고받을 수 있는 사이트도 꽤나 많다. 이러한 방식을 바로 P2P라고 한다.

'P2P(Peer to Peer)'는 개인 간 뭔가를 주고받는 행위라는 뜻이다. P2P 투자는 여기에 '돈'을 거래한다는 의미로서의 투자가 붙은 개념이라고 이해해보면 쉽다.

상가투자시장도 예외는 아니다. 얼마든지 'P2P 금융'을 '상가투자'에 접목시킬 수 있다. '상가 P2P 투자'를 이용하면 초보자도 상가투자를 어렵지 않게 시작할 수 있다. P2P 투자에 상가투자가 붙어, '상가 P2P 투자'라고 불리는 이 개념은 상가를 담보로 개개인간의 거래가 이루어지는 행위라고 할 수 있다. 개인 간의 거래를 강조하는 이유는 여기에 기존 금융권을 배제한다는 의미가 담겨있기 때문이다.

즉 '상가 P2P 투자'는 많은 사람이 각각 소액을 모아 함께 상가에 투자하는 방법이다. 즉, 상가를 담보로 자금이 필요한 대출자와 투자 여력이 있는 소액투자자 다수가 연결되는 것이다. 대출자는 이전 금융권에 비해 더욱 싼, 합리적인 금리를 제공받을 수 있으니 좋다.

합리적이라고 표현하는 이유는 현재 우리나라의 금리 때문이다. 1~3 등급은 은행에서 3~7% 금리로 대출을 받을 수 있지만, 그 밖에 중□저 신용자들을 위한 저금리 대출은 거의 없다시피 하다. 주로 분양 매출이 100억 원 미만으로 적고 여러 조건에 걸려 시중은행의 문턱을 넘지 못해 대부업체 등에서 고금리 대출을 받아야 하는 중소 사업자들에게는 반

가운 소식이다. 시중은행 예금처럼 투자금 보호가 되지 않아 '위험한 투자'로 꺼려질 법한데도, 저금리로 갈 곳 잃은 자금들이 몰리면서 부동산 P2P 시장은 점점 성장하고 있다. 이렇게 대출자가 내는 대출 이자가 곧 투자자에게 돌아가는 투자수익인데 물론 투자자는 은행 예·적금 상품에 비하면 훨씬 높은 수익을 보장받을 수 있어 매력적이다. 돈을 빌려준 투자자에겐 10%대 수익을 보장하고, 빌리는 건축업자들에겐 10% 내외 중금리를 제공하는 덕에 양쪽 모두에서 호응이 좋다.

　이렇게 투자자와 대출자를 연결하는 주체가 바로 P2P 중개회사다. P2P 회사는 온라인 홈페이지를 통해 대출자와 투자자를 연결하는 역할을 한다. 이때 저금리 대출이 가능한 이유가 바로 온라인으로 서비스를 하기 때문이다. 비용을 낮추고 투자자가 물건 확인 및 투자 과정을 편리하게 하고, 대출의 경우 위험에 대한 책임을 각각의 투자자가 지되 대신 소액 투자가 가능하게 함으로써 위험을 분산할 수 있다. 이는 모든 이가 서로 이득을 보는 상생 구조로 새로운 모델의 금융 서비스라고 하겠다. 부동산 시장에서 P2P에 주목하는 데에는 그만한 이유가 있는 것이다.

　정리하면 투자자 입장에서 '상가투자 P2P'의 장점은 낮은 수수료로 인한 높은 수익률, 소액투자를 통한 위험 분산, 편리한 물건 확인 및 투자 과정 등을 꼽을 수 있다. 대출자 입장에서 장점은 빠른 검토 과정, 대출의 경우 역시 낮은 수수료로 인한 낮은 이자율 등 많은 이점이 있다. 그리고 이는 온라인상에서 이루어진다는 장점 때문에 가능한 일이다. P2P 펀딩이 무엇인지, 어떠한 모델로 운영되는지 더욱 자세한 이야기는 이다음 파트에서 다루도록 하자.

• 부실한 개미조차 뭉치면 서로서로 힘이 된다

정보가 부족하다고 사람이 욕심이 없으랴.

그렇다고 리스크를 감당할만한 '깡'이 있는 사람들만 투자하는 것도 아니다. 안정성이 확보된 상황에서, 고수익을 올리고 싶은 것이 초보부터 고수까지 모든 투자자의 마음이다. 이 문제를 보완할 수 있다는 장점을 가진 것도 P2P 펀딩이다.

개미 한 마리는 약할지언정, 개미 여럿이면 상당한 힘이 된다.

2017년도 즈음부터 우리나라에는 비트코인이 급부상했었다. 코인의 가치가 천정부지로 치솟으면서 전 세계적으로 비트코인 붐이 불었다. 그러나 간 보고 이리저리 재다가 느지막하게 비트코인 열차에 탄 투자자들은 결국 피를 보고야 말았다. 이러한 상황이 벌어지면서, 투자자들은 더욱 안전성이 확보된 고수익을 찾게 된다.

[핵심은 안전성!]

아이러니하게도 덕분에 P2P 투자에 대한 관심도가 부쩍 늘었다. 'P2P 펀딩'은 투자에 P2P 방식을 결합했다. 때문에 보다 안전하다. 리스크를 여럿이서 나누어지고 가기 때문에 실패에 대한 위험 부담이 대폭 줄어든다. P2P 펀딩이 부흥하고 있는 이유도 이것이다. 소액으로도 참여할 수 있다는 점이, 그리고 위험 부담 또한 혼자 지지 않는다는 점이 굉장한 메리트라고 볼 수 있겠다.

안전성이 확보된 상품이라는 점은 어마어마한 이점이다. 예를 들어, ㈜월세드림은 부동산을 선매입하여 고정 수익인 월세를 투자자들에게 돌려주는 수익구조를 차용하고 있다. 차후 월세 미납으로 인한 투자자 원금 상환 및 수익 배급에 차질이 생길 가능성도 함께 고려하는 것이다. 이때는 보증금 및 자사 부동산 매각 등의 방법으로 안정성을 확보할 수 있다는 특징이 있다.

또한 투자기간이 평균 8개월 정도로 매우 짧은 편에 속한다. 게다가 신용대출과 달리 부동산이 담보로 돼 있어 더욱 안정적이다. 고액의 투자자들은 틈새 투자처로 활용하고, 소액투자자들은 오랜 기간 묵히며 전전긍긍할 필요 없는 간단한 투자처라는 점 덕분에 많은 투자자들의 관심을 불러일으키고 있다.

[소액투자로 최대수익!]

게다 이 방식은 대출자금을 대는 투자자들에게 '고수익'으로 관심을 끄는 데 성공했다. 대출금리가 투자자들 입장에서는 곧 수익률이다. 대부분의 업체들은 연평균 수익률 목표를 13~18%로 잡는다. 1~3%대에 불과한 은행 예금은 비할 바도 못 되고, 웬만한 금융 투자상품보다도 월등히 높은 수익률이다. 소액투자치고는 상당한 고수익을 낼 수 있는 투자인 것이다.

수수료 또한 확인해야 한다. 수수료를 제하고 내 수중에 들어오는 이익이 얼마인지 따져보아야 하기 때문이다. 투자자들은 매달 이자를 받고 대출자들이 계약 기간 후 돈을 상환하면 원금을 돌려받는다. 일반적으로 P2P 업체들은 이런 연결 고리 역할을 한다. 투자자한테 투자액의 1%선, 대출자로부터는 0~3% 정도를 수수료로 받는다. 수수료가 그리 높지 않은 업체들도 있다. 예를 들어 ㈜월세드림은 명시된 투자 수익률이 타 P2P 펀딩 업체에 비해 낮은 편이지만 플랫폼수수료가 없는 장점이 있다. 때문에 실제 수령하는 수익금은 차이가 없거나 미미하다.

내가 투자자라고 해도 대출자 입장에서 좋은 회사인지도 따져보아야 한다. P2P는 말 그대로 다른 사람에게 내 돈을 빌려주는 것인데, 그 높은 금리와 리워드는 대출자 입장에서 부담이 되기 때문이다. 이 부담을 이기지 못하고 부실화하거나 연체가 날 수도 있기 때문에 고수익을 내되 일정선 이상을 넘지는 않는 업체가 좋다.

또한, 초보투자자들의 경우 전문가가 반드시 필요하다.

이 전문가를 쉽게 만나고 조언을 들을 수 있는 곳이 바로 P2P 펀딩이다. 물론 업체가 제시하는 상품설명을 확인한 뒤 이 상품의 구조를 이해할 수 없다고 생각되면 절대 투자하지 말아야 한다. 어느 정도 본인의 이해도는 가지고 가야 한다. 원금 보장이 되지 않는 상품인 만큼 자신의 책임이 가장 중요하기 때문에 스스로 P2P 펀딩에 대해서 공부하는 것이 중요하겠다.

P2P 펀딩이란 무엇인가

「월급이 통장에 묻었다.
쓱 지우니 쓱 닦이는 먼지처럼.」

직장인이라면 공감할만한 문구다. 묻었다는 표현이 가능할 정도로 적은 월급에 대한 비유다. 들어오는 곳은 한정적인데 나갈 곳은 왜 이렇게 많은지. 여유 자금이 적으니 투자를 경험해볼 엄두조차 나지 않는 것이 직장인의 현실이다. 연차는 점점 높아져 가는데, 모아놓은 돈은 없고 재테크 지식도 없다. 사회초년생 시절부터 기초를 닦아오지 않은 탓이다. 그러다 보니 이제는 어디 가서 기초 좀 알려달라고 하기도 이제는 쑥스럽다.

요즘 사회초년생들은 '짠테크'라고 해서 다양한 방법으로 종잣돈을 마련한다. 월급의 80%를 꼬박꼬박 저축하고 남은 돈으로 어떻게든 한 달을 버틴다거나, 또는 '적금 풍차 돌리기'와 같은 방법으로 열두 달간 적금을 새로 붓고 매달 만기 통장을 받기도 한다. 매일 커피 한 잔 값, 외식비, 충동구매하지 않은 옷값 등을 아껴 저축하는 통장을 만드는가 하면 어플리케이션을 다운로드받고 간단한 미션을 수행하여 포인트 보상을 받는 방식의 앱테크를 하는 경우도 있다. 요즘 젊은 세대가 돈을 모으는 방식이다.

어떻게 보면 눈물겹고 어떻게 보면 짠내가 나도록 목돈을 마련해 나간다. 월 150~180만 원을 간신히 받는 사회초년생조차도, 팍팍한 생활 속에서도 건강한 경제관념을 유지하며 이렇게 미래를 준비하고 있다. 하물며 소액이나마 투자금을 모은 당신, 어떻게 해야겠는가? 이제 투자자로 들어서는 직장인들에게 말한다. 소액이라고 굴리지 않고 놓아두면 수입은 영원히 0원이다. 그래서 우리는 P2P 펀딩에 대해 알아야 한다.

• 투자를 모른다면? P2P 펀딩에서 기초부터 닦아라

투자를 고민하는 분 중 이런 대답을 하는 경우가 상당수다.
"해보고는 싶은데 어떻게 시작해야 할지 전혀 모르겠어요."
투자를 처음 접할 때 우리는 투자를 생소하고 낯선 것으로 느끼곤 한다. 그리고 막연한 두려움을 느끼는 경우도 있다. 아무래도 돈이 걸려 있다 보니 원금을 잃으면 어쩌나 하는 생각에 겁을 내는 것이다. 또는, 이 생각은 '투자는 목돈을 마련해서 해야 한다'는 고정관념의 산물일 수 있다. 이 때문에 소액은 은행에 묵혀두는 경우가 많다. 그러나 거액을 모으고 나서야 투자를 시작하려고 보면, 너무 늦게서야 투자를 배우게 될 가능성이 크고 또 어렵사리 모은 돈을 쉽게 날리고 상심하여 투자 자체에 흥미를 잃어버리는 경우도 있다.

[막막하기만 했던 투자, P2P 금융에서 배우다]

앞서 말했듯, 목돈을 마련하고 나서 투자하려고 하면 늦다. 그렇다고 소액으로 투자하자니 어디서 받아줄지 막막하다. 그렇다고 전문적인 지식도 없이 아무 곳에서나 투자를 시작하기에는 겁이 난다. 대부분 초보투자자들이 하는 고민이다. 이들에게 필요한 것이 바로 P2P 펀딩이다.

P2P 금융은 Peer To Peer finance의 약자다. 'Peer To Peer finance', 대출자와 투자자를 직접 연결한다는 의미다. 중간에서 P2P 플랫폼 업체가 투자자와 대출자 사이에 돈이 오가도록 도와주는 서비스를 P2P 펀딩이라고 한다. 쉽게 설명하자면, 10%의 이율로 돈을 빌리고 싶은 대출자가 있고, 9%의 수익을 얻고 싶은 대출자가 있다면 이들을 중개해주고, 플랫폼에서는 금리의 차액인 1%를 수수료로 받아간다.

[은행과의 차이는 무엇일까?]

그렇다면 은행과 P2P 펀딩 회사는 같은 역할을 하는 것이 아닌가? 맞다. 은행은 예금이라는 형태로 똑같은 과정을 거친다. 돈이 있는 사람들은 투자가 아니라 예금을 하고 이자를 받는다. 대출자는 이자를 지불하고 은행에서 돈을 빌린다. P2P 금융 프로세스는 은행과 다를 바가 없다. 차이가 있다면 은행은 불특정다수를 대상으로 하고 플랫폼은 투자자의 선택에 의지한다는 점 정도다. 그렇다면 굳이 P2P 플랫폼을 이용해야 할 이유가 있을까? 있다. 투자자 입장과 대출자 입장으로 나누어서 살펴보자.

투자자의 입장을 먼저 살펴보자. P2P 펀딩은 소액투자자에게 더할 나위 없이 좋은 기회다. ① 은행보다 높은 이율로, ② 전문가의 분석을 토대로 한 ③ 소액투자가 가능하기 때문이다. 이 세 가지 조건 안에 투자의 주요 조건인 고수익과 안전성이 모두 들어있다. 물론 다른 투자상품에 비해 펀딩이 높은 수익률을 자랑하는 것은 아니다. 그러나 소액은 은행에서 이자를 받는 방법 외에 수익을 낼 방법이 거의 없다는 점을 감안하면, 8~10%의 이자율은 1%의 은행 이자에 비해 상당한 고수익이다. 또한 플랫폼을 통한 상품의 예상 수익률, 위험성, 안전장치, 투자상품에 대한 정보까지 제공받을 수 있다.

이번에는 대출자 입장에서 살펴보자. P2P 플랫폼 주 이용층은 중금리 중신용 대출자인데, 이들은 제1금융권인 은행에서 낮은 금리로 돈을 빌릴 수 없는 축에 속한다. 이들은 저축은행이나 대부업체에서 돈을 빌려야 하는데 상당히 고금리이기 때문에 부담스럽다. 그러나 플랫폼을 이용하면 10%대의 중금리 대출을 지원받을 수 있다는 장점이 있다.

[P2P 펀딩과 크라우드 펀딩, 다른 것인가!?]

P2P 펀딩을 간혹 크라우드 펀딩과 혼동하기도 하는데, 개념 정립을 위해 차이를 잠시 비교하고자 한다. 결론적으로 말하면 P2P 펀딩은 크라우드 펀딩의 세부적 형태 중 하나라고 할 수 있다. 크라우드 펀딩은 ① 후원형, ② 대출형, ③ 증권형으로 나눌 수 있다. 1번, 후원형 펀딩은 대중들의 힘을 모아 특정한 프로젝트가 완성될 수 있도록 돕는 것으로, 투자가 아닌 후원의 개념이다. 따라서 후원자들은 금전적인 대가를 바라지 않는다. 3번, 대출형 펀딩이 바로 P2P 펀딩이다. 개인 또는 기업이 다수에게 돈을 빌리고 사업을 꾸려 이윤을 낸다. 여기서 투자자들에겐 이자라는 금전적 보상이 돌아온다. 3번, 증권형 펀딩은 투자자들이 증권을 구입하는 형식이다. 투자자들에게 이자 외에도 배당금으로 보상을 할 수 있다. 주로 코넥스에도 상장하기 어려운 신생 기업이 증권거래를 하기 위한 시장이라고 하겠다.

여기서 보통 생각하는 투자의 형태는 증권형 펀딩일 것이다. 증권형 펀딩은 코넥스 또는 코스피 상장 기업을 대상으로 하는 증권투자와 형태가 유사하나 신생 기업이다 보니 리스크를 일면 안고 간다는 단점이 있다. 투자 입문자들은 금전적 부담으로 인해 증권투자를 하기도 어렵거니와, 정보의 부족으로 인해 증권형 펀딩에 손을 대기조차 어렵다. 대출형 펀딩(P2P 펀딩)은 증권 형식을 갖추기 전 단계의 모델이라고 할 수 있다. 실제 본격적인 투자시장에 뛰어들기 전에 경험을 쌓기에는 최적의 투자 모델이라고 할 수 있다.

• 대출자도 투자자도 P2P 시장을 찾아야 하는 네 가지 이유

투자자는 돈이 있다. 이 돈을 그냥 가지고 있을 수도 있고, 또는 저축할 수도, 투자할 수도 있다. 그냥 가지고 있으면 그대로 있을 것이고, 저축하면 이자가 붙어 약간의 이윤을 남길 수도 있을 것이다. 투자하면 투자처에 따라 이익을 볼 수도 있고, 손해를 볼 수도 있다. 그렇다면 어떻게 하는 것이 가장 좋을까?

투자하든 안 하든 시간은 흐르고, 지금 이 순간에도 '돈'의 가치는 지속적으로 변한다. 물가가 오르고 최저임금이 지속적으로 오르는 것처럼, 노동의 가치는 점점 더 상승하고 있다. 바꾸어 말하면 노동과 맞바꾼 '돈'의 가치는 그대로 두면 떨어지기만 한다는 뜻이다. 따라서 저금통에 넣어두는 것보다, 예금 금리 1%를 받으며 은행에 맡기는 것보다 투자하는 것이 그 가치를 상승시키는 가장 좋은 길이라는 의미다.

물론 무턱대고 투자를 할 수는 없다. 무조건 고수익을 노리고 투자하면 감당해야 할 리스크가 커진다. 또한 투자 전문가가 아닌 이상 어떤 곳에 투자하는 것이 좋은지 판별할 길이 없기도 하다. 투자하면 집안 거덜 난다는 옛말이 나온 것도, 정확히는 '묻지마 투자'를 했기 때문이다. 전략적이고 현명한 투자는 개인이 부를 축적하고 경제를 활성화하는 데에 이바지한다. 투자를 하되 전문가를 통해 자신에게 알맞은 상품을 고르는 것이 좋다.

P2P 투자를 해야 하는 이유는 사실 앞서서 모두 설명한 것이나 다름없다. 다만 조금 더 명확하게 장점을 가시화하기 위해 네 가지로 나누어 정

리해보겠다.

① 평균 8%에 달하는 높은 수익률

P2P 투자의 가장 큰 장점이 바로 여기에 있다. 투자자 입장에서 살펴보자. 은행권 예금 금리는 현재 연 1%에서 벗어나지 못하고 있다. 물론 다른 고수익 투자를 통해 20~30%까지 수익을 내는 경우도 있을 것이다. 그러나 전문투자자가 아닌 이상 초보투자자들 입장에서 이는 요행을 바라는 것이나 다름없다. P2P 펀딩 플랫폼을 활용하면 전문가의 조언도 들으면서 안전하게 투자도 할 수 있다. 리스크가 대폭 줄어들고 수익도 기대할 수 있다는 점에서 P2P 펀딩의 장점이 부각된다.

게다가 평균이라 함은 그 이상도 달성 가능하다는 이야기다. 투자상품에 따라 수익률은 차이가 나는데, 일반적으로 개인에게 돈을 빌려주는 신용대출이 있고 부동산이나 기업 프로젝트, 또는 오피스텔 및 상가 등에 투자하는 개념이 있다. 개인신용대출은 8~10%, 여타 투자상품은 10~15%까지 기대해볼 수 있다.

② 간단한 투자과정

P2P 투자는 투자를 처음 하는 이들에게 가장 적합한 투자 방식이다. 소액투자 시도가 가능하며 전문가의 조력이 동반되기 때문이다. 또 상품의 구조가 간단하여 투자금을 입금하고 상환일에 원금과 이자를 주기적으로 받을 수 있다. 또한 투자 기간 동안 수익률의 변동이나 투자 항목의 변동이 없어 수익에도 변동이 없다. 투자 중간에 수익을 분석하거나 종목에 대해 고민할 필요가 없어 편하다는 장점도 있다.

③ 소액으로도 얼마든지

P2P 투자에 필요한 최소 금액은 1만 원에서 10만 원까지다. 물론 그 이상도 가능하다. P2P 펀딩의 장점은 자금이 넉넉하지 않은 사람도 소액으로 투자를 시작할 수 있다는 점이다. 소액투자의 중요성은 누차 이야기했을 것이다. 목돈을 마련해서 투자해야겠다고 생각한다면 목돈이 마련된 그때는 이미 늦었다. 금융시장은 그렇게 넉넉히 우리를 기다려주지 않는다. 당신이 목돈을 만드는 동안 이미 수차례, 몇 배로 돈을 불릴만한 아이템이 지나갔을 것이다.

④ 다양한 투자상품

P2P 펀딩에는 상가투자 말고도 다양한 상품이 존재한다. P2P 시장은 초기에는 개인신용대출에서 시작되었다. 그러나 점차 P2P 펀딩의 장점이 부각이 되고 투자 영역이 넓어지면서 부동산 담보 대출, 프로젝트 파이낸싱대출, 소상공대출 등 새로운 상품이 생겨났다. 이는 기존에 소액투자자들이 접할 수 없었던 영역을 더욱 넓혀주고 선택권을 늘려준다는 점에서 확실히 긍정적인 요소라고 할 수 있다. 물론 전통적인 상품을 제외하고는 그 안전성을 검증받는 단계인 경우도 있어서 투자자의 신중한 검토가 필요하다는 점을 잊어서는 안 되겠다.

• P2P 투자상품에도 종류가 있다

앞서 언급한대로, P2P 펀딩 투자상품은 다양하다.

다양한 상품이 있다는 것은 그만큼 선택지가 넓고 P2P 펀딩이라는 시장이 점점 성장하고 있음을 의미한다. 크게 세 가지로 나누어보면 ① 개인채권투자, ② 기업·사업투자 ③ 부동산파이낸싱 투자로 나눌 수 있다. 상가투자는 당연히 부동산파이낸싱 투자에 속한다. '상가투자'라는 종목을 정해놓고 시작했지만, P2P 펀딩의 개념을 설명하기 위해 다른 상품들은 어떤 특징을 가지고 있는지, 대표적인 업체는 어떠한지 알아보기로 한다.

[개인채권투자]

P2P 펀딩을 이용하는 대출자는 기업이나 사업자만이 대상은 아니다. 대출을 받고 싶은 개인 또한 P2P 펀딩을 이용할 수 있다. 개인사업자는 물론이고 학생이든 직장인이든 누구든지 대출을 신청할 수 있다. 물론 이 경우에는 돈을 빌려야 하는 경위, 상황, 현재 자금 상황, 소득, 신용정보, 연체 경험 등 금융 관련 정보를 낱낱이 밝혀야 한다. 투자자 입장에서 이러한 정보가 모두 리스크에 해당하기 때문이다.

이를 감안하고서라도 이윤을 남길 수 있으리라는 판단이 들면, 투자자는 투자를 결정할 수 있다. '개인이 빌리는 것인데, 과연 상환이 이루어질 수 있을까?' 하는 의문이 들 수도 있겠다. 하지만 의외로 성실하게 갚아나가는 사람들도 적지 않다. 게다가 1:1로 한 사람에게 온전히 내 돈을 다

빌려주는 것이 아니라, 빌려주고 싶은 만큼만 빌려주고 이자를 받아나가는 것이다. 대출자도 부족한 부분은 다른 투자자에게 받을 수 있다. 이러한 분산도에 따라서 투자자가 감당해야 할 리스크도 줄어들기 때문에 꼭 위험하게만 생각할 것은 아니다.

대표적인 개인채권 P2P 투자업체로는 8PERCENT, LENDIT, hf어니스트펀드가 있다. 세 업체는 개인 채권과 안정성이 보장된 채권을 적절히 섞어 투자자의 성향에 맞게 포트폴리오까지 제공하기 때문에 투자자들 사이에서 인지도와 신용도가 높은 편이다.

[기업·사업투자]

특정한 프로젝트를 하고 싶은데 돈이 없다면, 기업에서 P2P 대출을 신청하기도 한다. 아마도 가장 활발하게 이루어지는 펀딩이 이 분야일 것이다. 이때 회사의 자산이나 매출 채권을 담보로 한다. 은행이나 제3금융권에서 고금 대출만 가능한 신생 기업 또는 여타 기업에서 P2P 대출을 이용한다. 개인 채권투자와 차이점은 상환 기간이 짧다는 점이다. 상환 기간이 짧다는 것은 수익이 단기간에 결정 난다는 의미이기도 하다. 수익이 났다면 단기간에 확보할 수 있으며, 수익을 내지 못하더라도 담보를 매각하여 빠르게 손해를 회복할 수 있다.

최근에는 꽤 재미있는 담보물들이 등장했는데, 판매 예정인 상품을 담보로 투자금을 모집하는 형태의 상품이 등장했다. 예를 들어, '소형청소기'를 만드는 회사에서 홈쇼핑 방송을 해야 하는데, 방송에 내보낼 자금이 부족하다고 해보자. 이때 P2P 대출을 이용하는데, 담보를 '소형청소기' 재고로 거는 것이다. 이를 홈쇼핑투자라고 한다. 이외에도 판매 예정인 고가품, 중고차나 스마트폰 등을 담보로 투자금을 모집하기도 한다. 이렇게 기업·사업투자를 중심으로 대표적인 업체로는 POP FUNDING, FUNDA가 있다.

[부동산 파이낸싱 투자]

'상가투자'가 속한 P2P 펀딩의 꽃, 부동산 파이낸싱 투자를 소개하겠다. 실제로 최근에 가장 인기 있는 투자 형태이기도 하다. 애초에 부동산이라는 분야는 고액이 필요한 분야다. 때문에 소액투자자들이 끼어들 틈이 없는 투자처이기도 했다. 하지만 투자는 다양하게 진화해왔다. 상품을 담보로 홈쇼핑 투자상품이 등장한 것처럼, 건축주가 건축될 부동산을 담보로 걸고 P2P 대출을 받기도 한다. 1군에 큰손들이 존재하고 그들의 선택에 따라 개미투자자들이 휘둘리는 형태가 아니라, 개미투자자 여럿이서 모은 소액이 거대 자금을 형성하고 이것이 부동산 시장에 투입되는 것이다.

만약 만기 상환이 되지 않았다고 하더라도 투자자들은 저당권을 잡아둔 부동산 매각 수익으로 원금을 회수할 수 있다. 부동산 파이낸싱 투자의 장점은 다른 P2P 상품보다 고수익을 올릴 수 있다는 데에 있다. 누구나 알다시피 부동산 개발은 수익률이 높은 편이다. 때문에 부동산 파이낸싱 투자 수익률만 어림잡아도 10~15% 정도라고 산출된다.

대표적으로 테라펀딩, ㈜월세드림이 있다. 회사마다 상이할 수는 있으나 고수익에 따르는 리스크 관리 능력이 플랫폼의 실력이라고 볼 수 있다. 예를 들어 돈을 받을 가능성이 적은 선순위 담보를 제공한다거나, 대출 금액을 특정 LTV 비율 내로 한정하는 방식으로 안전성을 높일 수 있다.

• P2P 투자를 시작해보자

본격적으로 P2P 펀딩을 시작한다면 어떤 것을 먼저 해야 할까?

여러 설명으로 인해 P2P 펀딩에 대해 약간은 친숙한 느낌을 받았을지도 모르겠다. 그러나 막상 시작하려고 생각해보면 무엇을 먼저 해야 할지 막막할 것이다. P2P 업체는 굉장히 다양하고 그 안에서 만날 수 있는 금융 상품 또한 다양하다. 업체에 따라, 그리고 금융상품에 따라 얻을 수 있는 메리트가 천차만별이다. 따라서 투자하기 전 업체와 상품의 선별은 상당히 중요한 문제다. 투자의 시작부터 마무리까지, 어려운 과정은 아니나 한번 알아보기 쉽게 정리해보았다.

① 상품의 선별

한 번 더 강조하자면, 필자는 상가투자를 생각하는 이들에게 P2P 펀딩 형식의 소액투자를 권하고 있다. 직장을 그만두고 이제 투자를 통해 거액을 벌어보라는 거창하면서도 허황된 메시지를 전하는 것이 아니다. 현실적으로 직장인들에게는 월급처럼 매달 고정 수익이 들어오는 것이 중요하다. 하지만 월급만으로는 노후 대비가 어려운 것이 현실이다. 따라서 새로운 고정 수입의 판로를 뚫으라는 것이 이 책의 요지다. 때문에 P2P 상품은 여기서 '상가'로 한정하고자 한다.

② 업체 선정

상품을 정했다면 이제 업체를 선정해보자. P2P 펀딩 붐이 일어난 뒤로 정말 수많은 P2P 플랫폼이 생겨났다 없어지곤 했다. 그만큼 P2P 펀딩에 대한 수요가 많아지고 있다는 증거다. 문제는 넘쳐나는 업체 중에서 어떤 곳을 선정하는 것이 좋으냐는 것이다. 아직 자신에게 맞는 업체를 고를만한 안목이 없는 초보투자자는 오히려 혼란에 빠지게 된다.

이러한 고민을 원천차단하기 위해 상품을 먼저 고른 것이다. 자세히 살펴보면, P2P 플랫폼이라고 해서 다 같은 플랫폼이 아니다. 어떤 곳은 전문성과 체계를 갖췄지만, 어떤 곳은 중구난방으로 정리되지 않은 곳도 있다. 그리고 조금만 더 자세히 들여다보면, 특정 상품에 특화된 업체도 있다. 상품을 미리 선정해놓고 보면 그 차이가 빠르게 보인다. 예를 들어, '상가'를 상품으로 골랐다면 ㈜월세드림이라는 업체가 눈에 더 쏙 들어올 것이다. 이름부터 '월세'를 받게 해주겠다는 업체의 야심 찬 포부가 보이기 때문이다. 다른 투자상품도 있겠지만, 이러한 곳은 '상가투자'가 메인 아이템이구나 하고 확실히 드러난다.

③ 투자 전용계좌 발급 및 예치금 입금

업체를 선정했다면 이다음부터는 어렵지 않다. 사이트에 방문하여 회원 가입을 하면 된다. 플랫폼마다 다르겠지만 수순에 따라 투자를 위한 전용계좌를 발급받는다. 이후 이 계좌를 통해 투자하고 싶은 만큼의 금액을 예치할 수 있다. 계좌는 한번 개설하면 한 플랫폼 안에서 여러 상품에 자유롭게 투자할 수 있다. 플랫폼을 옮기고 싶다면 새로운 계좌를 만들어야겠지만, 여러 상품에 투자하고 싶다면 그것에 맞게 금액만 입금하면 된다. 수익금 또한 이 전용계좌를 이용하여 입금된다.

④ 투자 대상 고르기

상품을 '상가'로 정했다곤 하나 투자 대상을 골라야 할 것이다. 사실 이 부분은 플랫폼 선정 후 전문가의 조언을 바탕으로 결정되어 있는 경우가 다수다. 실제로 P2P 플랫폼에 가입한 후에 상품 목록을 확인하려고 하면 이미 마감이 되어 있는 경우가 많다. 내가 보기 좋은 떡은 남이 보기에도 좋기 때문에 특정 상품은 업로드와 동시에 마감되기도 한다. 이와 같이 특수한 경우를 제외하고는 P2P 플랫폼 내에서 투자를 유치하는 상품 목록을 쉽게 확인할 수 있다.

만약 꼭 원하는 상품이 있어 놓치고 싶지 않다면 신규 상품이 업데이트될 때 알림으로 알려주는 서비스를 신청하는 방법도 있다. 대부분의 사이트에서 제공하나 사이트 선정 이전에 이처럼 디테일한 부분까지 확인해본다면 더욱 상가투자가 수월하다.

⑤ 투자 실행

투자 대상을 골랐다면 상품 정보를 살펴야 할 것이다. 이때 플랫폼 내 펀딩 전문가들이 제공해주는 의견이 상당히 유용하다. 관심 없는 상품이라도 조금이나마 고른 상품과 관련성이 있다면 되도록 한 번쯤 전문가의 의견을 눈여겨 보아두길 바란다. 본인이 고른 상품 분석만 보고서는 알 수 없는 새로운 견해를 배운다는 장점이 있기 때문이다.

투자상품에 대한 정보가 어느 정도 모이고 분석도 끝났다면 이제 투자처를 고른 뒤, 원하는 금액만큼 투자를 실행하면 된다. 금액 선정 시 우리가 소액투자에 목적이 있다는 것을 잊지 않았으면 한다. 1만 원도 투자 가능한 것이 P2P 펀딩이다. 우리가 P2P 펀딩으로 상가투자를 하는 이유는 투자의 입문 단계에서 생기는 한계를 극복하기 위함이다. 물론 사람마다 소득 수준에 따라 소액의 기준이 다를 수는 있겠다. 처음부터 무리한 금액을 투자하는 것보다 차근차근 서비스를 이용해보면서 믿을 수 있는 업체 및 상품이라는 것이 입증되면 투자금을 올리는 방식이 좋겠다. P2P 투자의 장점을 마음껏 만끽하기를 바라는 마음에서 우러나온 현실적 조언이다.

⑥ 수익금 회수하기

투자를 실행한 후에 투자자는 사실 크게 할 일이 없다. 상환스케줄이 미리 공고되는데 그에 따라 기업으로부터 원리금을 상환받으면 되기 때문이다. 수익금은 앞서 이야기한 대로 예치금 계좌를 통해 입금된다. 이 수익을 어떻게 활용할 것인가는 투자자에게 달린 일이다. 보통 P2P 펀딩으로 수익을 본 사람들은 다른 상품에 재투자하는 방식으로 매달 '풍차 돌리기'형 수익을 얻기도 한다. 물론 내 원래 계좌로 회수하고 싶다면 회수해도 좋다. 은행 계좌에 묵혀두면 그 가치는 떨어지지만 재투자하면 그 가치가 계속 변화한다는 점을 감안하여 결정하기를 바란다.

만약 만기일까지 상환되지 않는다면 어떻게 할 것인가?

상환되지 않은 금액은 이자가 붙어 그다음에 상환 때 조금 더 높은 이율로 갚아야 한다. 그러나 계속 상환이 되지 않는다면? P2P 업체의 도움이 필요하다. 각 P2P 업체에서 채권추심절차를 밟게 된다. 또는 담보매각 절차를 수행하여 투자금을 최대한 회수한다. 이 과정은 투자자에게 메일 등을 통해 자세하기 고지하도록 규정되어 있어 그 과정을 투자자가 알 수 있다.

• 언제나 조심, 또 조심! P2P 투자라고 방심하면 안 되는 이유

분명히 해두자면, P2P 펀딩은 장점이 많은 투자상품이다. 그러나 후회 없는 투자를 하기 위해서 제일 먼저 해야 할 일은 부작용이나 단점 등을 알아보는 것이다. 돌다리도 두들겨보고 건너서 나쁠 것은 없고, 나쁜 일을 당하는 것은 한순간이지만 금전적 복구는 오래 걸리고 그 상처는 평생 가기 때문이다. 누차 이야기하지만, 필자는 P2P 펀딩 전문가로서, 이 책을 고른 독자들이 되도록 상처 없는 성공적인 투자를 하기를 원한다. 그래서 아래 단점을 얘기하고자 한다.

① 투자수익과 원금이 보장되지 않는다

사실 이는 모든 투자상품이 동일한 것이다. 그럼에도 굳이 한 번 더 명시하는 이유는 앞서 은행 '예금'과 비교해왔기 때문이다. 아무리 다른 투자에 비해 안정성이 높다고는 해도, 엄연히 P2P 펀딩 또한 투자상품이기 때문에 원금이 보장되는 은행과는 다르다는 점을 반드시 인지해야겠다.

최악의 시나리오를 가정하였을 때, 대출 상환이 예정대로 이루어지지 않고 이를 회수하는 것조차 어려워진다면, 원금을 날리는 경우가 있을 수 있는데, 이는 어느 누구도 책임져주지 않는다. 물론 플랫폼에서는 투자상품의 리스크를 평가하고 상품을 오픈한다. 또한 투자자들에게 다양한 정보를 제공한다. 그러나 선택까지 플랫폼에서 강요하는 경우는 없다. 선택은 투자자의 몫이다.

따라서 투자자는 본인의 책임을 인지하고 투자에 임해야 한다. 물론 플랫폼 내에 수익성 있고 안전한 상품이 있는가 역시 별개의 문제이다. 이러한 점에서도 투자자들은 P2P 펀딩 플랫폼을 선정할 때, 역량 있고 신뢰할 수 있는 업체를 신중히 골라야 한다.

② 수익에 대한 세율을 인지할 것

기존 금융기관을 이용하여 투자하면 이자수익에 15.4%, 배당 수익의 경우 5%의 세금이 붙는다. 그러나 P2P 투자로 인한 수익은 그에 비해 높은 비율의 세금이 붙는다. P2P 수익은 '비영업대금에 대한 소득'으로 취급되기 때문이다. 소득세만 25%, 그리고 그에 해당하는 지방소득세 2.5%까지 도합 27.5%를 세금으로 공제한다. 수익의 1/4 이상이 세금이기 때문에 이 점을 모르고 있으면 당황스럽기 마련이다. 모든 수익에는 세금이 붙는다는 사실을 인지하자. 그리고 어떠한 경위로 얻은 소득이냐에 따라 세율이 다르다는 점도 기본 중의 기본, 상식 중의 상식이다. 이 점을 항상 유의하며 수익률을 계산하길 바란다.

③ 플랫폼마다 다른 이용수수료, 광고에 유의할 것

한 가지 더 알아두어야 할 것은 P2P 플랫폼 이용수수료다. 이것저것 떼고 나면 내가 생각한 것보다 수익이 나지 않아 사기당했다고 생각하는 경우가 많은데, 이는 사기와 엄연히 다르다. 처음부터 이 점을 투자자가 인지하고 들어가는 것이 옳다. 요즘은 대부분의 P2P 플랫폼에서 세금과 수수료를 제외하고 실질수익률을 제공하는 편이지만, 간혹 투자자를 많이 끌어모으기 위해 세전 수익률로 홍보하는 경우가 있다. 따라서 플랫폼 업체를 정하기 전에 세후 수익률이 어느 정도인지 먼저 물어보고 시작할 것을 권한다.

④ 플랫폼 회사가 믿을만한 곳인지 확인하자

플랫폼 회사에 대한 이야기가 나온 김에 한 가지 더 주의 사항을 일러두고자 한다. 사기에는 두 가지 종류가 있다. 한 편으로는 처음부터 투자자들을 속이기 위해 접근하는 케이스, 또 다른 한 편으로는 의도치 않게 투자자들의 투자금을 날려버린 케이스다. 말 그대로 의도는 좋았지만 실력이 없어서 본의 아니게 사기를 친 셈이 되어버린 케이스다. 투자자로서 조심해야 할 부분이 이것이다. 믿을만한 플랫폼인지 선별해내는 것.

P2P 플랫폼을 신설하는 데에는 그다지 자본이 많이 투여되지 않는다. 특별히 사무실이 필요한 것도 아니며, 투자자와 대출자를 연결만 하면 되다 보니 홈페이지 하나만 만들어도 운영의 기본은 갖춘 셈이 되고 만다. 그로 인해 요즘은 다양한 P2P 플랫폼 업체가 들어섰다. 시장에 뛰어드는 회사만 수백 개에 이른 실정이다. 투자자들의 선택 영역이 넓어진 것은 좋지만 그만큼 탄탄하지 않은 부실기업도 존재한다. 의도치 않은 사기, 2번

케이스에 당할 확률도 높아졌다는 이야기다.

　모든 플랫폼이 안전한 것은 아니다. 안전한 플랫폼인지 확인하고 싶다면 한국 P2P 금융협회에 등록이 되어 있는지 확인해보는 것이 좋다. 대략 50여 개에 달하는 회사가 등록되어 있는데, 일정한 기준을 두고 심사를 거쳐 회원 등록을 원하는 업체를 선별하기 때문에 그나마 안전성이 높다고 하겠다.

　사기를 당한 뒤에 '그들도 사정이 있었을 거야'라며 자기 위로를 해보았자 떠난 돈이 돌아오지는 않는다. 의도가 있건 없건 사기는 사기다. 애초에 부실한 회사를 차린 쪽이 일차적으로 잘못한 것은 맞지만, 부실기업을 골라내는 능력이 없는 투자자에게도 이차적인 잘못이 있다. 수익률이 높으면서 리스크 없는 상품은 없다. P2P는 '중수익 중위험' 상품이라는 점을 기억하고 현명한 투자 생활을 할 수 있기를 바란다.

P2P 상가투자의 핵심

상가투자는 사실 초보자에게는 쉽게 추천되는 상품이 아니다.

상가투자는 고수익을 노림 직한 거액투자자에게 더욱 어울리는 상품이다. 초보 소액투자자에게는 투자금이 상당히 부담스러울 수 있는 비용이고 잘못 투자했다가 공실이 나면 개인이 책임져야 할 손해가 큰 편이다. 상품성 있는 상가를 고를 만한, 믿을 수 있는 중개소를 고를 만한 안목이 없다면 사기를 당할 가능성도 있다. 그런데도 상가투자를 Part 1에서부터 추천한 이유는 P2P 투자가 그 단점들을 모두 커버하고도 남기 때문이다.

상가투자와 P2P 펀딩의 조합은 투자자에게 있어 상당히 중요한 의미를 지닌다.

특히 소액투자를 할 수밖에 없는 서민층에게 있어 더욱 시사하는 바가 크다. 자본주의사회에서는 경제활동의 주체가 '인간'으로 국한되지 않는다. 바로 '자본'이 경제활동의 주체가 될 수 있다. '돈이 돈을 낳는다'는 표현이 있을 만큼 부자가 자산을 불리는 속도와 빈자가 자산을 불리는 속도는 하늘과 땅 차이다. 결국 빈부 격차는 더욱 견고해져서 서민이 부자가 될 가능성은 로또에 당첨될 확률이나 다름없어진 것이 현실이다. 이 견고함을 깨트리는 것이 바로 기술의 발전, 핀테크의 등장이다. P2P 시스템이 현실 상용화되면서 빈자는 침투할 수 없었던 부자들의 투자시장에 자연스럽게 부담 없이 진입할 수 있게 된 것이다.

이번 E 파트에서는 'P2P 펀딩 상가투자'가 우리 개미투자자들에게 어떤 의미를 지니는지 심도 있게 다뤄보고자 한다. 논의가 다소 딱딱할 수 있어 이후 이어질 내용을 먼저 간단히 소개하고자 한다. 대기업의 동향과 정부의 법제화를 통해 P2P 금융시장의 변화를 살펴보고 그 안에서 소액투자자에게 '상가'와 P2P 펀딩의 만남이 어떠한 의미를 지니는지 살펴보고자 한다. 투자를 성공적으로 이끌고자 한다면 플랫폼을 잘 만나는 것이 중요한데, 플랫폼 이용의 이점과 플랫폼 선정 원칙을 따져보도록 하겠다.

• 대기업, P2P 금융에 주목하다

"세뱃돈은 카카오머니로 주세요."

설날이라고 세배하는 조카가 귀여워서 세뱃돈을 주려 했더니 현금을 거절하며 한다는 소리다. 요즘에는 어린아이들도 카카오페이로 손쉽게 저금하고 송금하고 결제도 한다. 용돈도 카카오페이로 받는단다. 신기하기도 하고 격세지감이 들어, '초등학생이 카카오페이로 할 수 있는 것이 있느냐'고 물어보니 의아해한다. 요즘은 어디 가서든 물건을 사려면 당연히 필요하지 않느냐는 것이 대답이었다. 질문이 너무 구식이었다. "현금이 너한테 왜 필요해?"만큼이나 괴상하게 느껴졌을 것이었다. 가상의 페이가 현실을 지배하는 요즘이다. 카카오페이는 지금의 초등학생 세대에게 일상적이고 당연하며 자연스러운 것이었다.

딱딱하고 어렵게만 느껴지는 금융산업을 생활의 일부로 끌어오는 데에 큰 공헌을 한 대표적인 업체가 카카오페이다. 카카오 서비스는 소셜 서비스를 벗어나 금융 서비스에 손을 대기 시작하면서 카카오뱅크 등으로 거듭나더니 자연스럽게 '투자'의 영역까지 스며들었다. 핀테크가 점차 성장하며, 증권업계와 모바일은 자연스럽게 그 무대를 옮겨가고 있다.

현재 2019년, P2P 금융으로 각종 기업들의 관심이 쏠려있다. 대기업이 주목하는 데에는 반드시 '이윤' 지점이 존재한다는 이야기이다. 이는 당신이 투자를 고민한다면 2019 금융의 중심 P2P 펀딩에 집중해야 한다는 점을 의미한다.

[대기업의 시선, 어디로 옮겨가고 있을까?]

카카오페이는 P2P 투자상품을 출시하여 2019년 4월 기준, 투자금만 400억을 돌파했다. P2P 투자 분야에 눈독을 들이는 것은 카카오페이뿐만이 아니다. 삼성페이는 물론이고 하나은행, 기업은행, KB국민은행 등과 여타 P2P 금융 스타트업 업체들까지 다양하다.

간편 결제와 송금서비스 등을 제공하던 업체들이 이제는 앞다투어 대출·투자 영역으로 그 발을 들이민다. 카카오페이, 삼성페이, 토스 등 유명 모바일 금융 플랫폼에서는 P2P 금융 서비스를 제공하여 스마트폰 터치만 몇 번 하면 소액으로도 쉽고 빠른 투자를 할 수 있다는 장점을 살렸다. 특히 모바일에 익숙한 현세대에서는 어렵고 딱딱한 금융 거래를 손쉽게 할 수 있다는 점에서 크게 호응하고 있다.

대기업, 중소기업 가릴 것 없이 P2P 사업에 눈독을 들인다는 것은 투자자 입장에서도 주목할 만한 일이다. '기업'은 언제나 '이윤 창출'이 목적이다. 사회적 기업이니 하며 불우이웃을 돕고 성금을 모금한다고 해도 순수한 의도로 진행하는 사업은 없다. '착한 기업'이라는 이미지를 얻고 그로 인한 '수익 증대'를 노리는 것이 일차적인 이유다. 이러한 관점에서 본다면, 각종 기업에서 P2P 금융을 적극적으로 검토하는 데에는 분명 '이윤'이 되는 부분이 있다는 것이다.

[대기업과 P2P 투자의 상관관계]

사실 대기업과 P2P의 조합은 상당히 부적절하다. 대기업은 현재 화폐 흐름과 시장을 주도하고, 통제할 권한이 있다. 대부분의 대기업은 거대수요가 들어오는 지점에 자리 잡고 대량공급을 지원·중개하면서 돈을 버는 구조이기 때문이다. 그러나 P2P 방식은 이러한 통제권을 개인에게 돌려주는 역할을 한다. 물론 새로운 플랫폼이 형성되기는 하나, 대출자에게는 더욱 낮은 이율을, 투자자에게는 더욱 높은 금리를 제공하므로 현존하는 대기업 그 이상의 사업체로 성장하기는 어렵다. 이 지점에서, 중소기업은 일면 이해가 가는 부분도 있다. 그러나 대기업은 P2P 투자를 검토할 이유가 없는 것처럼 보인다. 과연 대기업은 어떤 '이윤 지점'을 발견한 것일까?

"BEING KODAKED / 코닥 되다"

이러한 문장을 들어본 사람이 있을지 모르겠다. 누구나 알다시피 필름 시장에서 한 때 '잘' 나가던 기업이 코닥(kodak)이다. 하지만 그만큼 1990년대에 디지털 시장이 들어서면서 빠르게 쇠퇴의 길로 들어선 기업도 코닥이다. 즉 '코닥 되다'라는 표현은 유명한 비유인데, '옛것을 고집하다가 망하다'라는 의미의 관용어다. 이와 대비되는 대표적인 업체로 '게티이미지'를 들 수 있다. 게티이미지는 P2P 형식, 개인이 가진 자원(특히 이미지)을 온라인상에서 현금화할 수 있는 PICTURE 서비스를 제공한다. 전 세계의 사람들이 갖가지 이미지를 올리고 필요로 하는 사람들은 사진을 다운로드하면서 게티이미지에서는 중개 수수료만 챙기는 것이다. 이로 보아 대기업이 정체성에 어울리지도 않는 P2P 투자에 관심을 두는 이유를 이렇게 정의할 수 있을 것이다. '코닥 되기 싫어서.'

[삼키려면 뒤집고, 흔들고, 털어라]

핀테크의 발전은 대부분 산업의 체계를 완전히 혁신적으로 뒤바꾸어 놓았다. 금융체계 역시 마찬가지다. 산업 구조 자체가 새롭게 변모하고 있다. P2P 금융은 더 이상 대마불사(大馬不死)를 허용하지 않게 되었다. 금융계 대기업조차 P2P 시스템 안에서 새로운 생태계에 편승하거나 독자적인 생태계를 구축해야만 하는 상황이 온 것이다. 신한은행, IBK, KEB 등 전통적인 금융시장이 몇십 년간 견고하게 자리를 잡고 있었음에도 하필 이 타이밍에 ㈜카카오나 삼성이 P2P 투자에 눈독을 들이고 들어온 것은, 금융계체제에 전복이 이루어지고 있다는 의미이기도 하다.

투자자의 입장에서 보자면, 대기업의 행보는 꼭 눈여겨 보아둘 필요가 있다. P2P 금융에 대한 관심도가 증가하고, 이에 그치는 것이 아니라 제휴를 맺어 P2P 시장까지 영역을 넓히고 있다. 이것은 분명 '수요'를 읽어냈다는 의미이다. P2P 시장 안에서도 대기업의 관심은 중요한 의미가 있다. 일면 부정적으로 인식되고 있는 P2P 투자에 대한 이미지도 개선될 뿐만 아니라 시장 자체의 성장으로까지 이어질 수 있기 때문이다.

• 법제화를 앞두고 있는 P2P 금융

법제화의 핵심은 투자자의 안전과 P2P 금융 이미지의 쇄신이다.

현 금융시장의 트렌드는 더 강조하지 않아도 P2P 금융으로 흘러가고 있다는 것을 알 것이다. P2P 금융 선진국에서는 견고한 법적 안전망을 이미 구축하고 있는 편이다. 영국, 미국, 일본, 독일, 중국, 인도네시아 등 P2P 금융 거래가 활발한 외국은 이미 P2P 투자의 건전성에 대한 논의가 마무리되어 관련 법제가 체계적으로 자리 잡혀 투자와 대출 모두 관리가 철저하다.

그러나 현재 한국에서의 사정은 다르다. P2P 투자 산업 자체는 이미 핀테크의 한 영역으로 유입되었고, 국내에서만 6조 원 규모의 금융시장을 형성하고 있는데, 아직 법적 제도화는 그 발전 속도를 따라가지 못하고 있다. 이러한 틈새를 노려 P2P 금융 업계에서 사기·횡령, 부도 이슈는 연이어 터지는 것도 사실이다. 연체되기도 일수고, 플랫폼 사업자의 도덕적 해이함에 신원이 확인되지 않은 대출자들로 손해를 보는 경우도 있다. 때문에 투자자들의 불안감이 높아지고, 오죽하면 'P2P 투자는 사기'라는 인식까지 생겨났다.

여기서 P2P 법제화가 지향하는 바는 분명하다. P2P를 척박한 금융산업에 새로운 성장동력으로 삼겠다는 것이다. 이를 위해서는 무엇보다 부실한 업체와 우량업체에 대한 옥석 가리기가 선행되어야 한다. 현재 P2P 법제화 내용 대부분이 이런 기준을 정하고 업체에 대한 관리 감독을 강화한다는 내용이다. 이 소식에 가장 발 빠르게 움직인 분야가 각종 금융 관련 업체 및 종사자들이다. 상가투자를 생각하는 투자자들이라면? 두 말할 것도 없이 지금 움직여야 한다.

그럼 P2P 금융은 그동안 어떻게 관리되고 있었을까?
P2P 금융은 그 자체만으로도 어마어마한 가치를 지닌다. 그런데 그동

안의 P2P 금융은 사실상 법률의 사각지대에 있어 투자자들은 법률로부터 전혀 보호받지 못하고 있었다. 자본시장법 개정으로 투자형 크라우드 펀딩인 온라인소액투자중개업이 이미 실정법에 도입됐지만 대출형 크라우드 펀딩인 P2P 금융과 관련해서는 명확한 규정이 없었다. 심지어 대부업법하에서 관리가 되고 있어, 플랫폼 업체에 대한 감독도 미비했던 것이 사실이다. 부정적인 인식과 안일한 플랫폼 관리로 인해 P2P 산업의 발전이 저해된다면 국가적으로나 개인적으로나 큰 손실이다.

[투자자를 위한 법제화 진행]

때문에 2019년 7월 현재를 기준으로 P2P금융 법제화는 강력하게 추진되고 있다. 금융위원회는 '온라인투자연계금융업 및 이용자 보호에 관한 법률안'을 발표했다. 문장이 복잡하고 어렵게 보이지만, 결국 투자자를 보호하는 것이 포인트다. ① 대부업과 P2P 투자 사이의 연결 고리를 끊고 ② 부실한 상품이 없도록 플랫폼을 관리하며 ③ 투자금을 보호하는 것이 목표다.

① 대부업법에 이별을 고하다

P2P 투자가 '대출업'을 하는 이상 '대부업법'에 의해 간접적으로나마 연계되어 처리되고 있었다. 우선 법제화가 이루어진다면 대부업체와 P2P 금융 플랫폼의 불편한 동거 관계는 깔끔하게 정산될 것이다. 현재 P2P 금융회사들이 '대부업법'의 법적 의무를 다하고자 대부업의 자회사 형태로 영업을 하고 있다. 그러나 회계처리에 있어서 대부업체는 수익이 없는

셈이어서 그 모호한 정체성에도 불편이 있어 왔다.

게다가 P2P 플랫폼에서는 '대출'만 하는 것이 아니라 '투자' 또한 다룬다. 대출에 대한 규율은 있는데, 투자에 대한 규율이 없다는 것은 투자자는 법적 보호를 받지 못한다는 의미이기도 하다. 그러나 이번 법률안이 통과되면 '대출업을 하는 플랫폼'이 아닌 '투자와 대출을 하는 플랫폼'으로써 인정하며 본격적으로 투자자의 안전성을 확보할 수 있게 된다.

② 공정하고 깨끗한 플랫폼으로 투자자 리스크 축소

상품이 부실하면 이는 결국 플랫폼의 신뢰도 하락으로 이어지게 된다. 금융당국의 'P2P 대출 가이드라인'을 지키는 회사도 있지만 지키지 않는 회사도 있는 것이 지금의 현실이다. 이는 어디까지나 법적 제제를 가할 수 없는 규범이기 때문에 규범을 준수하지 않는다 하여도 사실 처벌받지는 않는다. 이러한 점이 투자자들 입장에서는 굉장한 리스크로 작용한다. 실제로 일부 P2P 금융회사의 경우 상품에 대한 자세한 공시 없이 고수익으로 투자자들을 유혹하는 사례를 종종 볼 수 있다. 법제화가 되면 최소 자본금이 기존 3억 원에서 최대 5억 원까지 높아진다. 또한 대출 원리금이 보장된다고 오인할 소지가 있는 내용으로 광고하면 처벌 대상이 된다. 즉 허위·과장광고 업체들이 사라져 강력한 투자자 보호가 이뤄질 가능성이 크다.

③ 투자금을 보호하다

그동안은 투자자 보호라는 명목으로 'P2P 대출 가이드라인'에 의해 플랫폼당 투자 금액이 제한되고 있었다. 때문에 플랫폼당 1,000만 원 내지는 2,000만 원 선에서 투자 제한을 받는 정도였다. 결국 투자자가 보호를 받는 것이 아닌 제한을 받는 구조였다면 제안된 법안에서는 투자금 보호에 더욱 비중을 두었다. 우선 투자금을 보호하기 위해 은행 예치신탁이 의무화된다. P2P 업체 폐업에 대비해 투자자에게 우선변제권을 부여하고 대출채권 임의처분을 무효화하는 방안도 있다. 즉 투자자로부터 모은 자금은 강제집행 대상에서도 제외되는 것이다. 건전한 생태계 조성을 위해 최소 자기자본 10억 원이라는 진입규제도 도입된다.

[법제화가 의미하는 것]

P2P 금융의 법제화는 2019년 기준으로 삼 년째 추진 중이다. 재밌는 현상이지만 핀테크를 기반으로 하는 업체 대부분이 관련 규제를 하나라도 더 없애달라고 요청하는데 P2P 금융은 그와 정반대로 규제를 만들어달라는 데 총력을 기울이고 있다. 심지어 업계는 올해는 법제화가 실현될 것이라는 기대를 안고 있다.

규제의 내용도 물론 중요하다. 투자자를 보호하여야 투자층이 더욱 넓어지고 시장이 더욱 활성화될 것이기 때문이다. 그러나 법제화에 더욱 중요한 것이 있다. 바로 정부가 P2P 금융을 독립된 금융으로 공식 인정한다는 의미가 있기 때문이다. 법제화가 통과되면 P2P 투자에 덧씌워진 '사기성' 짙다는 부정적인 이미지 또한 한 번에 쇄신할 수 있다. 즉 새로운 금융산업으로 한 단계 더 도약하는 기회가 되리라는 것은 자명하다. 최근 대기업들이 해당 부서에 P2P 금융을 적극 검토를 지시하고 준비하는 이유이기도 하다.

• 투자자의 눈으로 보다: 서민경제 악순환을 끊는 p2p 상가투자

현재 금융시장을 바라볼 때, 대기업과 금융법은 P2P 투자를 향해 있다. 수요가 있는 곳에 자금이 모이기 마련이다. P2P 금융을 통해 대기업은 이 자금의 '냄새'를 맡은 것이고, 정부는 금융산업의 성장동력원으로의 가능성을 본 것이다. P2P의 부정적인 이미지를 쇄신하고, 투자자를 더욱 많이 유치하는 것이 목표라고 하겠다.

위와 같은 국내의 동향은 낮은 금융 소득으로 허덕이던 소상공인, 직장인들에게는 반가운 소식이 아닐 수 없다. 자본주의사회의 체제 전복이 일어날 수도 있는 중요한 쟁점이기 때문이다. 상류 계층은 도태되지 않기 위해, 중저소득계층은 상류 계층으로 진입하기 위해 P2P 투자를 고민해야 한다.

'금융소득 VS 근로소득 = 빈부격차가 심화되는 이유'

소득은 두 가지로 나눌 수 있다. 하나는 노동력을 지불하고 대가를 얻는 근로소득, 다른 하나는 돈이 돈을 버는 금융소득이다. 노동력은 시간과 관계된 한계가 있기 때문에 이를 통해 소득 수준을 높이는 데도 당연히 한계가 있다. 금융소득은 돈이 돈을 벌기 때문에 부자는 당연히 근로소득보다 금융소득이 더 높다. 따라서 서민들도 금융소득이 반드시 있어야 노동시간을 줄일 수 있다. 부자는 여유롭고 서민은 동분서주한 이미지가 씌워지는 것도 이 때문이다. 결국 '금융소득'이 있어야 삶의 '여유'가 생긴다.

보통 투자자가 안전성이 확보되었다고 느끼기 위해서는 반드시 '여유'가 확보되어야 한다. 흔히 투자에서는 '총알'이라는 표현으로 투자자금을 비유하곤 한다. 나에게 총이 있고 총안에 몇 발의 총알이 있다고 치자. 100M 앞의 카우보이와 총격전을 벌여야 한다고 할 때, 6발이 있을 때 여유가 있겠는가, 3발이 있을 때 여유가 있겠는가. 총알이 없을수록, 소액 투자자일수록 그라운드를 안전하게 느낄 수 없다. 금전적이든 심리적이든 여유 없는 총싸움에서 누가 이길 확률이 높겠는가. 결국 승자는 총알이 많은 사람이 될 확률이 높다.

실질적으로 따져보자. 서민층의 수익 대부분은 근로소득에 해당한다. 금융소득이라고 할 수 있는 예금, 적금은 이율이 너무나 적고, 펀드를 하자니 수수료를 너무 많이 떼어간다. 주식 투자를 하기에는 안전성이 너무 떨어져 엄두가 나지 않는다. 결국 금융소득을 다 합쳐봐야 유의미한 결과가 나오지 않는다. 소득 수준이 떨어질수록, 근로소득이 대부분을 차지하는 서민일수록 애초에 투자조차 주저하게 된다. 때문에 빈자는 더욱 가난하게, 부자는 더욱 부유하게 살 수밖에 없다.

P2P 산업은 특히 서민층을 위해 반드시 커져야만 하는 사업이다.

필자의 견해로는 그러하다. 금융시장이 활성화되어야 경제가 살아나고,

돈이 돌아야 서민들도 숨통이 트인다. 그러나 지금은 일반적인 월급쟁이, 영세 자영업자는 노후 대비도 하기 힘든 세상이다. 전문직 종사자나 물려받은 재산이 있는 경우를 제외하고 대부분의 사람들은 하루 벌어서 하루 먹고 사는 것도 빠듯하다. 이토록 시간적, 금전적 여유가 없는 생활 속에서 금융시장의 활성화를 떠올릴 겨를은 어디에 있겠는가. 서민계층은 이러한 악순환의 고리 속에 빠져있는 것이다.

그런데 소액으로도 투자 가능한 P2P 펀딩이 등장한다면 어떻겠는가?

서민층에서도 금융소득을 향상시킬 수 있는 무기가 갖추어지는 셈이다. 80세 넘어서까지 평생 근로소득을 할 수 있는 것도 아니다. 우리의 육체에는 한계가 있다. 근로 활동이 가능한 나이는 정해져 있다. 시간은 누구에게나 절대적이고 노동력은 점점 쇠퇴해져 간다. 결국 노후에는 금융소득에 더욱 의존할 수밖에 없다. 지금 P2P 펀딩에 관심을 두지 않으면 노후에 후회하게 된다. 기술 혁신과 변혁은 또 언제 찾아올지 아무도 모른다. 10년 뒤가 될지, 20년 뒤가 될지 기약이 없는 일이다. 기회는 지금이다. 국내외 전반적인 시류가 P2P 펀딩으로 몰리는 데에는 이유가 있다.

• P2P 상가투자로 금융소득을 높이다

소액투자자 대부분은 서민층일 확률이 높고, 또 이들 대부분은 자영업, 소상공업, 직장인인 경우가 많다. 일명 개미투자자라 불리는 사람들이다. 이러한 우리들의 현 상황을 정리해보면 다음과 같다.

① 많지는 않아도 고정적, 지속적인 수입원을 원한다.

② 소득 수준을 상승시킬 만한 시간이 부족하다.

③ 소득 수준을 상승시킬 만한 노동력이 부족하다.

④ 소득 수준이 낮기 때문에 소액투자 이상은 어렵다.

위 조건에 맞는 투자가 바로 P2P 상가투자다.

'상가'를 추천하는 이유는 간단히 말하면, 시간과 노동력이 부족한 상황에서 투자 대비 효율을 단기간에 볼 수 있는 상품이기 때문이다. 상가는 초기비용만 감수할 수 있다면 자리가 잡힌 후에 관리도 수월하고 임대료 상승도 노릴 수 있어 이후에도 투자하는 에너지 대비 효율이 가장 높은 상품이다. 고정적이고 지속적인 수입을 얻을 수 있으려면 '상가'만 한 상품이 없다.

[단점은 커버하고, 장점은 살리고]

일반적인 '상가투자'의 고질적인 단점이 '거대자금'이 든다는 점일 텐데, 위 ④에서 언급한 대로, 직장인, 소상공인이 융통할 수 있는 돈은 얼마 되지 않는다. 바로 이 부분을 고려하여 소액으로도 상가에 투자할 수 있는 P2P 투자를 활용하라는 것이다. 이렇게 한다면, 당신이 개미투자자라도 8~10%라는 충분히 유의미한 금융 소득을 올릴 수 있다. 즉, P2P 펀딩을 통해 초기비용을 충분히 감수할 여건이 충족된다는 데서 리스크는 덜고 장점은 그대로 혜택으로 볼 수 있다는 이점이 있다.

• P2P 상가투자는 투자자의 안전에서 시작한다

"핵심은 투자자의 안전"

고수익도 중요하지만, P2P 상가투자를 하고자 하는 사람들에게 항상 강조하고 싶은 이야기가 있다. P2P 투자에서 가장 중요한 것은 바로 '안전 장치'다. 안전성이 뒷받침 되지 않은 상황에서 투자하는 것은 결국 모 아니면 도, 과도한 리스크를 안고 가겠다는 이야기인데, 이는 일확천금을 노린 투기에 지나지 않는다. 어떤 투자를 하더라도 그 안전성이 기반된 상태에서 수익을 노려야 한다. 이 이야기는 Part 1에서부터 누차 강조되어온 것이다.

이 점을 다시 한 번 언급한 이유는 P2P 상가투자가 바로 그 안전성을 확보해준다는 점을 강조하기 위함이다. 수익을 내는 법보다 우선되는 중요한 것이 잃지 않는 법이다. 상가투자는 P2P 펀딩 상품 중에서도 안전성이 높은 상품에 속한다.

예를 들어, 신용대출투자상품에 비교해보자. 신용대출투자는 담보물 없이 대출자의 상태를 기반으로 투자하는 것이다. 신용등급이나 연 소득, 근속연수 등을 따져보고 상대방이 내 돈을 성실하게 갚을 수 있는지 평가하여 오로지 '신용'을 바탕으로 투자한다고 보면 된다. 물론 성실히 상환하는 대출자도 있지만 문제는, 옥석을 가려낼만한 눈이 투자자에게 있느냐는 것이다. 안전장치 없이 무턱대고 돈을 빌려주었다가 금융권이 부결된 사례도 심심치 않게 많다. 차주가 개인회생이라도 신청했다면 이는 원금도 돌려받지 못한다는 뜻이기도 하다.

하지만 상가투자는 현물이 담보로 존재한다는 점에서 안전성이 일차적으로 확보된다. 담보는 단순히 돈을 갚지 않았을 때 처분하여 그 손실을 메우는 데에만 역할이 있는 것이 아니다. 담보 자체가 안전장치라는 것이 핵심이다. 담보물이 잡혀있으면 대출자에게 '내가 돈을 갚지 않았을 때 나에게 재산적 손실이 발생하는구나'라는 압박을 줄 수 있고, 그로 인해 상환을 제때 하도록 만드는 역할을 한다. '상가'는 담보의 비용이 소액이 아닌 만큼 그 부담감도 크다. 바꾸어 말하면 투자자 입장에서는 상환받을 확률이 높은, '안전성' 높은 상품이라는 점이 가장 큰 장점이다.

• P2P 상가투자 플랫폼의 역할: 투자 전문가로부터 중개를 받다

[투자의 시작은 어떻게?]

자금력이 풍부한 투자자들 말고, 우리와 같은 직장인, 개미투자자들은 어떻게 투자를 해야 하는가. 안 그래도 살아남기 힘든 투자시장에서 어떤 선택을 하는 것이 과연 옳을까. 눈치껏 알아서 타이밍만 보다가 남들 투자할 때 우르르 몰려가서 제일 잘 팔린다는 상품만 무턱대고 사면 그만인가? 절대 그럴 리 없다. 이는 앞서 말한 대로 절대로 '안전한' 방법이 아니기 때문이다.

눈치를 볼 것이 아니라 분위기를 읽어야 하고, 남들 움직이는 타이밍에 맞춰 움직일 것이 아니라 금융시장의 동향을 파악하고 투자해야 한다. 그

런데, 이를 읽어낼 만한 능력이 우리에게 아직은 갖추어지지 않은 것이 사실이다. 전문가도 아닌 우리의 임의적 판단에 소중한 자금을 맡기기에는 이 또한 안전하지 못한 방법임이 틀림없다.

[도움을 받으세요! 전문 플랫폼에서!]

미리 말해두지만, 다가올 미래를 위해서 스스로 동향을 파악하고 분석하는 습관을 들이는 것은 매우 중요하다. 기본적인 공부를 바탕으로 하되, 당장의 투자에 있어 도움을 받을 수 있다면 받는 것이 당연히 좋다. 'P2P 상가투자 SMS' 상당히 생소한 개념이다. 이런 부분은 혼자서 백 번 천 번 해보아도 전문가의 조언을 듣는 것만 못하다. 전문가는 어디서 만나는가? 당연히 플랫폼이다. 플랫폼을 이용하면 공인중개사 없이, 수수료 없이 '상가'로부터 꾸준한 월 수익을 얻는 것이 가능하다.

'상가'는 부동산 침체기를 맞아 점차 시세가 하락하는 추세다. 때문에 구매는 점점 쉬워지지만 이후 환금성이 마음에 걸려 쉽게 구매하지 못하는 경우가 많다. 그러나 P2P 펀딩을 이용하면 안전성을 일면 보장받으면서도 저렴하게 상가나 건물을 통해 수익을 낼 수 있다. 특히 상가 P2P는 대부업 방식이 아닌 자체 부동산에서 발생하는 수익률로 펀딩하기 때문에 연체와 채권 회수 등의 문제를 덜고 투자를 할 수 있는 것이다.

[공부하세요! 근데 어디서?]

사실 P2P 상가투자를 공부하라는 말은, 말만 쉽다. 실제로 금융계 큰 변화를 앞두고 이를 제대로 분석해보리라 마음먹고 체계적으로 정리해 알려줄 전문 인력 및 교육기관을 찾는 직장인들도 많아졌다. 그러면 P2P 관련 사이트, 유튜브 채널, 전문지식 소식지, 박람회 등을 방문하고 새로운 지식 또는 소식은 없나 뉴스도 꼼꼼히 훑어본다. 이것저것 지속적으로 다양한 것들이 등장하지만, 속 시원하게 알려주는 곳은 없다. 현재 관련 산업 규모에 비해 관련 교육은 턱없이 부족한 실정이라는 것이다.

여기서 전문 플랫폼의 역할이 하나 더 드러난다. 백문이 불여일견, 현장에서 배우는 것만큼 생생한 공부는 없다. 현장에서 직접 본인이 투자를 경험하면서 상가투자에 대해 전문가의 조언을 듣고 도움을 받다 보면 자연스레 스스로도 공부가 된다. 그로 인해 투자자 본인도 상가투자 전문가로 거듭나게 되는 것이다. 플랫폼은 투자 전문가를 양성하는 기조로서 매우 중요한 역할을 하게 된다.

• 잃지 않는 P2P 상가투자 노하우: 어떤 플랫폼을 만날 것인가

정리하면, 소액투자자의 상가투자는 어떤 P2P 펀딩 플랫폼을 만나느냐에 따라 성공 여부가 달려있다고 하여도 과언이 아니다. 플랫폼을 선정할 때도 반드시 지켜져야 할 원칙은 안전성이다. 결국 잃지 않는 투자를 할

수 있는 플랫폼을 만나야 추후 이윤도 기대해볼 수 있는 것이다. 리스크 다운 능력이 결국 업체의 실력이기 때문이다.

① 차주가 명확하게 드러나는 상품을 헌팅하는 업체

P2P 펀딩이라는 거창한 표현을 제하고 생각해보자. 당신은 온라인상에서 누군가에게 '돈을 빌려주세요'라는 메시지를 받으면 선뜻 내어주겠는가? 이런 생각을 먼저 하게 될 것이다. '누군데?' 그렇다. 최소한 누군지나 알아야 돈을 빌려주든지 말든지 결정할 것이다.

기업체라면 재무제표도 보아야 하고, 어떤 업체인지, 담보물이 올라왔다면 등기부 등본을 확인할 수 있는지, 담보가 정확히 무엇이고 어디에 있는지, 정말 담보를 잡고 있는지 등을 확인해야 할 것이다. 차주가 명확한 업체일수록 손해를 보지 않을 수 있다는 점은 강조하지 않아도 알 것이다. 만약 개인정보공개를 문제 삼아 공개를 거부하는 업체라면? 이 업체와는 거래를 안 하면 된다.

② 명확한 목적의식으로 설득력을 갖춘 업체

투자자를 납득시키고 이해시킬 수 있는 전문가를 만나야 한다. 근거 없이 투자하는 것은 투자가 아닌 투기라고 누차 설명했다. 명확한 투자 근거를 세워야 하는 것은 플랫폼 업체 또한 당연한 일이다. 그 근거가 바로 담보다. 담보가 있는 투자라고 해서 무턱대고 믿어서는 안 된다. 그것이 '담보'로써 효용성 있는 상품인지를 따져보는 것이 우선이다.

성공적인 P2P 투자란 어떤 것일까? 조기상환? 연체 후 상환? 바로 정상 만기상환이다. 중간에 연체되는 일도 없어야 하고, 만기일을 지켜 차주가 반드시 납부할 수 있어야 한다. 아무리 담보 대출이라고 해도 리스크는 존재하기 때문에 무턱대고 믿을 수는 없다. 이자를 낼 수 있는 근거가 명확한지 명료하게 설득할 수 있는 업체를 선정하는 것이 옳다.

③ 증빙서류가 확인되는 업체

투자처를 선정하기 전에 여러 가지 의문이 들 수 있다. 예를 들어 투자처에서 대출의향서를 작성했는지, 어떤 내용이 담겨있는지 확인을 하고 싶을 수 있다. 이때 증빙 자료를 플랫폼 업체에 의뢰할 수 있는데, 공개의 의무는 없으나 신용도를 높이기 위해서는 당연히 증빙해야 할 자료다.

대출의향서뿐만이 아니다. 통장 내역, 대출 입금증, 담보 입금증 등 투자자를 안심시킬 수 있는 각종 증빙 자료를 확인할 수 있어야 한다. 이러한 자료를 투자자가 찾기 전에 미리 증빙하는 센스있는 업체라면, 당연한 이야기지만 조금 더 신용해도 좋다. 투자자 입장에서 생각할 줄 아는 업체이기 때문이다. 기본 중의 기본이지만 투자자는 안전 자금 확보에 대한 실체를 확인할 수 있기 때문에 상품과 업체에 대한 이미지가 달라지게 된다.

이러한 세 가지 원칙만 있어도 믿을 수 있는 업체를 선정하는 것은 어렵지 않을 것이다. 물론 상황에 따라, 변수에 따라 원칙이 바뀔 수는 있으나 플랫폼의 선정이 곧 투자수익으로 이어지기 때문에, 이 세 가지만큼은 기본적인 틀로 생각하고 업체를 선정하는 것이 좋겠다.

Part 3

㈜월세드림의
부자DREAM

상가투자, ㈜월세드림의 최종병기

• 한국의 부자(富者)들이 걸어온 길

한국에서 부자라면 어느 정도 위치일까?

부자가 되는 상상, 대한민국에 사는 사람이라면 누구나 한 번쯤은 해보았을 것이다. '부자'라는 말은 참으로 달콤하다. 새해가 되면 "부자 되세요"라는 덕담을 주고받고, 드라마 속 주인공들은 꼭 부자인 배우자를 만나로맨스를 이루곤 한다.

부자라 하면 과연 어느 정도의 재산을 가진 사람일까?

사람에 따라 주관적인 기준이 다를 수 있다. 그러나 재미있게도 이에 대한 객관적인 자료가 있다. KB금융지주 경영연구소에서 발표한 〈2017 한국 부자 보고서〉가 그 예다. 한국에서 부자는 '금융자산을 10억 원 이상 보유한 개인'으로 정의된다. 자산 유형은 다양하다. 한국의 부자들은 부동산 자산(주택, 건물, 상가, 토지 등)이 52.2%, 금융자산이 44.2%, 기타 자산(예술품, 회원권 등)이 3.6%였다. 한국 부자의 부동산 자산은 '거주용 주택/아파트/오피스텔'이 49.5%로 가장 큰 비중을 차지했고, 그다음으로 '투자용 주택/아파트/오피스텔' 18.4%, '빌딩/상가' 16.1%, '토지' 14.5% 순으로 형성되어 있었다.

자산 규모에 따라 투자용 부동산의 비율도 달라졌다. 특히 주목할 만한 부분은 자산의 규모가 커질수록 투자용 부동산의 비중 또한 높아지는 경향을 보였다는 사실이다. 한마디로, 재산이 많을수록 재산 안에서 투자용 부동산이 차지하는 비율이 높았다는 것.

이러한 통계 결과에서 미루어 짐작할 수 있듯 한국 부자들이 국내에서 가장 수익률이 높은 투자처로 인식하는 분야 역시 '국내 부동산'(32.2%)이었다. 이는 '국내 주식'(23.4%) 및 '해외 주식'(9.7%)과 비교했을 때 현저히 높은 수치다.

부자가 되고 싶다면 우선 부자들이 앞서 걸어온 길을 보아야 한다.

이 보고서가 우리에게 전하는 메시지는 분명하다. 부동산을 빼놓고는 한국에서 부(富)를 논할 수 없다는 것이다. 이 말은 곧, 부자가 되고 싶다면 부동산 투자를 해야 한다는 뜻이기도 하다. 부자DREAM을 이루는 데 있어서 부동산 투자가 선택이 아니라 필수인 이유다.

• '같이'의 가치: ㈜월세드림의 시작

부동산 불패신화가 '버블'로 이어질 것이라는 목소리가 나온 지 십여 년
이 흘렀지만 지금까지 대한민국에서 부동산만 한 투자처는 없었고, 앞으
로도 없을 것이라고 부자들은 입을 모아 말한다. 실제로 한국의 부자들
은 가진 돈을 부동산에 투자해 월세나 시세차익을 얻고, 이렇게 얻은 수
익을 또다시 부동산에 투자하며 끊임없이 부를 늘리고 있다.

부자가 되고 싶은가?
그렇다면 부동산 투자를 반드시 고려해야 한다.

하지만 일반인들이 무작정 부자들의 방법을 따라 할 수는 없다. 일단
가진 투자 자금의 규모부터 다르니, 뱁새가 황새를 쫓아가다가 가랑이가
찢어지는 꼴이 되기 십상이다. 그렇다고 해서 소액으로 투자하기에는 투
자처가 지나치게 제한적이고, 대출을 무리하게 받아가면서 투자를 하기에
는 리스크가 너무 크다. 현실적이면서도 단계적으로 부를 늘려갈 수 있는
디딤돌 투자처가 어디 없을까?

이러한 생각으로부터 출발한 것이 바로 ㈜월세드림이다.

혼자 들기 무거운 짐도 둘이 나눠서 들면 비교적 쉽게 옮길 수 있다. 부
동산 투자 역시 이와 마찬가지. 이 점에 착안해 ㈜월세드림은 함께 부동
산 투자를 할 사람을 찾아 나서게 된다. 당연한 이야기이지만, 혼자 매입

하기에는 부담스러운 상가라도 두 사람이 모이면 절반의 자금만으로 매입할 수 있다. 사람이 모일수록 자금에 대한 리스크는 더욱 줄어든다. 오래지 않아 투자관이 맞는 이들을 찾은 ㈜월세드림은 새로운 시도 끝에 작지만 확실한 희망을 보았다. ㈜월세드림은 부자가 되고 싶은 열망을 가진 소수의 사람들로부터 시작됐다. 본격적으로 회사를 설립하기에 앞서 뜻이 맞는 사람들이 모여 새로운 비즈니스 모델을 실험한 것이다. 물론 이때에도 원칙은 분명히 있었다.

첫째, 시세보다 저렴한 매물을 노려 수익을 극대화한다.
둘째, 월세가 맞춰지지 않은 상태의 상가는 매입하지 않는다.

위의 두 가지 확고한 원칙을 가지고 여유 있는 투자가 진행되었다. 투자에 있어 독이 되는 조급한 마음을 버리고, 원칙에 맞는지 신중하게 따져 투자하여 월세와 시세차익이라는 두 마리 토끼를 모두 다 잡을 수 있었다. 아마 저자 혼자서는 결코 하지 못했을 일이었다. 자금을 모아 유망한 상가를 매입해 월세를 나누고, 시세차익을 배분하는 방식의 P2P 투자를 통해 이 수익 모델이 어떠한 경쟁력을 가졌는가 깨닫게 된 것이다.

월세와 시세차익 둘 다 잡기, 이 경험이 ㈜월세드림을 낳았다.
이러한 투자 노하우에 인프라를 더해 투자자를 많이 모으면 투자 범위는 넓어지고, 이익은 더욱 커질 것이었다. 그렇게 되면 투자자와 함께 ㈜월세드림 역시 성장하며 시장에서의 영향을 키워 'WIN-WIN'하는 결과를 만들어낼 수 있을 거라는 확신이 들었다.

무엇보다 함께 하고 싶은 사람들은 혼자서도 부동산 투자를 할 수 있을 만큼 자금력이 충분한 사람들이 아니었다. 부자가 되고 싶다는 꿈은 있지만 혼자 부동산 투자를 하기에는 자금이 턱없이 부족한 사람들, 부동산에 대한 지식이 부족해 선뜻 투자하지 못하는 사람들에게 함께하면 앞으로 나아갈 수 있다는 희망을 보여주고 싶었다.

P2P 투자에서 내가 본 바로 그 희망, 우리가 경험한 '같이'의 가치를 좀 더 많은 사람과 나누자.

그렇게 ㈜월세드림의 어플리케이션을 개발하고 법인이 설립되었다. 그간의 노하우와 탄탄한 자본금이 기초가 되어 자신 있게 상가투자를 최종 병기 아이템으로 내놓은 것이다. 상가투자시장에서 이제 막 첫걸음을 내디딘 신생 기업이지만, P2P 투자의 전망이 밝은 만큼 ㈜월세드림은 앞으로 더욱 다양한 시도, 활발한 행보로 시장 내에서의 인지도를 높이고 입지를 탄탄히 다져나갈 계획이다.

• 불신의 비용: ㈜월세드림의 비전

물론 좋은 의도가 언제나 성공적인 결과를 가져오는 것은 아니다. 자선사업이 아닌 이상 바람직한 의도만으로 사람들을 끌어모을 수는 없다. 투자 플랫폼은 철저히 수익률로 가치를 증명해야 한다. 그러기 위해서는 무엇보다 투자자들의 신뢰를 끌어내는 일이 가장 중요하다.

당시 ㈜월세드림과 유사하게 P2P 상가투자를 수익 모델로 내세워 투자자들을 모았던 몇몇 기업들이 부실 경영과 연체 문제로 연일 구설수에 오르고, 거액의 사기행각을 벌이는 경우까지 생겨나면서 P2P 상가투자 자체에 대한 불신이 투자시장에 만연해있었다.

투자에서 불신은 곧 비용으로 이어진다.

온라인 중고거래를 떠올려보면 쉽게 이해할 수 있다. 일반적으로 우리가 오프라인에서 직접 가게를 방문해 물건을 구매하면 물건을 꼼꼼히 살펴보고 궁금한 점이 있으면 판매자에게 직접 물어본 다음 값을 치르고 물건을 가져온다.

직접 보고 골랐으니 반품할 확률도 줄어들고 하자가 있는 상품을 모르고 구매하는 일도 적다. 돈을 냈는데 물건을 받지 못할 거라는 의심 또한 하지 않는다. 믿고 거래하는 단골 가게가 있다면 일련의 과정은 더욱 단축된다. 신뢰를 바탕으로 하는 거래가 가지는 장점이다.

반면 인터넷상의 중고거래는 그렇지 않다. 일단 모르는 사람과 거래해야 한다는 점에서부터 불신이 생겨날 수밖에 없는 구조다. 실제로 사기당하는 경우도 적지 않으니 더욱 경계하게 된다. 물건의 상태가 기재된 것과 동일할 지도 알 수 없을뿐더러 물건을 보냈다고 한들 직접 받아 뜯어보기 전까지는 제대로 된 물건을 보냈다고 100% 확신할 수도 없다.

그래서 생겨난 것이 제삼자를 끌어들여 신뢰를 보증하는 에스크로와 같은 시스템이다. 이 과정에서 양쪽 모두 제삼자에게 수수료를 지불해야 하기 때문에 결국 판매자는 더 낮은 가격을 받고, 구매자는 더 높은 가격을 지불한 셈이 된다. 불신이 비용으로 돌아와 서로 손해를 본 것이다.

만약 ㈜월세드림이 상가를 팔려는 사람과 상가에 투자하는 사람 사이에 다리를 놓아주는 역할만 하려 했다면 불신이 비용이 되는 투자시장에서 군이 신뢰 프로세스를 구축하기 위해 노력할 필요가 없다. 불신 자체가 곧 수익 모델이 되기 때문이다.

그렇지만 P2P 투자에 있어 ㈜월세드림의 위치는 이중적이다. 다시 말해, ㈜월세드림 자체가 월세 수취권에 대한 투자권을 유치하는 판매자인 동시에 함께 투자를 진행하는 투자자라는 의미다.

투자에 성공해본 경험과 매물을 선정하는 노하우를 보유한 판매자

+

끊임없이 합리적인 의심을 하며 투자 여부를 결정하는 투자자

=

㈜월세드림

㈜월세드림은 이 두 가지 입장이 합쳐져 탄생한 모델이다. 양쪽의 입장을 모두 이해할 수 있는 이중적인 위치에서 서로 상대방을 설득할 수 있는 사업모델을 구상하다 보니, 시너지 효과가 발휘되어 ㈜월세드림이라는 플랫폼이 세상에 나올 수 있었다.

이와 같이 판매자이자 투자자의 입장에서 P2P 부동산 투자시장에 뛰어들기로 한 이상 가장 중요한 것은 연체와 사기가 만연한 P2P 상가투자 시장에서 다른 투자자들의 신뢰를 얻는 일이었다. 그러기 위해서는 초기에 자본을 들여서 사람들이 신뢰할 수 있는 프로세스를 구축하는 과정이 반드시 필요했다.

그리하여 ㈜월세드림은 타 P2P 업체와 차별화되는 세 가지 비전을 내놓았다.

"안전성, 수익성, 환금성"

이 세 가지가 P2P 시장에서 ㈜월세드림이 가지는 독보적인 메리트인 동시에 투자자들을 대신해 ㈜월세드림이 미리 지불한 불신의 비용이다. 결론적으로 투자자들의 합리적인 의심이 곧 ㈜월세드림의 비전이 됐다고도 볼 수 있다. 그렇다면 이제는 안전성, 수익성, 환금성의 비전을 ㈜월세드림이 구체적으로 어떻게 현실화시켰는지 살펴볼 차례다.

[선매입 후분양의 원칙으로 연체 없는 수익을 추구한다: 안전성]

기존 P2P 업체들의 가장 큰 문제는 월세 수익이 나지 않아 투자자들에게 약속한 이자를 지급하지 못했다는 것이다. 이자를 받기 위해 투자했는데 이자가 제때 나오지 않으면 당연히 투자자들로부터 외면을 받을 수밖에 없다. 업체들 대다수가 영세해 기본 자금이 충분하지 않아 다른 사람에게서 받은 자금으로 투자를 진행했기에 발생하는 문제였다.

이를 해소할 수 있는 방법은 간단하다. 먼저 월세수익이 안정적으로 나오는 상가를 선매입한 후에 투자자들을 모으면 된다. 물론 그러기 위해서는 업체 자체가 어느 정도의 자본금을 보유하고 있어야 한다.

㈜월세드림은 설립 전부터 꾸준히 상가투자를 해오며 상가를 선매입할 수 있는 자본금을 축적해왔다. 이를 바탕으로 ㈜월세드림은 수익성이 확실한 매물을 먼저 사들인 다음 투자자들에게 정보를 투명하게 공개해 확실한 수익률을 제시했다. 이렇게 안전장치를 만들어두어도 미납 등의 문제로 얼마든지 수익 지급에 차질이 생길 수 있는 것이 상가투자다. ㈜월세드림은 이를 잘 알고 있기에 선매입 후분양의 안전장치 외에 또 한 가지 안전장치를 마련했다.

만일 월세 미납 등으로 인해 투자자들의 수익이 보장되지 못하는 상황이 되면 자사 부동산을 매각하거나 보증금을 이용하는 방식으로 자금을 융통해 약속한 수익을 최대한 제때 지급하는 방법까지 도입한 것이다. 최대한 자본금으로 첫 번째 안전장치가 제대로 작동하지 않을 때를 대비해 플랜 B, 두 번째 안전장치까지 준비해둔 셈이다.

투자자의 입장으로 시작했기에 ㈜월세드림은 그 어떤 업체보다 투자자들의 불안을 잘 이해할 수 있다. 그렇기에 ㈜월세드림은 투자자들의 불신을 신뢰와 확신으로 바꾸기 위한 비용을 주저 없이 먼저 지불할 수 있었다. 투자자들이 그 무엇보다 안전성을 최우선 가치로 두고 투자할 수 있도록, 앞으로도 ㈜월세드림은 불신에 대한 비용을 앞서 지불하는 과감한 영업방식을 이어나갈 계획이다.

투자에 앞서 또 한 가지 주목할 점은 ㈜월세드림의 수익률이다. 안전성이 확인되었다면 그다음으로 살펴보아야 할 것은 단연 수익성이다. ㈜월세드림은 수익성 면에 있어서도 결코 다른 투자에 뒤처지지 않는다. 오히려 12개월 투자를 기준으로 했을 때 ㈜월세드림은 은행 이자 예금의 약 4배, 혹은 그 이상의 수익을 발생시킬 수 있어 확실한 메리트가 있다. 이는 주식이나 기타 투자처와 비교했을 때에도 결코 적지 않은 수준이다.

여기까지 읽고 ㈜월세드림의 수익률을 꼼꼼히 검토해본 사람이라면, 한 가지 의문을 제기할 수 있다. ㈜월세드림의 수익률이 타 P2P 부동산 투자업체에 비해 적은 이유가 무엇인지, 당연히 궁금할 것이다. 투자자 입장에서는 수익률이 조금이라도 더 높은 곳에 투자하는 것이 합리적이다.

이에 대해 ㈜월세드림은 명확하게 답변할 수 있다. 타 업체에 비해 ㈜월세드림의 수익률이 적어 보이는 이유는 '플랫폼수수료' 때문이다. ㈜월세드림은 플랫폼수수료가 따로 없는 구조다. 그렇기에 명시된 수익률이 곧 투자자들이 실제로 가져가는 수익률이라고 보면 된다.

타 업체에 투자를 고민할 때도 이 부분을 유의해서 살펴보아야 한다. 다른 곳보다 수익률이 조금 더 높아 투자를 결정했는데, 나중에 알고 보니 플랫폼수수료가 따로 있어 실제 수령하는 금액에 차이가 생기는 경우가 있다. 이런 경우를 경험하시는 분들이 실제로 적지 않다. 물론 해당 업체에서 사기를 친 것은 아니다. 하지만 왠지 당한 듯한 기분이 드는 것은 어쩔 수가 없다.

투자자들의 혼란을 최소화하기 위해 ㈜월세드림은 수수료를 뺀 수익률만을 정확히 기재했다. 그러다 보니 상대적으로 ㈜월세드림의 수익률이 낮은 것처럼 보이지만 실제로 ㈜월세드림의 수익률은 타 업체와 거의 차이가 없다.

앞으로도 ㈜월세드림은 투자시장을 다각도로 공략해 투자자들이 좀 더 높은 수익을 가져갈 수 있는 방안을 선보일 예정이다. 그 일환으로 곧 개시를 앞둔 투자상품이 자사가 직접 운영하는 요식업 매장의 수익에 대한 수취권 펀딩이다.

상품의 이름에서 알 수 있듯 이는 상가 지분에 투자해 월세를 얻는 방식이 아니라 ㈜월세드림이 직영으로 운영하는 매장에 투자를 해 매장에서 나오는 수익금을 배당하는 방식이다.

그렇다면 매장 수익에 대한 수취권 펀딩에는 어떤 메리트가 있을까? ㈜월세드림에서 기존에 해왔던 P2P 상가투자 월세 수익 상품의 연 수익률이 7%였다면, 매장 수익 상품의 연 수익률은 최대 18%에 달한다. 월세수익에 비해 수익률이 두 배 이상으로 월등히 높은 것이다. 18%의 수익률은 타 P2P 업체에서는 쉽게 찾아볼 수조차 없는 수치다.

그렇기에 이번에 새로 선보이는 ㈜월세드림의 매장 수익 상품은 보다 공격적인 투자를 통해 수익을 극대화하고자 하는 투자자들에게 적합한 투자처가 되어 줄 것이다. 이처럼 ㈜월세드림은 현재에 안주하지 않고, 안전성, 수익성, 환금성을 바탕으로 개개인이 자신의 성향에 맞는 투자를 할 수 있도록 다양한 선택지들을 더 늘려갈 계획이다.

그 어떤 상황에서도 수익률을 놓치지 않는 합리적인 플랜으로, 더 많은 분들이 ㈜월세드림을 통해 부자DREAM을 차근차근 이뤄갈 수 있기를 소망한다.

[원한다면 언제든지 자산을 현금화할 수 있다: 환금성]

삶을 살다 보면 항상 예기치 못한 문제가 발생하기 마련. 갑자기 큰돈이 필요한데 자산을 현금화할 수 없으면 대출 등의 방법을 통해 문제를 해결해야 하므로 그에 따른 손해가 발생하게 된다. 그렇기 때문에 투자할 때 안전성과 수익성만큼이나 눈여겨보아야 할 것이 바로 환금성이다.

금이나 달러 등의 현물은 필요할 때 바로 현금으로 바꿀 수 있어 환금성이 높다. 그 자체가 현금의 역할을 대신할 수 있기도 하다. 그러나 부동산은 환금성이 낮은 대표적인 투자처다. 급하게 돈이 필요하다고 해서 집이나 땅을 곧바로 팔 수 있는 것이 아니기 때문이다.

그래서 일반적으로 부동산 투자가 환금성을 가지기는 매우 어렵다. 손해를 보지 않고 부동산을 매각하려면 적어도 6개월 이상의 기간이 필요하다. 타 P2P 업체들이 원금 보장을 약속하지 못하는 이유도 바로 여기에 있다.

그러나 ㈜월세드림은 상가 월세 수취권에 투자한 투자자들이 원할 때 언제든지 투자 원금을 회수할 수 있도록 하고 있다. 어떻게 이런 일이 가능할까? 이를 이해하기 위해서는 ㈜월세드림의 자금 관리에 대해 좀 더 깊이 있게 들여다볼 필요가 있다.

앞서 설명했듯 ㈜월세드림은 기본적으로 자사가 보유한 자본금을 가지고 상가를 선매입해 투자를 유치하는 방식을 취하고 있다. 하지만 수익금의 연체를 막고 부실 등에 대응해 투자자들의 원금을 더욱 확실하게 보장하기 위해서는 급할 때 대출을 받을 여러 창구를 가지고 있어야 한다.

㈜월세드림이 가진 대출 창구는 크게 세 가지다. 첫 번째가 바로 은행 같은 제1금융권의 대출이다. 은행에서 중도인출을 할 수 있는 금액을 자본금으로 잡아두되, 해당 금액은 실제로 활용하지 않고 묶어두는 방식으로 유사시에 대비하는 것이다. 예상치 못한 변수가 생겼을 때는 이 자본금으로 투자자들의 수익과 원금을 어느 정도 보호할 수 있다.

만약 지급금액이 은행 대출을 넘어선다면?

그렇다면 자연히 위와 같은 의문이 생겨난다. 그런 상황이 닥칠 때를 대비해 자사는 언제든지 제2순위 금융에서 추가로 대출을 받을 수 있도록 대출 관련 절차를 상시 준비해두고 있다.

물론 2순위 대출 플랜을 작동하게 되면 1순위 은행권 대출에 비해 이자율은 더욱 높을 수밖에 없다. 그렇기 때문에 ㈜월세드림은 대출이 추가로 필요할 때 첫 번째 방식에서 바로 두 번째 방식으로 넘어가는 것이 아니라 중간에 또 한 가지 안전장치를 마련해두었다. 1순위 대출만으로 자금이 부족하다는 판단이 서면 2순위 대출을 받기에 앞서 오프라인 팀이 출동해 리스크를 분산하기 위한 투자를 유치하는 것이다.

예를 들어 A 상품에 대한 선호도가 떨어져 원금 회수를 원하는 투자자들이 늘어나고 있다면 오프라인 팀이 나서서 적극적으로 A 상품을 홍보해 추가로 투자금이 유입될 수 있도록 한다. 이처럼 상황에 맞게 선택적으로 공격적인 마케팅을 펼쳐 최대한 2순위 대출을 받지 않고 투자를 꾸려나갈 수 있도록 하는 것이 ㈜월세드림의 운영방침이다.

마지막 세 번째 방식은 법인 투자자로부터 자금을 조달받는 방법이다. 자사는 지속적이고 안정적으로 믿을 수 있는 법인 투자자를 유치해, 위급 시 대출을 받지 않고도 일시적으로 큰 자금을 조달할 수 있는 창구를 자체적으로 마련했다. 이러한 방법을 통해 ㈜월세드림은 이자율을 낮추면서, 거액의 비상자금이 필요한 상황에 유동적으로 대처할 수 있다. 앞으로도 꾸준한 법인 투자 유치를 통해 리스크를 꾸준히 줄여갈 계획이다.

이렇듯 자사는 '달걀을 한 바구니에 담지 말라'는 격언대로 각각의 대출 창구를 개별적으로 마련해 투자자들이 최대한 안전한 투자를 할 수 있도록 하고 있다. 자금 확보 창구를 다양하게 마련하는 체계적인 운영방침은 ㈜월세드림이 투자자들에게 자신 있게 수익성과 환금성을 강조하도록 하는 원동력이다.

환금성을 극대화하기 위한 노력은 결국 투자의 안전성 및 수익성과도 직결된다. 플랜 B에 그치지 않고 플랜 B, 플랜 C까지 마련하는 빈틈없는 대비를 통해 자사는 안전성, 수익성, 환금성의 세 가지 원칙을 확고하게 지켜나가고 있다. ㈜월세드림의 이러한 시스템을 통해 투자자들은 최상의 투자 환경에서 현실적으로 가장 합리적인 투자를 진행할 수 있을 것이다.

• ㈜월세드림이 나아갈 길: ㈜월세드림의 미래

올해 들어 투자형 부동산 시장은 크게 위축되었다. 정권이 교체되면서 부동산 관련 법들이 개정된 데다 경기불황과 공급 과잉 등으로 인해 공실이 증가하고 있어 수익률, 분양률, 거래량까지 감소하는 추세다. 그러다 보니 수익형 부동산에 투자하려는 심리는 더욱더 얼어붙고 있다.

하지만, 위기는 곧 기회다.

전문가들은 이러한 상황 속에서도 올바른 투자처를 알아볼 수 있는 혜안을 지녔다면 얼마든지 부동산 투자를 통해 수익을 얻을 수 있다고 조언한다. 부동산 침체 경기가 오래지 않아 회복될 것이라는 낙관적인 전망도 적지 않다.

어려운 상황에서 부동산 투자에 성공하기 위해 필요한 것은 위기를 기회로 여기고 과감히 도전하는 정신과 성공을 현실로 만들어줄 믿을 수 있는 투자처다. ㈜월세드림은 각 분야의 전문가들이 엄선한 부동산만을 선정해 다수 할인 매수하는 방식으로 투자자들에게 안전한 펀딩 상품을 제공하기 위해 최선을 다하고 있다.

투자자들에게 건네는 자사의 약속은 간결하고 분명하다. '자본금이 넉넉하지 않은 투자자들도 스마트폰의 어플로 간편하게 상가 월세 지분에 투자하고, 원할 때는 언제든지 투자금을 회수할 수 있다'는 단순한 컨셉이 ㈜월세드림의 모티프이자 비전이다.

얼핏 보면 매우 단순해 보이지만, 이제까지 이런 컨셉을 강조하는 믿을 수 있는 P2P 업체는 없었다. ㈜월세드림은 지금까지 있었던 P2P 업체와는 확실히 차별화된 자사만의 강점을 바탕으로, 투자자들과 갑을 관계가 아닌 파트너십을 맺고자 한다. 혼자가 아니라 같이, 끌어주고 밀어주며, 부동산 투자라는 험난한 부자DREAM의 길을 걸어가고자 한다.

투자자들은 결코 어리석지 않다. 이익이 되지 않는다 싶으면 가차 없이 돌아서는 것이 투자자들이다. 냉혹한 투자시장에서 ㈜월세드림은 투자자들에게 이미 그 가치를 한 차례 이상 검증받았다.

㈜월세드림이 투자자들에게 모습을 드러낸 것은 비교적 최근이지만, 자사는 1차 상품을 올해 5월 초 1억 원 펀딩에 성공했고 현재 2차 상품 펀딩 모집이 순조롭게 이루어지고 있다. 자사 직영 매장의 수익 수취권에 대한 시장의 반응도 뜨겁다.

짧지만 뚜렷한 성과로 많은 투자자들의 뇌리에 강한 인상을 남긴 ㈜월세드림의 신화는 지금부터 시작이다.

앞으로도 우리는 안전성, 수익성, 환금성의 세 가지 가치를 확고하게 지켜나가며 상가 및 사무실, 매장 수익 등을 통한 다양한 투자 모델을 선보일 것이다. 이 자리를 빌려 보다 많은 투자자들이 우리 플랫폼을 통해 꿈을 이룰 수 있도록, 끊임없는 도전과 쇄신으로 새로운 투자 메리트를 만들어갈 것을 약속드린다. 소액투자자뿐만 아니라 자영업을 하는 사람들까지도 ㈜월세드림을 찾는 그 날까지, ㈜월세드림은 묵묵히 이 길을 가고자 한다.

그런 의미에서 이 책은 ㈜월세드림이 걸어온 길이자, 앞으로 걸어갈 길인 동시에 앞으로도 변함없는 ㈜월세드림의 가치를 지켜나가겠다는 선언이다. 혼자 가면 빨리 갈 수 있을지 모르나, 함께 가면 더욱 멀리 갈 수 있다. 우리는 같이의 가치를 믿는다. 아직 나아갈 길이 멀다. ㈜월세드림은 오늘도 같이의 가치를 믿는 사람들과 발을 맞추어 천천히 나아가고 있다.

시공사도 개인도 판매자일 뿐이다

• 시공사 선정, 왜 중요할까?

꼭 상가가 아니더라도 부동산 투자를 고민해본 적이 있는 사람이라면 누구나 시행사나 시공사 같은 단어들을 한 번쯤 들어보았을 것이다. 상가는 상권과 입지만 잘 따지면 되는 것이 아니냐고 생각하기 쉽지만 상가투자에 있어서는 시공사를 잘 선택하는 것도 매우 중요하다. 앞서서 짚었던 부분이지만 한 번 더 개념부터 확실히 짚고 가자. 시행사와 시공사는 구체적으로 어떤 차이가 있을까? 구분이 잘되지 않는다는 분들도 있지만, 단적으로 말하면 시행사와 시공사는 완전히 다른 개념이다.

- **시행사**

  먼저 시행사란 실질적인 사업 운영자를 말한다. 공사를 진행할 땅부터 구입해 무엇을 지을지, 어떻게 지을지 등 공사의 전반적인 사항들을 모두 책임지는 역할을 한다. 경우에 따라 건물의 설계뿐만 아니라 분양까지 담당하기도 한다.

- **시공사**

  이와 달리 시공사는 시행사와 계약을 맺는 일종의 건설사업자다. 시행사가 원하는 대로 공사를 진행해주는 역할을 한다. 공사를 총괄하는 주인이 시행사라면, 공사를 받아서 실무를 진행하는 것이 시공사다.

시행사가 건설 사업의 인·허가권을 가지고 있기는 하지만 대형 기업이 아닌 한 시행사들이 건설공사를 위해 수백억에서 수천억에 이르는 토지를 사전에 사들이는 경우는 거의 없다. 그렇기 때문에 일반적으로 시행사는 시공사인 대형 건설사들의 지급보증을 통해 토지를 매입하게 된다. 시공사의 재무상태와 인지도를 면밀히 검토해야 하는 이유가 바로 여기에 있다.

만약 부실한 시공사에 투자하게 되면 시공사의 부도로 등기가 지연되거나 이로 인해 각종 경매 등 소송에 휘말릴 수 있다. 부동산 투자도 본질적으로는 시간에 대한 투자라고 볼 수 있는데, 시공사의 문제로 분양이 지연되면 임대수익을 얻으려다 원금마저 날릴 위기에 처할 수 있는 것이다. 그렇기에 투자에 앞서 반드시 시공사의 경영상태와 신용도, 차입 여부 등을 세세하게 살펴보아야 한다.

또한 수익형 부동산, 그중에서도 상가는 설계와 디자인이 수익과 직결되어 실력 있는 시공사를 찾는 것이 무엇보다 중요하다. 눈길을 사로잡는 상가, 고객의 동선을 잘 파악한 상가가 분양률이 높고, 분양가 또한 높을 수밖에 없지 않겠는가? 그렇기 때문에 상가투자를 할 때는 어느 시공사가 실제로 공사를 하는지, 시공사의 스타일은 어떤지, 과거 분양률은 어느 정도나 되는지, 부도가 난 적은 없는지 등을 꼼꼼하게 파악할 필요가 있다.

[레몬마켓(Market for Lemons): 정보의 비대칭성]

그런데 부동산 투자 경험이 적은 일반인이 얻을 수 있는 정보는 제한적이라 좋은 시공사를 알아보기 어렵다. 정보는 재산의 정도처럼 겉으로 드러나거나 정확하게 측정할 수도 없다. 그러다 보니 자연히 개인은 시장에서 상대적으로 정보를 많이 알지 못하는 정보열위(情報劣位)에 있게 된다.

이러한 상황을 경제학에서는 '정보의 비대칭성(information asymmetry)'이라 칭한다. 정보 비대칭이 발생하면 개인은 손해를 보게 될 가능성이 크고, 이러한 현상이 뚜렷한 해결책 없이 장기화되면 시장 자체가 침체된다.

중고차 시장을 떠올리면 쉽게 이해할 수 있다.
중고차를 판매하는 사람이 중고차를 사려는 사람보다 많은 정보를 가지고 있는 중고차 시장에서, 중고차 판매자는 구매자의 정보가 제한적이라는 사실을 잘 알기 때문에 성능이 떨어지는 차를 실제 가치보다 비싸게 팔려는 유혹을 떨치기 어렵다. 물론 양심적으로 영업하는 판매자도 있겠지만 실제로 좋지 않은 물건을 속여서 판매하는 경우도 심심찮게 벌어진다. 그러다 보니 구매자는 불량품(Lemon)을 속아서 구매할 위험을 완전히 배제할 수 없다.

이렇게 정보의 비대칭이 작동하면 거래주체들이 완전한 정보를 가지고 거래할 때에 비해 비효율적인 자원배분이 발생할 우려가 있다. 판매자 입장에서는 물건을 팔기가 어렵고 구매자 입장에서는 손해를 볼 수 있는 것이다. 그에 대한 대표적인 결과가 바로 역선택. 즉, 구매자들이 손해를 보거나 아예 해당 시장을 이용하지 않으려고 하는 현상이 발생한다. 그렇게 되면 좋은 물건을 팔고자 하는 사람들은 중고차 시장에 매물을 내놓지 않게 되고 이러한 현상이 지속되면 시장에는 품질이 낮은 매물만 남아 제 기능을 완전히 상실하게 된다.

상가투자 역시 중고차 시장과 유사한 면이 있다. 개인이 시공사에 대해 얻을 수 있는 정보가 한정적이다 보니, 잘못된 선택을 해 손해를 보거나 아예 상가투자 자체를 불신해 투자를 기피하는 현상이 발생한다. 이런 현상은 예전부터 이미 도처에서 나타나고 있다.

• 그럼에도 불구하고, 부동산 투자

하지만 앞서 언급했듯 부동산 투자는 부자DREAM을 위한 필수코스이
자 제대로 된 투자처만 발견하면 꾸준한 수익을 안겨주는 '황금알을 낳는
거위'다. 다양한 형태의 부동산 가운데에서도 특히 상업용 부동산으로부
터 얻을 수 있는 메리트는 상당한 수준이다.

생각해보라. 우리는 집에서 생활하지만 하루 중 대부분의 시간을 집이
아닌 회사, 오피스텔, 상가 등의 상업용 부동산에서 보낸다. 집이 반드시
필요한 것은 맞지만 상업용 부동산은 우리가 생각하는 것 이상으로 우리
생활 속 깊숙이 침투해있다. 상가와 같은 상업용 부동산이 주는 메리트
가 여전히 유효한 이유다.

이에 더해 주택 투자의 경우 집값 안정화를 위해 시작된 9·13 부동산
대책을 기점으로 하락세가 이어지고 있다. 다주택자 종합부동산세를 강
화함과 동시에 주택담보대출도 어려워지자 시장 전반이 침체되는 흐름을
보이는 것이다. 주택산업연구원의 자료를 살펴보면 이 같은 경향을 더욱
뚜렷하게 확인할 수 있다.

주택산업연구원 자료에 따르면 올해 1~4월 주택매매가격은 전국적으
로 0.6% 하락했고 전년 동기 대비해서는 1.2%p 떨어진 수치를 나타냈다.
특별히 집값이 높게 형성된 서울, 경기, 인천 등 수도권의 경우 2.0%p로
대폭 하락하는 현상을 보였다. 거래량도 눈에 띄게 줄었다. 올해 1~4월
전국 주택거래량은 45만 7천여 건, 이는 전년 동기(62만 1천여 건) 대비
26.5%나 감소한 수치다.

그럼 주택 시장의 상황도 여의치 않은데, 상가투자라고 다를까?

다르다. 주택과 상가는 완전 다른 개념이라고 보아야 적절하다. 위와 같은 생각을 하고 있다면, 이는 하나만 알고 둘은 모르는 처사다. 각종 규제로 인해 집값이 떨어지고 있다. 그러면 시중의 유동 자금이 자연스럽게 남아돈다. 남는 자금을 굴리지 않고 푹 박아둘 사람이 있을까? 당연히 없다. 그러면 자금은 어디로 흘러가게 될까? 규제의 압박이 덜한 상업부동산 시장으로 모여들게 된다.

한국감정원에 따르면 지난해 전국 집합 상가 연간 투자 수익률은 7.23%로 전년 대비 0.75%p 상승했고, 거래량 또한 높게 나타났다. 실제로 지난 2017년 상업업무용 부동산 거래량은 38만 4,182건으로 역대 최고치였고, 작년에는 37만 1,758건을 기록하며 소폭 하락했지만 여전히 활기를 띠었다. 젠트리피케이션(Gentrification, 상권 내몰림 현상)과 공실률 증가 등으로 상가시장의 분위기가 다소 침체되었다고는 하나 변화한 거리에만 나가보아도 대번에 알 수 있다.

몇 달째 임대 딱지가 붙어 있는 상가가 있는가 하면 그로부터 멀리 떨어지지 않은 곳에 발 디딜 틈 없이 인파가 몰려드는 상가도 있는 것이 바로 그런 사례다. 실제로 부동산 상가투자에 있어 양극화가 심해질 뿐 '되는 곳은 여전히 된다'는 것이 많은 전문가의 공통된 입장이다. 그렇기에 다소 리스크가 있지만, 현시점에서 부동산 투자를 한다면 잘 따져보고 불황에도 흔들림 없는 상가 매물에 투자하라고 전문가들은 조언한다.

물론 중요한 것은 수익성이 있는 상가를 알아보는 혜안이다. 하지만 불행히도 우리 모두가 그런 혜안을 가지고 있지는 않다. 경험이 많거나 투자에 타고나 확신을 가지고 상가투자를 할 수 있는 사람들은 극소수에 불과하다. 그렇지만 투자 없이는 큰돈을 벌 수 없다. 꼭 부동산 투자가 아니더라도 소위 '금수저'가 아니고서야 투자를 해야지만 부자DREAM을 이룰 수 있다.

• 신규상가 부동산 투자의 위험성

상가투자라고 하면 어떤 그림이 먼저 떠오르는가? 대부분의 사람들은 신규상가분양 투자를 먼저 떠올리기 마련이다. 아무래도 신규상가투자가 광고나 뉴스 매체를 통해 가장 많이 접할 수 있는 투자상품이기 때문일 것이다. 지하철에서, 길에서 자주 접할 수 있는 신규상가분양 광고에는 투자자들을 끌기 위한, 눈과 귀에 쏙쏙 박히는 문구들이 가득해 기억에도 더 많이 남는다.

당연히 사람들은 대개 자신이 잘 알고 있다고 생각하거나, 자주 접한 분야에서 투자를 시작한다. 그러다 보니 대다수의 사람들이 상가 신규분양시장으로 몰려드는 것은 어찌 보면 자연스럽다고 하겠다. 하지만 알고 가자. 신규 분양 상가는 다른 부동산 분야와 비교했을 때에도 상당한 신중함이 요구되는 분야다.

만약 당신이 초보투자자라면?

첫 투자에서 신규 분양 상가를 선택했다면 열에 아홉은 두말할 필요도 없이 돈 버리는 짓이 될 것이다. 투자 공부한 셈 치겠다 생각할 수도 있겠다만 어쨌든 재미를 보기란 그야말로 하늘의 별 따기다. 이유가 무엇일까?

매우 간단하다. 신규상가들은 거의 모두 건물이 올라가기 전부터 분양되기 때문에 설계도면을 보고 건물 내 상가 동선을 파악해야 하기 때문이다. 상가는 아파트처럼 홍보관이 따로 있는 것도 아니라서 본인이 설계도면에 대한 지식이 어느 정도 있어야 빠르게 가치를 판단할 수 있다. 동선과 공간 분할, 그 밖의 여러 가지 규제, 안전시설 등에 따라 가치가 천차만별로 차이 나는 것이 상가다. 관련법을 잘 알지 못하는 초보자라면 아무래도 놓치는 부분이 많을 수밖에 없다.

또한 상가투자를 신규 분양 매물 위주로 하는 경우 준공 후 최대 3년 뒤까지를 내다보아야 하는데 상가는 완공 전과 이후까지도 변수가 크고, 미래가치도 주택에 비해 예측이 어렵다. 믿을 만한 분양사나 시공사라 해도 이들이 예측하는 수익률, 지역 개발 호재만을 믿고 덜컥 투자하기에는 투자금액이 턱없이 크다.

부지만 선정된 상태에서 상가의 입지를 비롯해 앞으로의 전망, 상가 내부 시설, 게다가 시공사까지 따져야 하니 부동산 투자에 잔뼈가 굵은 고수들도 선뜻 투자에 나서지 못하는 것이다.

이에 대한 대안으로 제시되는 것이 바로 상가 월세 투자다.

이는 상가 매물 자체에 투자하는 것이 아니라 여러 가지 변수를 따져 분양 가능성과 미래가치를 복잡하게 파악하지 않아도 되고, 월세를 받는 입장에서 해당 상가가 메리트가 있는지를 중점적으로 판단하면 되기 때문에 초보자들도 얼마든지 실속 있는 투자를 할 수 있다.

더욱이 그중에서도 이미 지어진, 월세수익이 안정적으로 나오고 있는 상가들을 대상으로 한 P2P 상가투자는 초보자들도 쉽게 접근할 수 있고 비교적 소액으로도 수익을 꾸준히 낼 수 있어 이제 막 상가투자의 첫걸음을 떼는 사람들에게 적합하다.

[시공사와 개인투자자, 악순환의 고리]

부동산 투자를 하고 싶지만 믿을 만한 시공사를 찾을 수 없다는 사람들을 자주 만난다. 나름대로 정보를 알아보며 검증에 나서지만 쉬이 결정을 내릴 수 없다는 것이다. 백번 공감할 수 있는 이야기다. 호기롭게 투자를 결심하고 나서도 연일 매스컴을 타는 상가투자 관련 사기소식을 들으면 이내 가슴이 철렁 내려앉는다며, 차라리 은행에 돈을 묶어두겠다고 하는 사람도 적지 않다.

최근에는 분양률이 저조할 것을 우려해 애초부터 시공사들이 '분양률이 저조하면 시공계약을 취소할 수 있다'는 단서를 달아 조건부 시공계약을 하는 경우도 적지 않아 투자자들의 우려가 더욱 커지고 있다.

이러한 조건으로 계약하면 분양률이 일정 수준에 도달하지 못했을 때 시공계약이 취소되거나 시공사가 도중에 바뀌기도 한다. 시공사의 브랜드 가치를 믿고 투자한 투자자 입장에서는 황당한 일이 아닐 수 없다. 조건부 시공을 피해가기 위해서는 시공사의 책임 준공이라는 단서가 달린 상가를 고르는 것도 방법이지만, 초보자가 손해를 직접 겪지 않고 이런 부분까지 스스로 알아낼 확률은 지극히 낮다. 개인적으로 시공사가 바뀌는 황당한 경험을 하고 나서야 책임 시공의 중요성을 아는 경우가 대다수인 이유다.

시공사들의 입장도 이해할 수 없는 것은 아니다. 상가의 경우 분양률이 저조하면 자칫 공사비를 떼일 수도 있기 때문에 리스크를 최소화하겠다는 것인데, 시공사 입장에서도 수익을 내기 위해 사업을 하는 것이므로 이러한 계약 자체를 비난할 수는 없다.

문제는 정보의 비대칭성으로 투자자들이 상가투자를 기피하면서 분양률이 낮아지고, 분양률이 낮아지니 시공사는 나름의 자구책(自救策)으로 조건부 계약을 내세우게 되고, 그 결과 투자자들의 불신이 더욱 커지는 악순환이 반복되고 있다는 점이다.

상황이 이렇다 보니 정보의 비대칭성으로 인해 피해를 보는 것은 비단 개인투자자들뿐만이 아니다. 시공사 역시 투자자를 찾지 못해 어려움을 겪고 있다. 결국 시공사는 시공사대로 투자자를 찾지 못해 속앓이를 하고, 투자자들은 투자자대로 믿을만한 투자처가 없다며 볼멘소리를 하는 실정이다.

[결국 우리 모두가 판매자다]

우리는 필요한 모든 것을 스스로 갖추고 살아갈 수 없다.

그렇기 때문에 내가 가지지 못한 것을 가진 다른 사람과의 '계약'을 통해 서로 원하는 것을 얻어야 한다. 자본주의사회에서 그것을 매개하는 것은 잘 알다시피 돈이다. 이러한 관점에서 모든 거래를 이해할 수 있다. 물건을 구입하는 것은 내가 가지지 못한 물건을 가진 사람에게 돈을 주고 물건을 받아오는 행위이고, 서비스를 활용하는 것은 내가 할 수 없거나 하기 싫은 일을 할 수 있는 사람에게 돈을 주고 맡기는 행위다.

돈을 버는 일 또한 마찬가지다.

개인은 자신이 가진 것 중 남들이 필요로 하는 물건을 팔거나 남들이 하지 않는 일을 해주는 대가로 돈을 받는다. 이렇게 돈은 돌고 돈다. 일반적으로 모든 개인은 자신이 할 수 있는 일로 돈을 벌어 할 수 없는 일에 지불한다. 이처럼 우리 모두는 돈을 벌기 위해서 스스로의 재화나 능력, 시간 등을 팔고 있는 것이다.

넓은 의미에서 투자 역시 판매의 일환이다.

'팔다'라는 동사의 사전적 정의는 '값을 받고 물건이나 권리 따위를 남에게 넘기거나 노력 따위를 제공하다'인데, '투자하다'의 의미 역시 '이익을 얻기 위하여 어떤 일이나 사업에 자본을 대거나 시간이나 정성을 쏟다'라는 뜻이다. 사전적 정의에서 알 수 있듯 판다는 행위와 투자한다는 행위는 본질적으로 비슷하다. 즉, 무언가를 얻기 위해 다른 무언가를 대가로 치른다는 점에서 파는 행위와 투자하는 행위는 근본적으로 같다. 그렇기에 현대사회에서 우리 모두는 판매자다.

• 시공사와 투자자를 잇는 징검다리, ㈜월세드림

그러나 내가 아무리 좋은 물건을 가졌다 한들, 이를 꽁꽁 숨겨두고 보여주지 않으면 사겠다는 사람이 나타날 리 만무하다. 반대로 필요한 것이 있어도 이를 드러내지 않으면 판매하겠다는 사람이 저절로 찾아올 리가 없다. 거래가 성사되기 위해서는 이해관계가 맞아떨어지는 두 사람이 서로 가진 것을 보여줄 수 있는 접점이 필요한 것이다.

그리고 시장이 바로 접점이다. 그런데 부동산 시장, 그중에서도 상가투자시장은 개인투자자의 불신으로 제대로 된 시장의 역할을 하지 못하고 있다. 그 결과 시공사는 좋은 계획이 있는데도 투자가 제대로 이뤄지지 못해 공사하지 못하고, 투자자들은 돈이 있는데도 믿을 수 있는 시공사를 찾지 못해 은행에 돈을 묶어둔다.

상가 매물을 팔려는 시공사와 돈을 투자하려는 투자자, 두 판매주체가 정보가 비대칭적으로 주어지는 시스템의 한계를 극복하지 못하고 이어지지 못한다. 당연히 이것은 양쪽 모두의 손해인 동시에 사회적, 국가적인 손실로까지 이어진다.

이러한 딜레마를 해결해줄 수 있는 것이
바로 P2P 상가투자업체 ㈜월세드림이다.

이제 P2P 상가투자는 비단 신규상가분양에만 국한되지 않는다. 오히려 최근 들어서는 신규상가분양을 P2P 방식으로 하는 것보다 상가 매물을 이용해 여러 가지 수익 상품을 창출, 여기에 투자할 개인투자자들을 모으는 방식이 더욱 각광 받고 있다. 지어질 만한 곳에는 웬만큼 다 상가가 지어져 상업용 부동산도 전국적으로 과포화 상태에 이르렀기 때문이다.

투자자들은 새로운 상가보다 기존에 있는 검증된 상가를 잘 활용하는 것이 투자 측면에서 더욱 높은 수익을 보장한다는 사실을 알고 있다. 수익률, 공실률 등 도처에 깔린 정보들이 이를 반증한다. 그렇기에 앞으로도 부동산 투자시장의 트렌드는 부동산 자체에 대한 투자보다 부수적인 상품에 대한 투자로 흘러갈 가능성이 크다.

[지금, 당신이 P2P 상가 월세 투자를 해야 하는 이유]

앞서 여러 차례 언급했듯 상가투자시장에 있어 ㈜월세드림의 입장은 '월세수취권에 대한 투자권을 유치하는 판매자인 동시에 함께 투자를 진행하는 투자자'이기 때문에, 시공사와 개인투자자를 연결해주는 믿을 수 있는 징검다리의 역할을 할 수 있다.

투자자의 입장에서 올바른 투자를 하기 위해 ㈜월세드림의 전문 인력이 일차적으로 시공사를 선정하고, 믿을 수 있는 시공사 정보를 투자자들에게 제공함으로써 자금이 원활하게 조달되도록 돕는 것이다. 그렇게 되면 개인투자자들은 전문가가 검증한 시공 업체에 투자할 수 있어 좋고, 시공사는 안정적인 자금을 확보할 수 있어 좋다.

나아가 ㈜월세드림은 괜찮은 매물을 ㈜월세드림이 선매입하고 이에 대한 여러 가지 상품을 출시해 투자 리스크는 줄이고, 이익은 확실히 낼 수 있는 구조를 만들면서 다소 침체된 상가시장 경기를 다시 부양하는 역할까지도 하고 있다.

이러한 과정을 통해 ㈜월세드림은 기업 가치 상승이라는 메리트와 더불어 시세차익, 투자 위험 분산 및 투자수익 증대 등의 이익을 얻을 수 있다. 결국 시공사와 투자자, 그리고 ㈜월세드림이 모두 자신이 원하는 것을 얻는 이상적인 구도가 펼쳐지게 되는 것이다.

시공사와 투자자 양쪽 다 이익을 보도록 해주는 수익 모델로 사업의 규모가 커지면 ㈜월세드림은 자영업 등을 위해 상가 매물이 필요한 사람들을 위해서도 창구를 열 계획을 가지고 있다. 다시 말해, 우리는 ㈜월세드림을 통해 상가를 임대 또는 매매하고자 하는 사람과 상가를 임차 또는 구매하고자 하는 사람을 이어주는 역할까지도 하고자 한다.

㈜월세드림이 꿈꾸는 것은 '상가'를 중심으로 모든 판매자들을 모으는 종합 플랫폼의 구축이다.

계획이 현실이 된다면 ㈜월세드림은 상가 부동산 투자시장을 선도하는, 작지만 내실 있는 기업으로 자리 잡을 수 있다. 단순히 부자DREAM

을 넘어 상가투자 1번지로 거듭나기 위해 ㈜월세드림은 시공사와 개인을 연결하는 징검다리의 역할을 자처하며 상가투자시장에 만연한 불신, 그리고 그로 인한 악순환의 고리를 끊어내고자 한다.

• 화폐의 시간 가치

끝으로 투자란 미래의 현금 수입과 현재의 현금 지출을 교환하는 행위다. 그렇기에 투자를 고민할 때 사람들은 필연적으로 화폐의 시간 가치, 나아가 화폐의 투자 가치를 따져보게 된다.

간단히 설명하면 이런 것이다. 만약 지금 당신의 손에 100만 원이 있다고 하자. 현재 당신이 가진 이 100만 원이 10년 뒤에 당신이 가지고 있는 100만 원과 동일한 가치를 지닌다고 할 수 있을까? 당연히 그렇지 않다.

여기에는 여러 가지 이유가 있다. 첫 번째 인간에겐 미래에 소비하는 것보다 지금 소비를 하고자 하는 '시차 선호'가 있기 때문이고, 두 번째는 물가 상승으로 인해 돈의 가치가 지속적으로 하락할 가능성이 크기 때문이며, 세 번째는 현재 수중에 있는 100만 원을 적절하게 투자하면 이자가 붙어 10년 후에 재산이 더 불어날 가능성이 있기 때문이다.

그렇기에 일반적으로 화폐의 투자 가치는 이자율 또는 수익률, 다시 말해 같은 금액을 다른 곳에 투자했을 경우 얻을 수 있을 것이라 판단되는 수익을 바탕으로 산출된다. 개인도 기업도 철저히 이러한 수익 계산에 따라 투자 가치가 높은 쪽으로 움직인다.

투자에 있어 시간이란 가능성의 또 다른 이름이다.

누구도 흘러가는 시간 속에서 자유롭지 못하며, 시간을 되돌리거나 빨리 감을 수 없다. 주어진 시간 안에 당신의 돈을 어디에 둘지 결정하는 일이 결국 투자고, 더 많은 이자를 줄 수 있는 곳에 당신의 돈을 맡기는 것이 현명한 투자다.

은행 금리가 2~3%대에 불과한 지금, 금쪽같은 당신의 시간을 어떻게 사용해 돈을 불릴 것인가? 당신이 지금 가진 돈으로 시도할 수 있는 수많은 가능성들 중에서, 당신은 누구에게 당신의 시간을 팔겠는가? 시공사와 개인 간의 정보 격차를 줄여 현명한 투자를 돕는 ㈜월세드림, 시간 대비 고수익을 보장하는 문이 지금 당신의 앞에 활짝 열려있다.

월세 받기 싫어하는 사람도 있습니까?

• 모두가 불안한 시대, 불안을 직면한 386세대

행복한 삶의 필수 조건이 경제적 안정이라는 데 이의를 제기할 사람은 없을 것이다. 언제 얼마가 들어오고 얼마가 나갈지, 얼마를 저축하고 얼마를 쓸 수 있을지 자금의 흐름을 예상해야 사람은 심리적으로 안정감을 느끼고 미래를 대비할 수 있다. 많은 이들이 '월요병'과 각종 스트레스로 고통을 호소하면서도 월급이 '따박따박' 나오는 회사를 박차고 나오지 못하는 이유 또한 그와 무관하지 않을 것이다.

그렇다면 국민 대다수가 경제활동을 하는 지금, 우리는 과연 행복한가? 한 신문사의 통계에 따르면 2018년 12월 조사한 '한국인의 주관적 행복도'는 100점 만점에 55.95점. 신문사가 처음 조사를 시작한 2015년 이래 작년의 점수가 가장 낮은 결과를 보였다. 이러한 결과는 행복에 큰 영향을 미치는 경제적 만족도나 심리적 안정감이 떨어진 현실을 반증한다. 이뿐만이 아니다. 지난해 통계청의 조사에서는 2018년 한 해 동안 불안으로 인해 극단적인 생각을 한 사람들의 37.3%가 '경제적 어려움'을 가장 큰 원인을 꼽았다. 경제적 어려움은 죽고 사는 문제까지 고민하게 만들만큼 우리 삶에 강력한 영향력을 행사한다.

통계자료까지 갈 필요도 없이, 주변만 둘러보더라도 미래에 대한 불안 없이 사는 사람은 많지 않다. 특히 삶의 질, 일상생활과 직결되는 경제적 문제에 대한 불안은 생존과 직결된 만큼 누구나 하는 고민이다. 겉으로 보기에 안정적인 삶을 사는 사람도 들여다보면 저마다의 불안이 있기 마련. 모두가 지금의 삶의 수준을 유지하기 위해 고군분투하고 있다.

청년세대의 불안도 상당하지만 특히 곧 정년퇴직을 앞둔 이들의 불안은 이루 말할 수 없을 만큼 크다. 어쨌든 청년세대는 앞으로 경제활동을 할 시간이 긴 데 반해 소위 '386세대'라고 불리는 60년대 생들은 100세 시대라는 미지의 세계의 문을 처음으로 열어젖히는 세대임에도 경제활동을 할 시간은 얼마 남지 않아 극심한 불안감에 시달린다. 충분한 노후대책으로 삼기에는 턱없이 부족한 국민연금은 그마저도 단계적으로 지급 시기가 늦어져 65세, 나아가 이제는 70세부터 받는다는 이야기까지 나오는 실정이다.

노후 자금에 대한 걱정 없이 건강한 노후를 맞는다면 더할 나위 없겠으나, 현실적으로 그런 가구가 얼마나 될까? 어느 정도의 자금을 모아두었다 하더라도 이미 실질금리가 마이너스로 접어든 때, 생활비를 충당할만한 이자 수입을 만들 방안은 거의 없다고 보아도 무방하다.

그렇다고 한평생 주식, 채권을 모르고 살다가 갑자기 투자할 수도 없는 노릇. 그렇다면 불안 없는 삶, 고민의 종착지는 어딜까?

불경기가 이어지는 상황 속에서 프랜차이즈 자영업에 피 같은 노후 자금을 털어 넣을 수도 없고, 수익률이 높다는 가상화폐도 실체가 없다는 점에서 불안하기는 매한가지다. 결국 이러한 고민의 종착지는 부동산, 그중에서도 월세 수입이다.

매매를 통해 시세차익을 보는 것은 적어도 5년 이상을 바라봐야 하는 중장기 투자인 데다 즉각적인 현금 흐름을 만들 수도 없기 때문이다. 월급을 받듯이 다달이 월세를 받으면 안정적인 현금 흐름을 창출해 안정적인 생활이 가능하다. 한평생 내 집 마련 외에는 부동산 투자에 큰 관심이 없던 사람들이 퇴직을 앞두고 부동산 투자시장을 찾는 이유가 바로 여기에 있다.

[월세, 가장 현실적인 동시에 매력적인 수입원]

월급만 바라보며 살다가 이제 월급 없는 인생으로 걸어 들어가야 하는 이때, 월세는 가장 현실적인 동시에 매력적인 수입원이다. 인생 후반부에 월세 수입 창출에 도전해 처음으로 월세를 받아본 사람들의 반응은 한결같다.

'왜 진작 월세 받는 부동산 투자를 하지 않았을까!'

조금 더 일찍 알았더라면 안정적인 수입 흐름을 만들어 놓고 든든한 마음으로 정년퇴직을 맞을 수 있었을 텐데, 자신의 삶은 부동산 투자와 무관하다고 믿고 살아온 지난 시간이 아쉽다는 것이다. 노후 준비만큼 '유비무환(有備無患)'의 자세가 요구되는 일이 또 있을까? 고사에서 강조하듯 미리 대비하면 걱정할 일이 없다. 그렇다면 퇴직이 눈앞에 다가온 지금, 월세 받는 부동산 투자는 이미 늦은 것일까?

그렇지 않다! 조금이라도 더 빨리 준비를 해뒀다면 좋겠지만 그렇지 못했다고 하더라도 아직 늦은 것은 아니다. 물론 조금 더 일찍 준비했을 때 반해 공격적인 투자를 할 수는 없다. 그러나 무엇보다 중요한 것은 현실적인 관점에서 지금 내가 할 수 있는 최선의 수익을 내는 것이다.

냉정하게 현실을 직시하자.
만약 수입이 꾸준한 상황이라면 대출을 받아 부동산 투자를 하는 것도 고려해볼 수 있다. 그렇지만 인생 후반기에 갑작스레 몇천만 원의 빚을 내기란 심리적으로 상당한 부담이다. 가진 돈으로 월세 받는 투자를 하자니, 입지가 좋지 않거나 수익률이 떨어지는 등 한계가 분명하다. 이에 더해 평생 부동산이라고는 내 집 마련밖에 생각해보지 않은 상황에서 처음 부동산 투자시장에 발을 들여 보니 혼란스럽기 그지없다. 막연히 건물주, 월세 받는 임대사업자가 되고 싶다고 생각했는데, 현실의 벽은 상상 이상으로 높다. 세상에 쉬운 일 하나 없고, 공짜 없다는 말이 절로 나온다.

가장 현실적이고 매력적인 수입원, 월세. 월세 받는 임대 부동산 투자에 앞서 현실적으로 초보를 비롯해 대다수의 월세 임대사업자들이 겪는 일들에 대해 살펴볼 필요가 있다.

• 전대(轉貸)의 어려움

부동산을 임대하려면 먼저 부동산이 있어야 한다. 내가 거주해야 할 내 집을 임대할 수는 없으니 내 집 외에 또 다른 부동산이 최소 하나는 더 있어야 하는 셈이다. 그런데 내 집 마련도 평생의 과업인 시대에 내 집 외에 집을 한 채 더 마련하기란 쉽지 않다. 이런 상황에서 선택지는 크게 두 가지, 대출을 내서 집을 추가로 구입하거나 '전대'하는 것이다.

잘 알다시피 전대란 빌려온 것을 다시 또 다른 남에게 빌려주는 행위, 즉, 부동산 임대에 있어서는 집주인이 아닌 임차인이 자신 외의 또 다른 임차인을 다시 구하는 것을 말한다. 쉽게 말해, 내가 전세 또는 월세로 얻은 부동산을 다시 임대하는 것이 바로 전대다.

예를 들어 보증금 1천만 원에 월세 40만 원인 원룸을 계약해 이를 다시 보증금 300만 원에 월세 60만 원으로 다른 사람에게 임대하는 방식이다. 이렇게 하면 매달 월세로 20만 원 정도의 차익을 보는 셈이니 1천만 원의 보증금만으로 추가적인 수익을 창출할 수 있다. 주식이나 부동산 매매 투자와 달리 원금을 잃을 위험도 낮다. 이처럼 전대를 잘만 활용하면 자본금을 많이 들이지 않고서도 부동산을 임대하는 일이 가능하다. 게다가 매매 과정에서 필요한 세금 납부 등 여러 가지 부대비용이 들지 않아 투자금 대비 수익률이 높고, 단시간에 임대사업 확장이 가능하다는 장점이 있다.

그러나 전대의 경우 본인이 집주인이 아니기 때문에 집주인의 허락을 받아야 하고, 계약에 문제가 되지 않는 선에서만 인테리어를 해야 하며, 4년 이상 장기계약을 할 수 없는 등의 제한이 있다. 전대 매물을 구하는 것부터 쉽지 않은 일이기도 하다. 경험해 본 바에 의하면 부동산 중개소에 전대가 가능한 집을 찾아달라고 요청하거나 집주인에게 전대 계약을 요청했을 때 열에 아홉은 거절하기 일쑤였다. 전대의 개념 자체가 생소하기도 하고, 집주인의 입장에서 시설물 훼손에 대한 불안이 큰 까닭이다.

이런 경우 효과적으로 집주인을 설득하는 방식은 임대인이 공간을 빌려주기에 앞서 마땅히 져야 하는 부담, 즉 싱크대, 세면대, 양변기 등의 생활 필수 시설을 대신 교체하겠다는 조건을 제시하는 것이다. 시설이 낙후되어 있거나 입지가 다소 불리해 공실 위험이 있는 주택일수록 시설 수리 조건을 받아들여 전대 계약을 해줄 확률이 높다. 그 이상의 수익을 얻을 수 있겠다는 확신이 드는 매물이 있다면 이러한 거래도 해볼 만하다.

하지만 이러한 노력에도 불구하고 알지 못하는 임차인에 대한 불안감을 가진 집주인들에게서 임차인을 찾을 권리를 넘겨받는 일은 결코 쉽지 않다. 전대하는 것은 상관없지만 자신이 임차인을 직접 보고 결정을 내리겠다며 끝까지 개입하려는 경우도 적지 않다.

물론 실제 집의 소유권은 집주인에게 있으므로 이러한 개입이 정당하다고 볼 수도 있으나 전대 계약을 허가받은 후까지 지나친 간섭이 계속되면 공실 기간이 발생할 수 있고, 그렇게 되면 제대로 수익을 창출할 수 없다.

이론상으로 전대는 소자본으로 높은 이익을 낼 수 있는 합리적인 투자다. 그러나 현실은 녹록지 않은 것 또한 사실이라는 점을 잊지 말자!

• 임대사업도 감정 노동이다!

일하지 않고 벌어들이는 수익이라는 의미의 '불로소득(不勞所得)'. 우리 사회에는 흔히 건물주나 부동산 임대사업자들이 버는 돈을 불로소득이라고 보는 시각이 만연하다. 그러나 알고 보면 임대사업자들만큼 사람들을 많이 만나고, 부지런해야 하는 직업도 없다.

서울 대학가 원룸주택 꼭대기 층에 거주하며 임대업을 하는 A 씨의 일과를 살펴보자. 그가 관리하는 세입자는 10명 남짓. 임대사업자치고는 세입자가 많지 않은 편이나 그는 하루 종일 세입자들을 상대하는 일에 시달린다고 말한다. 변기가 막히거나 전등이 나갔다고 수시로 세입자들의 연락이 오는 것은 물론 세입자 간의 크고 작은 분쟁, 시설 관리를 위한 정기적인 업무까지 하다 보면, 정작 본인의 일상은 뒷전이 되어 잘 챙기지 못한다는 것이다.

게다가 월세가 밀리는 세입자의 집에 찾아가 월세를 요청하는 일도 정신적으로 큰 스트레스다. 아무리 당연한 권리라지만 돈 달라는 소리를 하는 것은 누구에게나 어렵기 때문이다. 계약 만료 시즌이 되면 찾아오는 사람들에게 집을 일일이 보여주고, 계약서를 작성해야 하는 것도 감정소모가 상당하다.

임대업의 본질은 공간을 다른 사람에게 빌려주는 것이지만 결국 이 역시 사람을 대하는 일이다 보니 부동산 임대업자도 서비스직 종사자와 같은 감정노동자나 다름없다. 이처럼 임대사업자는 실제 자신이 느끼는 감정과는 무관하게 직무를 행해야 한다. 정확하게 감정적 노동을 하는 것이다. 이러한 관점에서 보면 부동산 임대사업으로 벌어들인 돈은 결코 불로(不勞)소득이 아니다. 이들의 노동력을 생산적 가치로 환산하지 않는다면 서비스직 또한 불로소득에 해당할 것이다. 세입자들과 감정적으로 부딪히는 데다 건물 구석구석 손댈 데도 많아 생각보다 몸 고생, 마음고생이 만만치 않다 보니 월세 수익에도 불구하고 수익형 부동산을 매물로 내놓는 경우도 적지 않다.

만약 당신이 사람을 대하는 데 능숙하지 않고, 사람을 상대하는 일이 스트레스임에도 불구하고 이를 잘 알지 못한 채 불로소득을 얻겠다는 심산으로 부동산 임대업을 시작했다가는 즐겁고 행복해야 할 인생 2막의 첫 단추를 잘못 끼우게 될 수 있다. 다른 모든 직업과 마찬가지로 부동산 임대업에도 애환이 있다. 부동산 임대를 직업으로 삼고자 한다면 이를 반드시 염두에 두어야 한다.

• 비협조적이고 불친절한 시공사

전대를 하자니 집주인의 눈치가 보이고, 내가 집주인이 되자니 세입자 관리로 인한 스트레스가 이만저만이 아니다. 송충이는 솔잎을 먹어야 한다며 포기할 것인가? 여기까지 생각해본 사람들이 그다음으로 선택할 수 있는 부동산 임대 투자 선택지는 없을까?

대개 그리하여 눈을 돌리는 것이 상가나 오피스텔 등의 수익형 부동산이다. 애초에 수익을 내기 위해 지어지는 부동산 매물을 골라 투자하겠다는 접근은 수익률을 높일 수 있다는 점에서 바람직하다. 하지만 희망도 잠시, 곧 또 다른 무수한 고민들이 꼬리에 꼬리를 물고 이어진다.

그중에서도 가장 큰 문제는 시공사와의 문제다.

부동산 투자에 있어 시공사 선정의 중요성에 대해서는 앞장에서 충분히 설명했다. 시공 도중에 생길 수 있는 부도나 반드시 살펴야 할 세세한 계약 조항에 대해서도 밝혔다. 이제는 실제로 부동산 투자를 할 때 생길 수 있는 시공사와의 갈등을 살펴볼 차례다.

[시공사와의 문제 사례]

최근 분양 전부터 부동산 투자자들의 이목을 집중시켰던 서울의 한 재건축 상가조합에서 시공사를 교체하겠다고 발표한 사건이 있었다. 업계에서 꽤 유명한 시공사가 시공에 나서면서 화제가 된 상가였음에도, 조합에서 시공사 교체라는 카드를 꺼내 든 이유는 간단했다. 조합 측에 따르면 그간 시공사는 사업비 대여 등에 비협조적이었을 뿐만 아니라 과정을 조합원들과 제대로 공유하지 않는 불친절한 태도를 보여 왔다. 설계 변경 등을 이유로 공사비를 올리겠다는 요구까지도 끊임없이 해왔다. 자잘하게 이어지던 감정싸움은 시공사 측에서 선정 당시 제시한 금액보다

1,000억 원 이상이나 높은 공사비를 달라고 요구하면서 본격화되었다.

조합에서는 이번 협상이 결렬되면 조만간 대의원회의를 열어 공사도급 가계약 해지를 결의하겠다는 뜻을 밝혔다. 시공이 늦어지면 그만큼 손해를 보지만, 차라리 시공사를 교체하는 것이 공사비 절감에 더욱 유리하다는 판단에서 나온 결정이었다. 물론 시공사를 교체하기로 결론이 나더라도 갈 길이 멀다. 이런 경우 다시 시공사를 선정하기 위해 설명회, 조합원회의 등을 진행해야 하는데, 개개인마다 입장 차이가 있다 보니 만장일치로 시공사 선정이 매끄럽게 될 가능성은 거의 없다. 결국 공사는 올 스톱되고 원점으로 돌아가 끝없는 싸움을 계속해야 하는 것이다.

황금알을 낳아줄 것이라 기대했던 상가 재건축이 시공사와의 갈등으로 지지부진하게 이어질 것을 알았더라면 아마 많은 사람들이 지금처럼 투자하지는 않았을 터다. 원금을 언제 회수할지 알 수 없는 상황에서 자금이 묶인 사람들은 울며 겨자 먹기로 최악을 피하기 위한 선택을 하고 있다.

시공사가 비협조적이고 불친절해 투자자들과 갈등이 생기는 일은 비일비재하다. 이런 일이 발생하면 개인이 혼자 힘으로 갈등을 해결하는 데에는 한계가 있다.

시공사와 계약을 하는 방식은 크게 '도급제'와 '지분제'로 나뉜다. 도급제란 시공사가 건축물의 순수공사비용에 대해서만 책임지고 공사간접비용과 공과금은 조합에서 부담하는 것이다. 도급제로 시공하게 되면 건축공사의 진행속도가 빠르고 시공사는 공사비만 받기 때문에 개발이익은 모두 조합원들에게 돌아간다는 장점이 있다. 한편 지분제는 시공사가 제시하는 무상지분율만큼 일정 비율의 아파트면적을 조합원들이 제공받고, 나머지 사업이익과 리스크를 시공사가 책임지는 방식이다. 도급제와는 반대로 조합원 부담금은 계약 당시로 고정시켜 확실한 개발이익을 보장하는 대신 사업결과에 따른 추가이익은 시공사에게 돌아가는 것이다.

그렇기 때문에 일반적으로 향후 부동산 가격이 상승할 가능성이 크면 도급제를, 하락할 가능성이 높은 경우에는 지분제를 선택하는 것이 합리적이다.

시공사도 투자자도 각자 자신의 이익을 극대화하기 위해 움직인다. 그런데 일반인 투자자들의 경우 앞서 이야기했듯 올바른 선택을 하기에는 정보가 한정적이라 손해를 보게 될 확률이 높다.

[㈜월세드림의 방향성, 지분제]

우리가 투자했던 상가의 투자자들은 미래가치를 정확하게 파악할 수 없어 지분제로 결정을 내리려 했다. 실제로 지분제를 조건으로 시공사 선정까지 마친 상태였다. 그러나 우리가 판단하기에 해당 상가는 지하철에 바로 인접해 있고, 유동인구가 많아 향후 투자가치가 더욱 높은 매물이었다.

우리는 투자자들의 이익, 즉 우리의 이익을 위해 안정적인 지분제를 선호하는 개인투자자들을 설득했다. 처음에는 우리를 믿지 않던 사람들도 체계적이고 객관적인 분석을 토대로 이 상가의 미래가치를 설명하자 곧 마음을 바꿨다. 그렇게 다시 시공사와 협상 테이블을 마련해 도급제로 시공 방식을 바꾸도록 설득했고, 그 결과 우리의 예상이 맞았다.

해당 상가는 몇 년 후 가치가 상승해 많은 투자자들이 시세차익을 볼 수 있었다. 우리에게 감사를 전하던 투자자들의 밝은 미소. 이 경험을 토대로 우리는 ㈜월세드림의 비전을 계획하고, 이를 현실로 옮길 수 있었다.

• 임대사업자를 위한 최상의 솔루션, ㈜월세드림

전대의 어려움, 감정 노동의 피곤함, 시공사와의 협상. 위에서 언급한 것들은 부동산 임대 투자를 하는 사람들이 흔히 겪을 수 있는 일들이다. 다시 말해, 월세를 받기 위해 치러야 하는 응당의 대가인 셈이다.

그러나 이렇게 고생하지 않고도 안정적으로 수익을 올릴 수 있다면?

이를 마다하는 사람은 없을 것이다. ㈜월세드림이 이 모든 상황에 해결책이 되어줄 수 있다. 임대사업자를 위한 최상의 솔루션, ㈜월세드림이 위의 상황에서 각각 어떻게 도움이 될 수 있을까?

첫째, 먼저 ㈜월세드림의 월세 수취권 상품에 대한 투자는 전대와 다름이 없다. 해당 상가 매물에 대한 소유권은 ㈜월세드림에 있지만, 투자자는 월세 수취권 상품에 일부 금액을 투자하는 간편한 행위만으로 그에 대한 월세 수익 지분을 나눠 받을 수 있다. 즉, 투자한 금액에 해당하는 만큼의 지분에 대한 권리를 임차인에게 빌려주고 그 대가를 받는 셈이다. 전대와 같은 개념인데, 전대를 직접 하는 것보다 훨씬 수월하다. 건물주와 계약할 필요 없이 ㈜월세드림을 통해 즉각적인 수익을 얻을 수 있는 것이다.

둘째, 감정 노동의 피곤함으로부터도 자유롭다. ㈜월세드림이 알아서 임차인을 찾고, 시설을 관리하니 투자한 다음 따로 신경 쓸 것이 없다. 사람을 상대하지 않아도 되니 정신적 스트레스가 덜하고, 시간적 여유는 극대화된다. 그러니 투자해두고 나머지 시간은 자신이 원하는 일을 하며 편안하고 안정적인 생활을 즐길 수 있다.

셋째, 시공사와의 협상은 말할 것도 없다. 결국 부동산 투자도 심리전이기에 누군가를 설득하는 능력이 필요하다. 이러한 능력이 있는 개인이라면 문제없겠지만, 대다수 투자자들은 확신을 가지기도 어려울뿐더러 확신을 가지더라도 남들을 잘 설득하지 못한다.

'이럴 때 부동산 투자에 대한 정확한 지식과 풍부한 경험을 바탕으로 최선의 선택을 도와줄 파트너가 있으면 든든할 텐데…'

모든 개인투자자들이 한 번쯤은 해본 생각일 것이다. 그리고 막연히 바라왔던 '믿을 수 있는 든든한 파트너'가 지금 당신의 눈앞에 나타났다. 이번 파트 소제목처럼, 월세를 받기 싫어하는 사람은 없다. '조물주 위에 건물주'라는 말이 그 어느 때보다 피부에 와 닿는 지금, 월세 수익을 안정적으로 받게 해줄 기회, 올바른 투자의 방향을 제시받으면서 리스크를 줄일기회가 찾아왔다. 월급을 받듯이 다달이 월세를 받으며 안정적인 현금 흐름을 창출하는 부동산 임대 투자, 아직 늦지 않았다! 안정적인 노후의 꿈을 월세로 이룰 수 있다. 혼자 힘겹게 나룻배를 저어 가기보다 ㈜월세드림이라는 크고 안전한 배에 타는 것이 현실적으로 더 나은 선택이 아닐까?

따지고 따져서 과감히 투자하라

• 상가투자, 따질 것은 따져야 한다!

상가투자는 분명 매력적인 투자처다. 하지만 그렇다고 해서 시공사나 P2P 상가투자 업체를 잘 선정하는 것만이 능사라고 생각해서는 안 된다. 인생을 살아갈 때 뚜렷한 주관이 있어야 하듯 투자할 때도 자신이 원하는 바가 무엇인지 분명히 알아야 만족스러운 결과를 얻을 수 있다.

그렇다, 투자에 있어서도 뚜렷한 가치관이 중요하다.
한마디로, 따질 것은 따져봐야 하는 것이다.

한 사람의 가치관을 형성하는 데 경험이 가장 큰 영향을 미친다는 사실에는 반문의 여지가 없다. 그러나 모든 경험을 직접 해볼 수는 없다. 시행착오를 통해 교훈을 얻는 것도 매우 중요하지만 실제로 그 모든 것을 겪어보고 가치관을 세우기에 삶은 너무도 짧다. 게다가 정보가 넘쳐나는 요즘 같은 세상에서 꼭 모든 일을 실제로 경험해볼 필요는 없다. 마음만 먹으면 시간과 비용을 절약하면서도 얼마든지 간접경험을 해볼 수 있기 때문이다.

이번 장에서는 상가투자의 여러 가지 면을 살펴보며 상가투자의 실제적인 리스크, 반드시 따져보아야 할 사항, 올바른 상가 매물 분석법 등을 알아보도록 하자. 그리고 상가투자에 대한 올바른 가치관을 세우는 데 도움이 되는 사례 또한 함께 접해보길 바란다. 이러한 간접경험은 나의 투자성향과 그에 따른 투자유형을 찾는 데에도 큰 도움을 줄 것이다.

- ## '유효수요'를 파악하라!

[수요의 파악, 상가투자의 시작!]

상가투자를 할 때 한 번쯤 '수요를 제대로 파악해야 한다'는 말을 들어보았을 것이다. 경제학의 기본이 되는 '수요'라는 개념은 어떤 재화나 용역 등을 일정한 가격으로 사려는 욕구를 말한다.

그렇다면 찌는 듯한 여름날, 시원한 맥주를 마시고 싶다는 생각을 하는 사람이 있다는 사실만으로 이를 수요라고 할 수 있을까? 당연히 그렇지 않다. 경제학에서는 맥주를 마시고 싶다는 생각 자체를 수요로 보는 것이 아니라, 그 욕망을 충족시키기 위하여 제한된 소득 일부를 지출할 수 있을 때 비로소 수요라고 말한다.

예컨대 만약 누군가 맥주를 마시고 싶어 하더라도 그 사람의 주머니 사정이 여의치 않으면 이를 수요라고 할 수 없다. 즉, 단순한 희망사항이 아니라 실제로 그것을 얻기 위해 재화를 지불할 능력이 있을 때만 수요라고 부르는 것이다.

그러므로 상가투자에 있어 수요라고 하면, 유동인구가 많은 역세권과 같은 입지를 말하는 경우가 많다. 오가는 사람이 많다는 것은 그만큼 사람들이 유입될 가능성이 크다는 뜻이고, 그것은 곧 가게의 매출과 직결되는 문제이기 때문이다. 가게들의 매출이 높은 상가를 자영업자들이 선호하는 것은 당연하다.

[유효수요와 수요는 다르다?]

그런데 부동산 투자, 특히 상가투자를 할 때는 단순히 수요를 살피는 데에서 한 걸음 더 나아가, '유효수요'의 개념을 반드시 인지해야 한다. 유효수요란 실제 구매력이 있는 유동인구의 수요를 말한다. 예를 들어, 역세권이라고 해도 출퇴근 또는 환승 목적이 강한 입지에 자리한 상가나 역출입구를 등지고 있는 상가는 유동인구는 많지만 이것이 실제 구매로 이어질 가능성은 작다.

이러한 상가는 겉보기에는 사람들이 많아 보이지만, 제대로 된 수익을 보장하지는 못할 확률이 높다. 단순히 사람들이 지나치는 '흐르는 상권'은

빛 좋은 개살구에 불과한 것이다.

골프 채널을 떠올려보자. 골프 채널의 시청률은 다른 케이블 채널에 비교하면 매우 낮다. 그러나 구매력이 있고 실제 구매 의사가 있는 사람들이 시청하기 때문에 수익률은 높다. '사람이 얼마나 모이느냐'보다 중요한 것은 '어떤 사람들이 얼마만큼 모이느냐'다. 단순하게 생각해보면 무척이나 당연한 이야기다. 언제나 어르신들로 가득한 탑골공원, 그렇다고 해서 그곳의 상권이 2030 세대가 모이는 '먹자골목'만큼 돈이 되는가 하면 그렇지는 않은 것과 같은 이치다.

상가투자를 할 때 유효수요가 확실한 곳을 찾아야 하는 이유가 바로 여기에 있다. 무늬만 역세권인 상가가 아니라 상가 앞을 지나는 유동인구가 실제 상가로 유입되어 물건을 구매하는 '소비인구'인지를 확인해야 한다.

수익형 부동산의 대표주자, 상가투자는 일차원적으로 역세권, 편의시설, 학군 등의 여부만 판단해 투자를 진행하면 낭패를 보기 십상이다. 상가투자는 세입자가 존재해야 하고, 세입자가 정한 업종을 이용하는 구도이기 때문에 상가투자를 하려면 부동산 관점보다 상권의 특성을 우선 파악하고 분석하는 자세가 요구된다.

• '배후수요'를 분석해 '항아리 상권'에 투자하자

그렇다면 어떤 상권이 돈이 되는, 즉, 소비인구가 보장되는 상권일까?
이에 대한 올바른 대답을 찾지 못한 채 무작정 도전하면 투자는 실패로 이어질 가능성이 크다. 이 질문에 답하기 위해 살펴보아야 하는 개념이 바로 '배후수요'다.

배후수요란 수요를 형성하는 데 필수적인 배경을 말한다. 이론적으로 배후수요가 탄탄하면 장사를 할 때 수요자가 많으므로 높은 수익을 기대할 수 있다. 예를 들어 사무실이 많은 곳, 주거지가 밀집해 있는 곳은 기본적으로 배후수요가 풍부한 지역이라고 말할 수 있다. 기본적으로 어느 정도 특정 재화를 필요로 하는 사람들이 있다는 의미이기 때문이다.

아무리 꼼꼼히 분석하고 살펴본 다음 투자하더라도 미래가치를 제대로 예측하기란 매우 어렵다. 그렇기 때문에 전문가들 역시 상가투자의 첫 번째 원칙으로 풍부한 대단지 배후수요를 강조한다.

이때, '항아리 상권'이 형성되어 있느냐는 중요하다.

유동인구 자체는 많지 않지만 배후수요가 고정적으로 존재해 높은 소비율을 자랑하는 상권을 업계에서는 '항아리 상권'이라고 부른다. 항아리 상권은 겉으로 보기에는 사람들이 많이 오가지 않더라도 도심권보다 높은 임대 수익률을 보이는 경우가 많다.

항아리 상권의 대표적인 사례를 살펴보면 그 가치를 더욱 잘 이해할 수 있을 것이다. 불경기로 부동산 투자시장에도 적색경보가 떠올랐다고는 하나, 지난 2018년 6월 주거지와 사무실이 밀집해 확실한 배후수요를 품은 '그랑시티자이 에비뉴'는 하루 만에 분양이 완료되었다. 해당 상권은 아파트단지만으로도 전체 7,653세대 규모에 달해 고정적인 배후수요를 2만여 명 이상 확보할 수 있는 대표적인 항아리 상권이다. 또한 2018년 8월 입찰을 진행한 경기도 시흥시 대야동의 '두산 위브 더 파크 단지 내 상가'

역시 1,382가구의 입주민뿐만 아니라 단지 주변 신축빌라 배후수요까지 확보한 항아리 상권으로, 최고 낙찰가율 150%, 유찰 없는 전실 낙찰이라는 놀라운 성과를 보여주었다.

항아리 상권의 경우 임대료 역시 타 상권에 비해 높게 형성되는 것이 대부분이다. 부동산 114 자료에 따르면 잠실엘스(5,678세대), 잠실리센츠(5,563세대), 잠실트리지움(3,696세대) 등의 아파트 대단지에 둘러싸인 서울 '잠실새내역' 상권의 평균 임대료는 평당 13만 4,800원 수준으로 인근에 위치한 '방이역'(9만 1,900원), '거여역'(8만 3,700원)에 비해 눈에 띄게 높은 가격을 형성하고 있다.

눈에 보이는 유동인구보다 고정적이고 안정적인 수요가 우선이다.

이를 간과하면 상가투자에 실패할 확률이 높다. 투자자들이 오피스 상권이나 아파트단지 내 상가 등을 선호하는 이유도 바로 이 때문이다. 반드시 기억하자, 흐르는 상권이 아니라 모이는 상권, 즉, 배후수요가 확실한 상권을 골라야 한다.

• 상가투자에 대한 선입견을 버리자!

다수의 선택은 많은 경우 긍정적인 결과를 가져온다. 정말?

다수의 선택이 늘 옳은 것은 아니다. 부동산 투자에 왕도는 없다. 그렇기에 부동산 투자를 성공시키는 이론을 숙지하되 상가투자에 대한 선입

견은 버리고 각각의 케이스별로 분석하는 지혜가 필요하다. 상가투자의 대표적인 선입견과 그 반대사례를 살펴보며 나만의 기준을 세워보자. 상가투자에 있어서 많은 사람들이 단지 내 상가는 안전하다는 생각을 가지고 있다. 특히 분양한 지 오래된 단지 내 상권의 경우 더욱 신임을 받는 경우가 많다. 그러나 꼭 그렇지만은 않다.

현실을 보자.

현재 분양한 지 10년 정도 지난 강남권 아파트의 단지 내 상가들은 대부분 가격이 하락했다. 송파 잠실의 한 단지 내 상가의 경우 분양 초기 600만 원을 받던 임대료가 현재 300만~350만 원으로까지 떨어지기도 했다. 그렇기 때문에 배후수요가 풍부한 상권이라고 하더라도 분양 초기보다는 어느 정도 임차인이 자리를 잡은 후에 투자를 하는 것이 안전하다.

상가에 미리 입점이 예정되어 있는 브랜드 레스토랑이나 영화관 등을 전적으로 신뢰하는 것도 위험하다. 일반적으로 유명한 식당이나 영화관이 들어서면 해당 상가의 상권이 자연스럽게 살아날 것으로 보는 사람들이 많다. 어느 정도는 맞는 말이다. 그러나 이러한 선입견 또한 경계해야 한다.

영화관을 예로 들어보겠다. 과거에는 상가 위층에 영화관이 들어서는 경우 영화관 손님들이 상가의 다른 가게를 이용하는 '폭포수 효과'로 인해 이익을 보는 경우가 자주 있었다. 그러나 최근 대부분의 관객들은 인터넷, 모바일로 예약하고 오는 경우가 많고, 식음료 또한 멀리 가지 않고 영화관에서 해결하는 경우가 많아 주변 상권에서 부수적인 효과를 기대하기 어렵다. 영화관은 대개 고층에 위치해 에스컬레이터 대신 엘리베이터를 이용하는 고객이 많아 상가 내 상권을 지나지 않는 경우도 허다하다. 그러니 유명 브랜드 상점이나 영화관 등이 들어선다고 덮어 높고 비싼 가격에 상가투자를 해서는 안 된다.

이와 연관해 '키 테넌트(Key Tenant)'가 곧 유효수요가 될 수 있을까도 생각해 보아야 한다.

흔히 우리가 '브랜드 파워'가 있다고 생각하는 유명 프랜차이즈 외식 브랜드나 대형마트, 멀티플렉스 극장, 대형 서점 등을 '키 테넌트(Key Tenant)'라고 하는데, 키 테넌트는 확실히 상가의 인지도를 높이고 유동인구를 늘리는 효과는 있지만 그렇다고 이들이 유효수요가 될지는 미지수다. 그뿐만 아니라 상가들 역시 브랜드 파워를 믿기 때문에 일반적으로 키 테넌트를 유치하기 위해 해당 점포에 파격적인 임대 조건을 제시하기 마련이다.

그렇다면 그로 인한 손해는? 다른 분양자들이 고스란히 메우는 경우가 대부분이다. 키 테넌트에 혜택을 제공한 만큼 이로 인해 이익을 얻을 것이라 기대하는 일반 분양자들이 더 비싼 가격에 해당 점포를 분양받게 되는 것이다. 키 테넌트가 유치된 상가에 투자할 때에는 반드시 이 부분을 숙지해야 한다.

신도시 상가에 투자하면 성공 가능성이 크다는 것도 옛말이다. 수도권 2기 신도시를 보라. 위례, 광교, 동탄 2신도시 등의 상가분양시장에 대한 당시의 반응은 꽤 뜨거웠지만, 준공 이후 임대가 안 돼 많은 투자자들이 속을 태우고 있는 실정이다.

임차인이 나타나도 분양가 자체가 높았던 터라 임대 수익률이 너무 낮게 형성돼 있다. 그렇기 때문에 신도시 상가라고 묻지도 따지지도 않고 무조건 투자하기보다 차라리 준공 이후에 나오는 계약금 포기 물량이나 급매 물량을 잡는 것이 더 바람직한 방법이다.

그 밖에도 비싼 상가가 항상 고수익을 보장하는 게 아니라는 사실도 기억해야 한다. 리스크가 적은 저렴한 가격의 상가를 분양받을지, 조금 비싸더라도 고수익을 낼 수 있는 상가를 분양받을지는 상가투자의 영원한 딜레마이지만, 상가투자의 주된 목적이 안정적이고 지속적인 임대수익의 창출이라면 분양가가 과도하게 높은 상가에 투자하는 것이 능사는 아니다.

• 그럼에도 변하지 않는 성공투자의 핵심

왕도가 없는 상가투자, 고려할 것이 너무 많고 따져볼 것이 끝도 없어 혼란스럽다. 하지만 그럼에도 여전히 변하지 않는 성공투자의 핵심은 있다. 그렇다면 부동산 전문가들이 말하는, 빠르게 변화하는 상가투자 여건 속에서도 건재한 몇 가지 원칙은 어떤 것일까?

① 확장추세에 있는 상권을 택하는 것은 여전히 유효한 전략이다
지금 당장은 별 주목을 못 받고 있지만 사람들이 많이 오가는 동선이나 길이 생기거나 공원이 조성되는 곳은 특히 잘 살펴볼 필요가 있다.

주변 환경이 변화하면서 유동인구가 증가하고 기존 건물이 리모델링되거나 신축 후 점포가 들어서면 부동산 가치가 올라 시세차익을 볼 확률도 높아진다. 지하철역이나 버스정류장으로 이어진 주 동선에 위치했거나 상권만의 독특한 문화가 만들어지고 있는 곳도 상가 부동산 투자의 성공 열쇠가 되어줄 가능성이 크다.

특히 최근 들어 두드러지는 골목상권의 발달은 주의 깊게 살펴볼 가치가 있다. 동네 골목상권의 매력이 커지면서 서울의 연남동과 망원동, '샤로수길'(서울대입구역) 등의 상권이 변화한 것이 좋은 사례다. 골목상권은 대개 기존 주변의 단독주택이나 다세대주택들이 주택형 상가로 리모델링되거나 신축되고 점포가 들어서면서 상권이 형성되는 것이 특징이다.

골목상권의 장점은 저렴한 임대료에 젊은 창업자들이 몰리면서 독특한 상권 문화를 형성할 수 있다는 점, 입지가 다소 외지더라도 SNS 활용에 익숙한 젊은 소비층들의 지지를 받을 수 있다는 점, 그리고 상권이 확장 추세에 있어 매출 증가 가능성도 비교적 크다는 점 등을 꼽을 수 있다.

② 구도심의 상권은 하락세를 보이는 곳이 많다

압구정과 종로, 명동 등이 그렇다. 온라인시장의 발달과 골목상권 등으로 고객이 분산되고 있는 까닭이다. 다만 이러한 구도심은 오랜 기간에 걸쳐 형성된, 생활권에 밀접하고 공신력 있는 상권인 만큼 당장의 하락세로 투자 가치가 전무하다고 단정할 수는 없다.

그러므로 건물 동선, 입지, 건물상태(연식), 기존 세입자(임차인) 계약 상태와 건물가치 등을 다양하게 잘 따져서 모든 요소가 손색이 없다면 가격이 하락세를 보이는 지금 투자를 해보는 것도 하나의 전략이 될 수 있다.

만약 구도심 상가에 투자를 결정했다면 투자자들이 임차인 관점에서 바라보고 해결 방안 등을 제시하려는 노력이 필요하다. 또한 주변 투자자들과 합심해 점포의 임대료 인하, '렌트 프리' 등의 혜택을 임차인에게 제공해 상권의 활성화를 꾀하려는 노력도 장기적인 관점에서 이익을 내는데 긍정적인 효과를 줄 수 있다.

③ 변치 않는 성공하는 상가의 원칙이 있다면 그 반대도 마찬가지다

시대가 변했어도 반드시 피해야 할 상가도 있는 것이다. 대표적으로 주인과 임차인이 자주 바뀌는 상가, 공실 상태인 상가, 권리금이 많고, 보증금 임대료가 유난히 싼 상가, 오르막이거나 내리막에 입지한 상가, 대중교통 접근성이 떨어지는 상가는 피하자.

자기자본금의 비율이 높을수록 좋다는 것은 두말할 필요도 없는 투자의 정석이다. 높아진 기준 금리 인상 압박과 은행권의 대출금리 인상 등으로 인해 부동산 투자는 그 어느 때보다 신중하게 접근해야 한다. 금리가 상승 흐름을 탈 때는 부동산 투자 시 자기자본 비중을 이전보다 높이고 유사시 현금 동원 가능 여부를 잘 계획해야 실패 없는 부동산 투자를 할 수 있다.

성공하는 상가투자는 원칙에서 벗어나지 않는다.

무엇보다 중요한 것은 대출 이자 비용 등의 지출비용을 최대한으로 줄이는 것이다. 투자에 앞서 공실에 따른 리스크를 미리 계산해 매입 시 예상 수익률 5~6% 선을 적정 수준으로 맞춘 다음 실투자금과 대출금 비율을 세심하게 조율하자. 최악의 상황을 가정하고 플랜 B, 플랜 C까지 신

중하게 마련해야 상가투자의 리스크를 최소화할 수 있다.

[명확한 출구전략을 수립하라!]

이에 더해 상가투자에 있어 가장 중요한 원칙 중 하나는 '사고팔기가 자유로운 물건을 선택'해야 한다는 것이다. 이는 상가뿐만 아니라 거의 모든 부동산 투자에 적용되는 대원칙이기도 하다.

들어갈 때 나올 때를 생각해야 한다!

부동산 투자 초보들이 흔히 저지르는 실수 중 하나가 들어갈 때만 생각하고 나올 때를 생각하지 않는 것이다. 최근 들어 상가 부동산을 처분하려는 사람들의 상담 비율이 높아지고 있다. 정부의 규제와 불경기, 상권 이동 등으로 공실 증가와 임대료 인하가 가시화되고 있다. 이에 따라 임대관리가 용이하지 않고 앞으로 매매가격 하락 가능성까지 전망되어 많은 사람들이 상가를 처분하려 하는 것이다.

투자한 상가 매물을 영원히 가지고 있는 경우는 드물다. 제때 사고팔아야 리스크는 줄이고 이익은 높일 수 있다. 제때 빠져나오지 못하면 다음 매도 시기가 올 때까지 어느 정도의 기간이 추가로 걸릴지 알 수 없다. 한번 시기를 놓치면 5년, 10년은 우습게 지나는 것이 부동산, 그중에서도 특히 상가 매물이다. 반드시 다시 매도할 것을 고려해 상가를 매입하고, 어떤 업종이라도 들어올 수 있는 입지와 여건에 있는 곳을 우선순위에 두어야 하는 이유다.

투자 경험이 풍부하지 않은 초보투자자는 매입할 당시의 본인 활용 가능 금액에 지나치게 집중한 나머지 매입한 이후의 상황은 고려하지 않는 경우가 다반사다. 그러나 성공적인 상가투자를 위해서는 매입 전부터 보유 기간을 정하여 어느 시점에 처분하겠다는 명확한 출구전략까지 세워두어야 한다.

"들어갈 때는 수익률, 나갈 때는 환금성"

이는 상가투자의 기본인 환금성과도 직결되는 사안이다. 하나의 상품으로 몇십 년이고 이익을 볼 수 있다는 생각으로 부동산 투자에 접근해서는 안 된다. 유사시 현금으로 환금할 수 있어야 투자에 수반되는 위험과 상황적 변수에 대응할 수 있다.

예를 들어 단순히 비교하자면 1층보다 2층 매물이 저렴하다. 수익률 자체도 크게 나쁘지 않다. 그래서 자금부담을 줄이기 위해 2층을 선택하는 투자자들도 적지 않다. 그러나 2층은 상대적으로 임대료 인상 여지가 적고, 대체 임차인 및 잠재 매수자 확보가 용이하지 않아 매각을 할 때 어려움을 겪을 수 있다.

부동산 상품은 기본적으로 환금성이 약하다. 그렇기에 매입 시부터 출구전략을 수립해두어야 부동산 투자의 단점을 최소화할 수 있다. 다시 말해, 본인의 상황에 맞게 매입 대상을 선정하되, 처분 시점까지 고려하여 누구에게나 어필할 수 있는지까지 확실히 분석해야 할 필요가 있다. 개별적인 기준에서만 매물을 살피지 말고 보편적인 시각으로도 해당 매물을 면밀히 검토해야 하는 것이다.

[판단은 신중하게, 선택은 신속하게!]

대게 초보투자자는 선택은 신중한데 판단은 신속하게 한다.

초보투자자들은 본인 스스로의 상황을 정확히 파악하지 못할뿐더러 무엇을 원하는지, 어떠한 물건을 찾는지조차 모르는 경우가 많다. 그러다 보니 시간이라는 비용을 투입하면서, 수익률도 좋고 시세차익도 큰 '두 마리 토끼'를 잡으려다 낭패를 본다.

선택하는 데 반드시 갖추어야 할 항목과 그렇지 않은 항목을 구분한 이후 본인이 개선해 나갈 수 있는 리스크는 감수하는 것이 상가투자의 기본원칙이다. 개별성이 특히 강한 상가 상품은 꼼꼼하고 세심한 분석과 부지런한 발품 팔기로 옥석을 철저히 가려내야 한다. 나아가 부동산 투자를 잘하려면 매입대상을 선정하는 데 있어 명확한 가이드라인을 가지는 데서 그치지 않고 그 기준에 부합하면 빠른 판단으로 매입을 결정하는 태도가 필요하다.

즉, 판단은 신중해야 하지만 선택은 신속해야 한다!

상가 부동산 투자시장은 상시 공급이 부족한 시장이기에 우량물건을 매입하기 위해서는 타이밍이 무척 중요한 까닭이다. 명심하자. 명확한 기준이 전제된 추진력이야말로 좋은 물건을 매입할 수 있는 지름길이다. 이러한 원칙을 마음에 새긴다면 빠르게 변화하는 부동산 시장 속에서도 손해 보지 않는 상가투자를 할 수 있을 것이다.

• 상가투자 잘못하면 '상갓집' 된다!

흘러간 시간 속에서 우리는 많은 것들을 배울 수 있다.

15년 전 천안 불당지구가 KTX 개통 등으로 한창 분양 호재를 맞았다. 그런데 지금에 이르러 불당지구를 가 보면 상권이 그다지 좋은 편이 못 된다. 유흥업소 위주로 형성되어 있는 해당 지구는 분양 당시 워낙 분양 가가 높았어서 손해를 본 투자자들이 많다.

비교적 사정이 낫다는 수도권에서도 비슷한 상황이 속출하고 있다.

흥덕 지구, 광교, 동탄 2신도시들도 대부분이 수익형 부동산으로 주목 받았지만, 현재 상가분양 후 상당한 손해를 입은 투자자들이 대다수다.

- 동탄1신도시의 경우 10년 이상이 지난 지금 시점에서 겨우 수지가 맞는 상가 점포가 가끔씩 나오고 있기는 하지만 그 10년이란 기간은 너무나 긴 시간이다. 차라리 그 기간 동안 다른 상품에 투자했다면 수익과 환금성을 동시에 충족할 수 있었을 것이다.

- 위례 신도시의 경우에는 1층 상가 웬만한 점포 한 개가 기본 10억 이상, 심지어 20억이 넘는 상가까지 등장했었다. 꼬마 빌딩이나 상가가 아니라 점포 하나 가 그 정도를 호가한 것이다. 그러나 이 역시 현재까지의 상황으로 보면 '속 빈 강정'에 불과했다.

흘러간 시간 속의 사례들을 통해 우리가 얻을 수 있는 교훈은 명확하다.

입주 시점에 상권 형성이 미비한 신도시나 택지지구들의 초기 상황을 감안하더라도 상권 형성에 대한 기대치만으로 투자하는 것은 매우 위험하다. 운 좋게 서울 강남권 가로수길처럼 대박이 나면 좋겠지만 이런 경우는 극히 드물고, 앞으로는 더더욱 드물어질 것이다. 그러니 부동산 투자를 잘못했다가 '곡소리'를 내는 투자자들이 한둘이 아니다. 한 부동산 전문가가 자신의 저서에서 밝혔듯 '상가투자를 잘못하면 상갓집이 되는' 것은 시간문제다.

• 전문 인력 풀(Pool)을 활용한 최적의 투자 플랜, ㈜월세드림!

그렇다면 들이는 시간은 최소화하면서 최선의 이익을 낼 방법은 무엇일까? 개인이 부동산 공부를 시작해 분석 경험을 차근차근 쌓으면서 이익을 보는 데까지는 상당한 시간이 필요하다. 시간이 충분한 젊은 세대라면 장기적인 관점에서 자기계발을 할 수도 있겠지만, 당장 노후를 위해 월세를 받아야 하는 중장년이라면 즉각적인 플랜이 필요하다.

그럴 때 흔히 많은 사람들이 찾는 방법이 전문가 상담, 강연 등을 통해 솔루션을 얻는 것이다. 하지만 이 역시 초보자 입장에서는 리스크가 크고, 배경지식 자체가 부족하다 보니 성공적인 투자로 이어가기 어려운 것이 현실이다.

㈜월세드림은 이러한 현실에 갈증을 느끼는 사람들을 위한 프로그램이다.

㈜월세드림의 전문 인력으로 구성된 풀(Pool)이 체계적인 분석 툴로 이익을 낼 수 있는 입지를 선정하고, 이를 선매입해 투자자들에게 월세 수취권을 판매하는 시스템. 이러한 과정을 통해 위험은 줄이고 동시에 저렴한 투자로 최대의 이익을 낼 수 있도록 하는 ㈜월세드림만의 솔루션은 초보 부동산 투자자들에게 현명한 대안이 되어줄 것이다.

리스크가 크지만 그만큼 매력적인 요소도 많은 부동산 상가투자!

㈜월세드림은 위에서 설명한 여러 가지 투자 요소들과 외부 상황 등을 깊이 있게 고려해 합리적인 투자를 이어왔다. 이는 단순한 주장이 아니다. 우리는 우리의 투자전략이 옳았음을 성과로 증명하고 있다.

㈜월세드림은 투자자들과 함께 더 나은 투자, 더 큰 수익을 향해 나아가고자 한다. 따질 것을 제대로 따져볼 자신이 없다면, 복잡한 과정은 ㈜월세드림에 맡겨두시라. 여러분은 우리가 제시하는 자료와 비전이 가능성이 있는지를 검토해 투자할지 말지만 결정하면 된다.

이익과 환금성, 안전성에 주목하는 ㈜월세드림의 투자 솔루션에 주목하라!

㈜월세드림과 투자 가치관이 일치한다면, 이제 과감히 투자하라!

디벨로퍼 겸 컨설턴트가 되어 드립니다

• 디벨로퍼(Developer)란 무엇인가?

미국의 트럼프 대통령은 대통령이 되기 전 '디벨로퍼'로 활동한 경력이 있다. 뉴욕 맨해튼을 지금의 모습으로 만든 굴지의 부동산 개발업자인 그는 미국 전역에 자신의 이름을 딴 호텔, 빌딩, 콘도, 골프클럽을 개발하며 성공한 부동산 사업가의 반열에 올랐다. 트럼프 대통령은 비록 정치 경험은 많지 않지만, 부동산 디벨로퍼로 여러 차례 자신의 능력과 역량을 증명해 보임으로써 대중들의 신뢰와 지지를 얻을 수 있었던 것이다. 트럼프의 디벨로퍼적 역량은 한국에서도 확인이 가능하다. 서울 여의도의 트럼프월드 1·2차, 용산 한강 대우 트럼프월드, 부산 트럼프월드 센텀 1·2차, 부산 트럼프월드 마린, 대구 트럼프월드 수성 등은 트럼프 대통령이 자문으로 참여한 국내 고급 아파트들이다.

그렇다면 이쯤에서 우리는 궁금해진다.

부동산 디벨로퍼란 구체적으로 무엇을 하는 직업일까?

간단히 말해 디벨로퍼란 사업 발굴, 기획, 지분투자, 금융 조달, 건설, 운영 관리까지 전 과정을 아우르는 개발사업자를 일컫는다. 말 그대로 사업계획을 수립하고 이를 토대로 시장조사, 부지매입을 진행해 이후 설계, 마케팅, 사후관리 등까지 포괄하는 개념인 것이다. 즉, 부동산을 새로운 용도로 개발하는 일련의 과정을 수행하는 개인 또는 업체가 바로 디벨로퍼다.

부동산 분야의 다양한 직종 중 디벨로퍼라는 개념은 국내에서는 아직다소 생소하다. 하지만 디벨로퍼라는 이름을 걸고 사업을 추진하는 업체나 개인은 국내에서도 점점 더 늘어나고 있는 추세다. 얼핏 보면 디벨로퍼는 시행사의 개념과 유사하지만, 기존 시행사가 건축과 분양 모두 대형건설사에 위임하는 것과 달리 디벨로퍼는 한 개인이나 업체가 사업의 시작과 끝을 모두 맡아 처리한다는 점에서 차이가 있다.

일반적으로 디벨로퍼가 일하는 방식을 살펴보면 다음과 같다.

먼저 땅의 성격을 파악해 부지의 입지, 주변의 수요 등을 파악한다. 그런 다음 땅의 성격에 가장 적합한 상품 기획에 나선다. 설계와 시공의 경우 전문적인 기술과 지식이 필요하기 때문에 외주 형태로 진행된다.

하지만 이때도 디벨로퍼는 설계사와 시공사에게 결과물을 전적으로 맡겨두기보다 진행 과정에 적극적으로 참여해 기획의도에 맞는 결과물이나오도록 한다. 이런 과정을 통해 땅의 알맞은 용도를 찾아 원하는 사람에게 공급하는 역할을 하는 사람을 우리는 디벨로퍼라고 부른다.

그렇기에 디벨로퍼의 역량에 따라 땅의 가치는 얼마든지 재발견될 수 있다.

알맞은 용도를 찾지 못해 오랜 시간 버려진 땅이라도 능력 있는 디벨로퍼를 만나 땅값이 천정부지로 오를 수 있다. 반대로 디벨로퍼의 역량이 부족하다면 강남 한복판의 '노른자 땅'이라도 쓸모없는 애물단지로 전락할 수 있음은 물론이다.

• 디벨로퍼, 아이디어로 승부하라!

신데렐라의 유리구두처럼 모든 땅에는 그 자리에 꼭 맞는 용도가 있다.

디벨로퍼의 일은 이 같은 믿음에서부터 출발한다.

다시 말해, 이러한 믿음이 디벨로퍼 업무의 시작점이다. 여기에 축적된 데이터와 풍부한 경력, 시대를 읽는 혜안과 날카로운 주관, 그리고 흔들림 없는 소신이 더해져 입지에 맞는 용도를 찾아내면 이것이 곧 성공적인 투자로 이어진다. 디벨로퍼의 업무 역량은 이렇게 성공적인 부동산 투자의 열쇠로 작용한다.

그렇다면 디벨로퍼에게 가장 필요한 덕목은 무엇일까?

여러 가지가 있겠지만, 디벨로퍼는 무엇보다 아이디어가 풍부해야 한다. 여기서 아이디어라는 단어는 상상력, 창의력과도 맥을 함께 한다. 상상력, 창의력을 발휘해 틀에 얽매이지 않고 보이는 것 너머를 떠올리는 힘.

그런 힘이 디벨로퍼에게는 꼭 필요하다.

역삼동의 '대우 디오빌'의 사례를 보자. 이곳은 용도만 살짝 바꾸어 전세를 역전시킨 대표적인 사례로 손꼽힌다. 당시 부동산 투자에 잔뼈가 굵은 사람이라면 다 아는 대우 디오빌은 중대형 주상복합 아파트로 야심차게 분양에 나섰지만, 분양에 완전히 실패해 시공사의 골칫거리로 남아있었다. 그런데 한 시행자가 대우 디오빌의 대지 입지를 면밀히 살펴본 후 이 자리에는 중대형 평형이 맞지 않다는 판단을 내렸고, 그에 따라 디오빌을 벤처 기업 또는 소호 사업이 가능한 소형 오피스텔로 변경했다.

결과는 어땠을까? 대우 디오빌은 재분양 3일 만에 완전 분양이라는 괄목할 만한 성과를 달성했다. 한 사람의 아이디어가 큰 차이를 가져온 것이다. 디오빌의 사례는 해당 위치의 장단점을 파악하고 이에 딱 들어맞는 용도를 찾아내는 것만으로도 레드오션으로 일컬어지는 부동산 시장에서 큰 성공을 거둘 수 있다는 것을 보여주는 좋은 예다.

[국내 디벨로퍼의 역사와 향후 전망]

국내에도 유명한 디벨로퍼가 여럿 있다. 1990년대 국내 디벨로퍼들은 개발된 토지에 주택, 상가, 오피스텔 등을 공급하는 역할만을 담당하는데 그쳤지만, IMF 외환위기가 닥치면서 대규모 개발사업을 했던 건설업체들이 줄줄이 도산하면서 새로운 국면을 맞게 됐다.

대형 건설업체들이 개발사업을 포기하거나 보유 토지를 매각하면서 단순 도급사업에만 치중하자 기존에 이들 업체가 담당했던 기획과 개발, 인허가 업무 등을 대행해주는 한국형 디벨로퍼들이 두각을 드러내게 된 것이다. 이러한 흐름은 2000년대 초반 부동산 경기 호황으로까지 이어지며 1세대 디벨로퍼인 정춘보 신영그룹 회장, 엠디엠(MDM)의 문주현 회장, 일레븐건설 엄석오 회장 등을 탄생시켰다. 이들에 이어 등장한 것이 피데스개발의 김승배 대표, 이은호 시티코어 전무 등이다.

혹자는 부동산 시장 역시 호황기를 지나 침체기로 접어들고 있는 지금, 디벨로퍼 역시 사양산업이 아니냐고 되물을 수도 있다. 하지만 이는 사실이 아니다. 디벨로퍼들의 활동영역은 오히려 더욱 넓어지고 있다.

디벨로퍼들의 영역이 확장되고 이들의 역할이 주목받는 이유는 시장의 변화에 따른 결과다. 그동안 공급 등 양적 확대에만 치중할 수 없었던 국내 부동산 시장도 인구구조와 경제 상황이 변하면서 주택보급률은 100%를 초과한 실정이다. 이러한 상황 속에서 과거 난개발된 도심은 노후화에 접어들었고, 이를 해결할 수 있는 핵심인력으로 디벨로퍼가 거론되기 때문이다.

통상 우리나라보다 10년 정도 앞서 여러 가지 문제를 겪는 일본의 사례만 보더라도 디벨로퍼의 역할은 중요하다. 일례로 일본의 유명 부동산 그룹 미쓰이 부동산은 다양하고 전문적인 부동산 서비스를 제공하는 한편 도쿄의 구시가지 재생에도 참여해 도심의 가능성을 찾아내는 역할로 사업을 확대해나가고 있다.

한국 역시 고령화가 시작되면서 신규 주택이 예전만큼의 수요를 담보할 수도 없고, 소유에서 주거로 주택에 대한 인식도 변화하고 있는 상황이다. 이러한 흐름 속에서 당연히 실제 주택 사업의 사업성은 앞으로 악화될 여지가 충분하다. 그렇기 때문에 지금 이 시점에서 재조명되는 것이 바로 디벨로퍼의 역할이다.

이미 저금리 기조가 예상보다 오래 지속되고 도시의 쇠퇴가 빠르게 일어나면서 부동산 산업도 분양 중심에서 도시재생과 임대사업 중심으로 재편되고 있다. 기존 시행사들과 건설사도 '종합 부동산 서비스 회사'로 진화하겠다며 속속 방향 전환에 나섰고, 한국토지주택공사(LH)와 서울주택도시공사(SH)도 '공공 디벨로퍼'를 자처한다. 문재인 정부가 대선 당시 공약으로 강력하게 내세웠던 '도시재생' 역시 디벨로퍼들에게 날개를 달아줄 것으로 예상된다.

전문가들은 도시재생 사업의 주체가 주민이 되면 서로의 이해관계가 자주 충돌해 합의를 끌어내기가 어렵고, 정부가 주체가 되면 수익성이 나빠져 기금만 낭비되기 십상이기 때문에 앞으로 민간사업자이면서 도시계획 전문가인 디벨로퍼들의 역할이 더욱 중요해질 것이라고 강조한다.

피할 수 없는 부동산 업계의 지형 변화 속에서 이제 디벨로퍼적 역량은 부동산 시장에서 살아남기 위해 필수적으로 갖추어야 할 조건으로 부상하고 있다.

- ㈜월세드림의 디벨로퍼적 면모에 주목하라!

투자자들은 궁금할 것이다.

㈜월세드림은 디벨로퍼의 역량을 갖추고 있는가?

이 물음에 답하기 위해서는 디벨로퍼의 역량이란 과연 어떤 것인지를 명확하게 정의할 필요가 있다. '신데렐라의 발에만 꼭 맞는 유리구두처럼 모든 땅에는 그 자리에 꼭 맞는 용도가 있다'는 말은 디벨로퍼 업무의 시작점이자 디벨로퍼가 가져야 하는 신념이라고 밝힌 바 있다.

월세드림이 생각하는 디벨로퍼의 핵심 역량 역시 이 문장에 들어있다. P2P 상가투자 업체가 디벨로퍼적 면모를 갖추려면 우선 '수익률과 안정성, 두 가지 토끼를 잡을 수 있는 완벽한 투자용 상가가 있다'는 믿음을 잃지 말아야 한다. 이 믿음을 실현하기 위해서는 철저한 분석과 정보 수집 과정이 반드시 필요하다. 때문에 월세드림은 해당 부지의 사업성을 검토하고 마케팅을 기획하는 일에 중점을 두고 있다.

그래서 우리는 해당 부지가 상가로서 가치가 있는지를 면밀히 파악하고, 사업성이 있는 상가의 수익성을 검토한다. 이 과정을 통과한 상가에 우리는 '수익성이 보장되는 믿을 수 있는 상가'라는 이름표를 붙이고 투자자들에게 이를 홍보, 수익을 창출해 분배한다.

직접 부지를 매입해 설계, 시공에 참여하는 전통적인 의미의 디벨로퍼 업체는 아니지만, 월세드림은 우리가 축적한 노하우와 데이터를 바탕으로 상가 선정부터 수익 검토, 매입, 마케팅, 투자자 유치, 수취권 판매에 이르는 전 과정을 책임지며 P2P 상가투자를 디벨로핑하고 있는 것이다.

그런 의미에서 월세드림은 디벨로퍼적 면모와 역량을 충분히 갖추었다고 자부한다.

그뿐만 아니라 디벨로퍼는 아이디어로 승부하는 사람이다. 철저히 현실적인 관점에서, 그러나 다른 사람이 보지 못하는 점에 주목해 참신한 아이디어를 내야 디벨로퍼로 성공할 수 있다. 그러한 관점에서도 월세드림의 디벨로퍼적 성향은 뚜렷하게 드러난다.

전통적인 디벨로퍼들이 새로운 수익구조를 위해 끊임없이 참신한 아이디어를 내놓는 것처럼 월세드림 역시 상가투자에서 파생될 수 있는 다양한 상품을 기획하기 위해 노력하고 있기 때문이다.

얼마 전 처음으로 모집해 조기 마감한 '더조은 갈비 불당점' 상품은 매장의 수익에 대한 수취권을 판매한 월세드림의 신개념 펀딩 상품으로, 투자시장에 새로운 반향을 일으키고 있다.

이처럼 월세드림은 과감한 도전정신을 바탕으로 앞으로도 꾸준히 전에 없던 투자상품을 발굴할 것이다. 이에 더해 월세드림은 투자자들의 입장에서 더 안전한 고수익 투자상품을 선보일 계획이다.

디벨로퍼의 중요성과 미래가치가 나날이 커지는 지금, 월세드림의 디벨로퍼적 역량에 주목하라!

[부동산 컨설턴트로서의 월세드림]

디벨로퍼에 비해 컨설턴트라는 용어는 우리에게 친숙하다. 일반적으로 컨설턴트(Consultant)라고 하면 고객의 의뢰를 받아 특정 문제 또는 분야에 관한 조언을 제공하거나 업무를 수행하는 전문가를 말한다. 최근에는 컨설턴트가 다양한 분야로 퍼져나가면서 어떤 종류의 조언을 제공하느냐에 따라 경영 컨설턴트, 재무 컨설턴트 등으로 세분화되어 있다. 부동산 컨설턴트 역시 그중 하나다.

부동산 컨설턴트는 토지나 건물의 최적의 활용방안을 분석하기 위하여 각종 자료를 수집하고 이를 바탕으로 부동산의 보유, 매매, 개발의 타당성, 개발 시 최적시설/최적규모를 판정하여 투자수익성을 극대화하거나 새로운 형태의 부동산 상품을 만들어내는 역할을 한다.

두말할 필요도 없이 월세드림이 하는 일이 바로 그것이다.

월세드림은 정확한 입지분석을 토대로 수익성이 확실한 상가에 투자하고, 나아가 새로운 수익모델을 제시해 수익을 최대로 확장한다. P2P 상가투자가 주목받지 않았던 시기, 선발주자로 나서 기존에 없던 새로운 투자방식을 선보인 것이나 매장 수익에 대한 수취권 상품을 만들어낸 것 등이 바로 그런 예다.

하지만 이것은 어디까지나 컨설턴트가 가져야 할 기본적인 역량에 불과하다. 기본에 머무르지 않고 더욱더 성공적인 부동산 컨설팅을 하기 위해서 좀 더 '확실한 한 방'이 필요하다고 월세드림은 생각했다.

컨설턴트는 기본적으로 '고객의 입장에서 생각하는 사람'이다.

해당 부동산의 수익성이 확실해도 고객을 설득하지 못하면 아무런 소용이 없는 것이 컨설턴트의 일이다. 모든 가능성을 염두에 두고 다양한 변수를 고려하지만, 결국 컨설턴트에게 있어 가장 중요한 것은 고객의 마음을 움직이는 힘인 셈이다.

그리하여 월세드림은 부동산 투자를 할 때 투자자들이 가장 고민하는 것이 어떤 부분인지에 주목했다. 투자자들이 가장 걱정스러워 하는 바로 그 부분을 해결해주는 것이 컨설턴트의 존재 이유라고 확신했다. 투자자들이 시간과 비용을 들여 컨설턴트를 찾는 이유도 이와 무관하지 않을 것이었다.

여러 투자자들을 만나보니 높은 수익률도 중요하지만, 무엇보다 투자자들이 걱정하는 것은 바로 원금 회수 여부였다. 월세드림 역시 시작은 개인투자자였기에 그 마음을 십분 이해할 수 있었다. 환금성을 어떻게 높이느냐가 월세드림의 미래를 결정할 것임을 깨달은 순간이었다.

월세드림은 고민하고 또 고민했다.

그 결과 월세드림은 투자자의 편의를 최우선으로 고려해 언제든지 투자금을 중도인출할 수 있는 안정적인 투자 모델을 구축했다. 사실 모든 투자는 리스크를 담보로 하기에 그 누구도 환금성이 보장되는 투자상품이 나올 것이라고 감히 예상하지 못했다.

실제로 월세드림이 이를 선보이기 전까지 환금성이 보장되는 투자란 '무엇이든 벨 수 있는 무적의 검'과 같이 상상 속에서나 존재할 법한, 말도 안 되는 공상에 불과했다. 하지만 월세드림은 불가능을 가능으로 만들었다. 모두가 불가능하다고 말할 때, 과감한 발상의 전환으로 기존에 없던 새로운 아이디어를 실현한 것이다.

아주 작은 차이가 결과적으로 큰 차이를 만들어냈다. 사람들이 '할 수 없는' 이유를 찾을 때 월세드림은 '할 수 있는' 방법을 찾았다.

치열하게 고민하고 현실적인 대안을 찾아 발로 뛰며 플랜 B, 플랜 C를 만들어가는 과정을 통해 월세드림은 끝내 P2P 업체와 투자자 모두 만족할 수 있는 솔루션을 찾아냈다.

컨설턴트의 역량에 따라 원금 회수는 얼마든지 실현 가능한 것이었다.

앞서 설명했듯 자사가 보유한 자금으로 상가를 선매입한 후 월세 수취권을 판매하는 방식에 월세 미납 등으로 투자자들의 수익이 보장되지 못하는 상황이 되면 자사 부동산을 매각하거나 보증금을 이용하는 방식까지 도입하자, 난공불락의 성처럼 보였던, '투자에는 필연적으로 리스크가 따른다'는 명제가 조금씩 허물어지기 시작했다.

거기에 신뢰할 수 있는 법인 투자자들을 유치해 유사시에 안정적으로 자금을 확보할 수 있는 방안을 추가해 월세드림은 '환금성 보장'이라는 부동산 투자시장의 오랜 난제를 해결할 수 있었다.

하고자 하면 방법이 보이고 하지 않고자 하면 핑계가 보인다.

월세드림은 부동산 투자에 대한 전략적 접근에서 한 걸음 더 나아가 투자자(Buyer)에 대한 "최상의 Service System"을 개발하는 부동산 컨설턴트로서의 역량을 증명해 보였다.

• 디벨로퍼 겸 컨설턴트가 되어 드립니다!

바야흐로 전문가의 시대다.

세상은 빠르게 변화하고, 전문 분야는 끊임없이 세분화된다. 이러한 현대사회 속에서 현실적으로 한 사람이 모든 것을 잘 해내는 것은 점점 불가능할뿐더러 그럴 필요도 없다.

혹자는 인터넷의 발달과 스마트폰의 보급으로 전문가가 필요하지 않은 시대가 올 것이라고 분석한다. AI의 등장을 '지식의 종말'로 보는 시선도 적지 않다. 물론 일부분은 맞는 말이다. 이미 지식은 대중화되었고 첨단 기술은 빠르게 인간의 일자리를 대체하는 실정이다. 전문가라고 해서 이런 변화의 흐름을 거스를 수 있는 것은 아니다.

그러나 우리가 인터넷과 스마트폰으로 얻는 정보는 결코 피상적인 지식이라는 한계를 벗어나지 못한다. 제아무리 뛰어난 AI도 경험에서 우러난 삶의 지혜를 체화하지는 못한다. 그렇기 때문에 전문가는 여전히 필요하다.

월세드림에 여전히 전문가가 필요한 이유, 전문가의 시대가 이어질 것으로 예상하는 이유는 다름 아니라 우리의 삶이 철저히 '현실'에 기반하고 있기 때문이다.

대부분의 사람들이 SNS로 사람들과 소통하고, 삶의 많은 부분을 인터넷에 의존하고 있지만 현실은 네모 반듯한 스마트폰 속에 있는 것도, 인터넷이라는 망망대해 속에 있는 것도 아니다. 책이나 인터넷에서 불황을 말하고, 부동산 투자의 위험성이 강조되어도 현실의 누군가는 '대박'을 치고, 누군가는 부동산 투자로 남부럽지 않은 수익을 얻는다.

현실은 우리가 발 딛고 선 지금 이 순간, 바로 여기에 있다.

그렇기에 중요한 것은 현실을 제대로 파악하는 능력이다.

하지만 당연하게도, 우리 모두가 삶에서 맞닥뜨리는 다양한 분야의 전문가가 될 수는 없다. 그때마다 인터넷상의 정보에만 의존할 수도 없다. 그래서 우리 모두에게는 여전히 전문가가 필요하다. 피상적인 지식이 아니라 풍부한 경험과 대체 불가능한 실력을 가진 그런 전문가 말이다. 몸이 평소와 다르게 느껴질 때, 대부분의 사람은 병원을 찾는다. 인터넷이나 책을 활용할 수도 있지만, 지금 내 상황을 파악하는 가장 좋은 방법은 직접 의사를 만나는 것이라는 사실을 모두가 알고 있다.

현실을 제대로 파악해야 시행착오를 줄이고 걱정거리를 해결할 수 있다. 그런 의미에서 결국, 현대사회에서 성공적이고 안정적인 삶은 전문가를 어떻게 활용하느냐에 달려있다고 볼 수 있다.

몸이 아프면 비전문가의 지식에 의존하거나 집에서 민간요법을 사용하는 것이 아니라 의사를 찾아가듯, 부동산 투자 역시 이와 마찬가지다. 내가 전문가가 아니라면 부동산 투자의 성공 확률을 높이기 위해서 먼저 전문가를 찾아야 한다.

특히 부동산 투자 영역에 있어서 현실을 바로 아는 일은 매우 중요하다. 사람들의 선호와 트렌드 등이 실시간으로 반영되는 부동산 시장은 현실 그 자체라고 해도 과언이 아니기 때문이다. 부동산 투자에 대한 정보가 도처에 넘쳐나지만 디벨로퍼와 컨설턴트가 필요한 이유도 바로 여기에 있다.

부동산 상가투자를 고민하는가?

지금 바로 월세드림의 비전에 동참하라! 풍부한 경험과 대체 불가능한 실력을 가진 부동산 분야의 전문가, 월세드림이 당신의 디벨로퍼 겸 컨설턴트가 될 것을 약속드린다. 수익성, 안전성, 환금성을 갖춘 믿을 수 있는 부동산 투자를 월세드림과 함께 시작해보라.

㈜월세드림이 드리는 특별한 메리트!

• P2P 펀딩 형식의 상가투자, 믿고 맡기는 ㈜월세드림

정보가 곧 돈이 되는 시대이자 정보가 도처에 깔려있는 시대다. 이 말 인즉, 옥석을 가려내는 안목이 없다면 투자에 성공할 확률이 희박하다는 의미다. 지금까지 이 책을 통해 P2P 상가투자의 개념과 장점, 주의점 등을 설명했다. 투자 입지 선정부터 안전한 상가투자를 위한 노하우, 초심 자가 놓치기 쉬운 상식적인 부분까지, P2P 상가투자의 모든 것이 이 책한 권에 들어가 있다고 해도 과언이 아니다.

P2P 상가투자의 중심에 '㈜월세드림'이 있다. ㈜월세드림의 수익구조콘셉트는 간단하고 명확하다. 투자자라면 누구나 바라 마지않는 것 세 가지. 이것만 지켜질 수 있는 투자회사라면 사실 ㈜월세드림이 아니더라도

믿고 맡겨볼 것을 추천한다. 그 세 가지는 앞서 말했듯 바로 이것이다.

"안전성, 수익성, 환금성"

이 세 가지 키워드가 바로 ㈜월세드림의 핵심 콘셉트이자 본질이다. 혹자는 이렇게 말할지도 모른다. "너무 당연한 거 아니야?" 맞다. 굉장히 당연하다. 그런데 그만큼 지켜지기 어려운 것이기도 하다. 보통 투자에 실패하는 경우는 이 세 가지 요소 중 하나가 무너졌기 때문이다. 그렇다면 혹자는 또 이렇게 말할지도 모른다. "에이, 이 세 가지가 다 지켜지는 곳이 어디 있어?" 이 또한 틀린 말은 아닐지도 모르겠다. 합리적인 의심이다. 투자는 오히려 이처럼 경계심이 어느 정도 있는 분들에게 적합하다. 이런 분들께는 ㈜월세드림이 운용되는 메커니즘을 설명드리고 싶다. 합리적 의심이 합리적 확신으로 바뀌는 경험을 하게 될 것이다.

① 안전성: ㈜월세드림은 투자자에게 돌아가는 리스크를 최소화한다!

㈜월세드림은 자사가 상가나 사무실을 선매입한 후 해당 부동산에 대한 투자금을 모으는 방식으로 투자를 진행하고 있다. 그렇기 때문에 ㈜월세드림을 통해 투자하면 투자자들은 부동산 상품 자체에 투자하는 것이 아니라 해당 상품의 '월세 수익 수취권'에 투자를 하게 되는 것이다. 대출을 받지 않고 가진 금액 내에서 소액으로도 투자가 가능하다는 점에서 주목할 만하다. 이에 대한 결과로 투자자들은 해당 부동산에서 나오는 월세를 투자금에 비례해 배당받을 수 있다.

이러한 수익 모델에서 확인할 수 있듯이 ㈜월세드림의 펀딩은 리스크 자체가 매우 낮다. 그뿐만 아니라 ㈜월세드림에서는 보증금 및 자사 부동산 매각 등의 안전장치를 충분히 마련해 자칫 투자자에게 돌아갈 수 있는 리스크를 최소화하고 있다. 한마디로 '하이 리스크-하이 리턴(High risk-High return)'이 아니라 '로우 리스크-하이 리턴(Low risk-High return)'을 지향하는 방식의 투자인 셈이다.

㈜월세드림의 이러한 수익 모델이 가지는 메리트는 상당하다. 우선 상가투자 경험이 한 번도 없는 사람이라도 전문 인력을 보유한 ㈜월세드림이 일차적으로 선별한 매물에 소액을 투자함으로써 꾸준하고 확실한 수익을 낼 수 있다는 것이 큰 장점이다. 낮은 수수료와 이로 인한 높은 수익률, 소액투자를 통한 위험의 분산, 편리한 물건 확인, 투자 과정 간소화 등도 역시 P2P 상가투자의 빼놓을 수 없는 메리트다. 이처럼 ㈜월세드림은 투자자들의 조사 및 투자 과정을 최소화하고 안전성을 극대화해 만족스러운 결과를 내도록 최선을 다하고 있다.

② 수익성: ㈜월세드림은 은행보다 더 많은 수익을 기대할 수 있다!

아무리 안전하다고 해도 수익성이 담보되지 않는 투자는 아무런 매력이 없다. 그렇다면 굳이 투자하는 것보다 은행에 예금하는 것이 훨씬 바람직할 것이다. 바로 그 점에 있어서도 ㈜월세드림은 분명한 수익 모델을 제시할 수 있다.

㈜월세드림은 안전성을 확보함과 동시에 수익성도 놓치지 않고 있다. ㈜월세드림에 12개월 투자했을 때를 기준으로 수익금은 은행 이자 예금

의 4배 혹은 그 이상에 달한다. ㈜월세드림에 명시된 수익률이 타 P2P 펀딩 업체에 비해 낮아 보일 수 있지만, 자사의 경우 플랫폼수수료가 없어 실제 수령하는 수익금의 차이는 거의 없거나 있더라도 미미한 수준에 그친다는 점을 반드시 인지할 필요가 있다. 어느 쪽이 이익인지는 굳이 계산기를 두드려볼 필요조차 없다.

③ 환금성: ㈜월세드림은 언제든 투자금을 중도 회수할 수 있다!

자산의 완전한 가치를 현금화하는 데 필요한 기간을 말하는 환금성, 안전하고 수익이 확실한 ㈜월세드림은 뛰어난 환금성까지 자랑한다. 투자자는 투자 기간을 채우지 않아도 언제든 투자금을 중도에 회수할 수 있다. 이로써 ㈜월세드림은 투자라는 행위가 본질적으로 가지는 원금 회수에 대한 위험성 역시 현저히 낮춰 투자자들의 부담을 덜어주고 있다.

안전성, 수익성, 환금성을 모두 갖춘 완벽한 투자 플랜인 ㈜월세드림의 비전에 동참하지 않겠는가? 지금 당신에게 필요한 것은 오직 미래를 향한 열정과 도전정신뿐이다. 단언컨대 ㈜월세드림은 현실적으로 찾을 수 있는 가장 합리적인 투자처가 되어줄 것이다.

• 행동이 가난하면 꿈만 꾸다 끝이 난다

에필로그에 이르기까지 나는 ㈜월세드림의 목표와 비전, 수익구조를 가감 없이 드러내며 내가 가진 패를 모두 꺼내 보였다. 이제 모든 것은 당신에게 달렸다. 투자하거나, 투자하지 않거나. 어느 쪽이든 당신은 당신의 상황에서 최선이라고 생각되는 선택을 할 것이다.

당신이 판단하기에 ㈜월세드림이 제시하는 비전이 큰 메리트가 없다면? 어쩔 수 없다. 정보가 곧 돈이 되는 시대이자 정보가 도처에 깔려있는 시대에 기회비용을 최소화하려는 노력은 필수적이다. 더 나은 투자처가 있다면 기꺼이 그쪽에 투자하는 것이 마땅하다.

그러나 만일 당신이 ㈜월세드림의 수익구조가 합리적이고, ㈜월세드림이 제시하는 비전이 당신의 지향점과 맞닿아있다고 판단하면서도, 단지 투자가 두려워 망설이고 있다면 감히 묻고 싶다.

① 당신은 가난한 사람인가?

여기 한 남자가 있다. 전직 영어 강사로 중국어로 된 문서를 영어로 번역하는 일을 하던 이 남자는 인터넷의 시대가 올 것이라는 확신을 가지게 되었고, 몇 번의 시행착오와 실패를 경험하면서도 인터넷 사업을 포기하지 않았다. 이러한 확신을 바탕으로 그는 중국 인터넷 상거래 시장을 좌우하는 거대 기업 '알리바바'를 창립했다. 미국 뉴욕증시에 기업공개(IPO)를 하면서 일약 대부호가 된 그의 이름은 마윈, 이제는 전 세계에서 그의 이름을 모르는 사람이 없을 정도다. 부유한 집에서 태어나지도 않았고 화려한 경력을 가진 것도 아니었던 그가 어떻게 세계적인 대박 신화의 주인공이 될 수 있었을까? 여러 가지 이유가 있겠지만, 그를 성공으로 이끈 가장 강력한 힘은 바로 실패를 두려워하지 않는 도전정신에 있다.

마윈이 남긴 수많은 명언 중에 다음과 같은 말이 있다.

"세상에서 가장 같이 일하기 힘든 사람들은 가난한 사람들이다."

가난한 사람들은 자유를 주면 함정이라 이야기하고, 작은 비즈니스를 이야기하면 돈을 별로 못 번다고 이야기하고, 큰 비즈니스를 이야기하면 돈이 없다고 이야기한다. 기회가 눈앞에 있는데도 갖은 변명을 앞세워 '안 될 이유'를 먼저 찾으며 평생 가난에서 벗어나지 못한다. 마윈은 그들에게 공통점이 있다고 일갈한다. 그들은 희망이 없는 자들에게 의견을 듣는 것을 좋아하고, 대학교 교수보다 더 많은 생각을 하지만 정작 행동으로 이를 옮기지는 않는다는 것이다. 마윈은 이렇게 말한다.

"더 빨리 행동하라. 무언가에 대해 생각해보는 대신 그냥 해보라. 가난한 사람들은 공통적인 한 가지 행동 때문에 실패한다. 그들의 인생은 기다리다가 끝이 난다. 현재 자신에게 물어보라. 당신은 가난한 사람인가?"

이제 당신이 이 물음에 대답할 차례다. 당신은 가난한 사람인가?

② 도전하지 않는 자, 꿈꾸지도 말라!

노동해서 번 돈만으로는 부자가 될 수 없다는 사실을 이제는 우리 모두가 잘 알고 있다. "당신이 잠자는 동안에도 돈이 들어오는 방법을 찾아내지 못한다면, 당신은 죽을 때까지 일해야만 할 것이다." 투자의 귀재 워런 버핏의 말을 떠올려보자. 당신이 시간과 노동력을 투자해 벌 수 있는 돈에는 한계가 있다. 우리의 시간은 무한하지 않으며, 우리의 건강과 체력 또한 영원하지 않다. 성공하고 싶은가? 그렇다면 위험을 감수해야 한다. 큰돈을 벌고 싶은가? 그렇다면 내가 옳다고 생각하는 방향에 과감히 투자해야 한다. '돈이 돈을 버는' 자본주의의 시스템을 이해하지 못하면 당신은 결코 부자가 될 수 없다.

일부 사람들은 투자를 '불로소득(不勞所得)', 즉, 요행이라고 생각하는 경향이 있다. 하지만 정말 그럴까? 앞서 설명했듯 투자는 결코 '불로(不勞)'가 아니다. 올바른 방향에 투자하려면 정보 수집을 위한 여러 가지 노력 외에도 합리적인 판단과 과감한 행동력이 뒷받침되어야 한다. 이 과정에서 끊임없이 발품을 팔고 발전하는 세상에 뒤떨어지지 않기 위해 다양한 공부를 해야 함은 물론이다. 이러한 것들 없이는 결코 이루어질 수 없는 성공적인 투자를 과연 단순한 운으로, 요행으로 치부할 수 있을까? 아무것도 하지 않고 무언가를 얻을 수는 없는 법. 감수해야 할 위험이 두려워 도전하지 않으면서 큰 소득을 내기를 바라는 것이야말로 요행이다. 공짜 없는 세상에서 요행만을 바라서야 되겠는가. 꿈을 이루기 위해서는 그 꿈 크기만큼의 도전정신이 반드시 필요하다.

㈜월세드림은 성공적인 P2P 상가투자의 첫걸음을 함께 내디딜 투자자를 찾고 있다. P2P 상가투자로 제2의 인생을 살기를 원하는가? 꿈꾸는 당신, ㈜월세드림에 과감하게 도전하라! 도전하지 않는 자, 꿈꾸지도 말라!

• 변화의 바람, 올라탈 것인가, 머무를 것인가

현재 많은 사람들이 알고 있고, 참여하는 '크라우드 펀딩(Crowd Funding)'. 초창기에는 이에 대해서도 회의적인 시각이 적지 않았다. 하지만 지금은 어떤가? 크라우드 펀딩은 사회 각 분야에 퍼져나가 하나의 트렌드로 자리 잡았다. 이제 시장성이 있는 제품뿐만 아니라 공연, 서비스, 투자 전반에 이르기까지 다양한 영역에서 크라우드 펀딩이 이루어지고 있다. 우리가 상상할 수 있는 거의 모든 것을 크라우드 펀딩으로 실현할 수 있는 시대가 도래한 것이다.

P2P 상가투자 역시 이와 다르지 않다. 과거 P2P라고 하면 당나귀나 프루나 같은 파일 공유 사이트를 지칭했지만 이제 P2P는 개인 간 거래를 기반으로 하는 재테크로 저변을 넓혀가고 있다. 그중에서 가장 주목받는 분야가 부동산 분야임은 두말할 필요도 없다. 기존의 P2P 상가투자는 토지 등을 구입하기 위한 자금이 필요한 단체에서 자금을 모으는 방식이었다. 이러한 방식의 투자는 평균 상가투자 수익률 5~6%라는 괄목할 만한 성과를 내기도 하지만 그만큼 위험성이 큰 것도 사실이다. 실제로 많은 단체들이 분양 사기를 저지르거나 분양이 되지 않아 도산하기도 했다.

그런 P2P 상가투자의 대안으로 나온 것이 바로 월세 수익 수취권에 투자할 수 있도록 한 ㈜월세드림이다. 아직은 이러한 개념이 생소해 우려의 목소리도 큰 것이 사실이만, 크라우드 펀딩과 마찬가지로 이러한 투자 방식 역시 머지않아 하나의 스탠다드 타입으로 자리 잡게 될 것이다.

이번 책에서는 부동산 상가 '투자'에 대해서 상세히 다루어보았다.

안전하면서도 수익이 보장되는 재테크를 찾고자 하는 것이 사람들의 일반적인 심리이기 때문이다. P2P 상가투자는 현재 과도기에 있다. 모든 투자는 이 과도기에 우위를 선점해야지만 성공을 거둘 수 있다. 너도나도 할 때가 되어서야 하면 늦다는 의미다.

㈜월세드림은 투자 스타일의 변혁과 안정성을 추구하는 업체다.

때문에 항상 연구하고 변모하며 투자자들을 위한 상품을 개발, 연구하고 있다. 예를 들어 P2P 펀딩형 상가투자 그다음의 단계, '매장 창업'이 이에 속한다. 월세 상품으로 안전한 수익을 내는 것도 좋지만, 그보다는 조금 더 욕심을 내어 수익을 노려보고자 하는 생각이 든다면, ㈜월세드림의 '매장수익상품'을 이용하라는 팁을 주고 싶다.

월세수익상품과 매장수익상품의 차이는 간단하다. 월세 상품은 입출금이 언제든지 가능하고 월세 수익을 나누어 받는 방식이라면, 매장수익상품은 입출금이 3개월간 안 되는 대신에 매장 수익을 나눠가는 방식이다. 월세수익상품은 7~10%의 수익률이라면, 매장 수익은 15~23%의 수익률이 나기 때문에 투자 입문자에서 벗어나 본격적인 투자의 세계에 막 발을 들여 볼 수 있는 상품이라고 하겠다. 자세한 이야기는 다음 책에서 독자들과 함께 나누어보고자 한다.

이미 우리는 몇 년 전의 비트코인 대란을 통해 시대를 읽는 발 빠른 투자의 중요성과 뒤늦은 투자의 위험성을 목도한 바 있다. '같은 행동을 하면서 다른 결과를 바라는 것은 미친 짓'이라는 아인슈타인의 말을 떠올려보라. 과거의 실수를 타산지석으로 삼지 못한다면 사람은 영영 발전할 수 없을 것이다. 대다수의 사람이 백 세까지 살 것이라고 예상하는 현재, 미래를 두려워하며 늙어갈 것인지 미래를 기대하며 기다릴 것인지는 오로지 당신의 선택에 달려있다. 부동산 시장의 변화를 지켜봐 온 사람이라면 분명히 알 수 있을 것이다. 나는 당신이 스스로 답하고 스스로 행동에 옮길 수 있기를 바란다.

변화의 바람은 이미 불고 있다.
당신은 올라탈 것인가, 머무를 것인가?